PROCESO FORMATIVO DEL FUTBOLISTA INFANTIL Y JUVENIL HASTA EL FÚTBOL PROFESIONAL

Juan Cruz Anselmi - Enrique Borrelli

Fisiología y medicina deportiva a cargo de:
Doctor Roberto Peidró y Doctor Sergio Mauro

Proceso formativo del futbolista infantil y juvenil hasta el fútbol profesional / Juan Cruz Anselmi y Enrique Borrelli. - 2a ed. - LIBROFUTBOL.com, 2021.
300 páginas; 15,2 x 22,9 cm.

ISBN 978-987-3763-07-6

1. Fútbol. I. Borrelli, Enrique II. Título
CDD 796.334

PROCESO FORMATIVO DEL FUTBOLISTA
INFANTIL Y JUVENIL HASTA EL FUTBOL PROFESIONAL
de Juan Cruz Anselmi y Enrique Borrelli

Diseño de cubierta: Luciano Medvetkin
Diagramación interior: Luciano Medvetkin
Fotos: ©Juan Cruz Anselmi y Enrique Borrelli
Las ilustraciones de las actividades de entrenamiento de las diferentes fases madurativas han sido confeccionadas con la herramienta CampusVirtual3D perteneciente al curso de Técnicos Campus Virtual de la Asociación Técnicos del Fútbol Argentino (ATFA)

LIBROFUTBOL.com
Olga Cossettini 1112 - oficina 8F - Ciudad de Buenos Aires - Argentina
ediciones@librofutbol.com - whatsapp +54 9 11 2215 1982

4ª edición: marzo 2021

ISBN 978-987-3763-07-6

CONTENIDO

PRÓLOGO

por Julio Santella

En los últimos años ha proliferado la bibliografía futbolera. Temas como la historia social-deportiva de los clubes, la vida de sus ídolos, las hazañas de los equipos campeones, las ideas y opiniones de los grandes conocedores de este deporte, las detalladas y numéricas estadísticas de muchos especialistas han sido cubiertas con acierto.

Podríamos decir que del fútbol profesional mucho se habla, (quizás demasiado) mucho se escribe y mucho se sabe.

No ocurre lo mismo con el llamado fútbol juvenil, ese extenso período que va desde la novena división hasta la cuarta inclusive, es decir, de los trece a los veinte años de edad. Poco se habla, poco se escribe y poco se sabe.

Pero mucho menos todavía se conoce el fútbol infantil, ese precioso lapso de los seis a los trece años, que a veces suele ser definitorio en la vida del futbolista. Podríamos decir, sin eufemismos, que del fútbol infantil, con cierta propiedad, nada se habla, nada se escribe ni nada se sabe. Ésto, en los días que corren, pareciera ser una contradicción.

Es que en la vida postmoderna no solo ha desaparecido aquella natural escuela de fútbol que fue el potrero, sino que se ha ido comprometiendo cada vez más la capacidad de juego del niño en todas sus expresiones, pero muy especialmente la de los juegos motrices en pequeños grupos, una verdadera fábrica de riquezas del movimiento interactuado (resolución de acciones con oposición).

Por esto decimos que del fútbol infantojuvenil más debiéramos saber, más debiéramos leer y más debieran escribir los responsables de esas áreas.

La actualidad exige (además de infraestructura y presupuesto) con el mayor énfasis posible, una sabiduría cada vez más acabada para quienes llevan adelante el proceso de descubrimiento, preparación y promoción de las noveles esperanzas.

Es necesario entender que estas promesas al llegar al club, además de lucir sus atributos futbolísticos, traen consigo una lógica de pensamiento; un modo de ser, una manera de interrelacionarse, usos y costumbres ya establecidos, y también aspiraciones y exigencias del núcleo familiar y social de su pertenencia.

Tienen una forma propia de captar el transcurso enseñanza-aprendizaje, poseen un nivel emocional que puede alterar esas ecuaciones, al tiempo que sus conductas sociales pueden convertirse (para bien o para mal) en un condicionante decisivo, como que han elegido para triunfar un deporte de equipo.

Las estructuras del fútbol no pueden desconocer todo esto a la hora de cristalizar la organización de un programa de desarrollo del talento futbolístico. Y las líneas rectoras del proceso solo pueden estar en manos de verdaderos especialistas.

Especialistas que tendrán la ciclópea tarea de desentrañar y rescatar de la historia las verdades de aquella prodigiosa enseñanza de maestros autodidactas, en el arte de jugar al fútbol. Es decir, conocer en profundidad las virtudes técnicas, la sapiencia táctica y la aptitud global para jugar al fútbol que debe detentar un niño o un joven para ir desenvolviendo paso a paso dichas cualidades.

Al mismo tiempo, estos especialistas tendrán que incorporar al quehacer cotidiano toda la racionalidad del conocimiento científico para respaldar y darle base a cada sesión de aprendizaje. A esto solo es posible acceder a través de la lectura y el estudio, pero también con la humildad necesaria para querer adentrarse en el conocimiento. Especialistas que no podrán adolecer de la pasión y la vocación indispensable para todos aquellos que trabajan en formación de niños y jóvenes.

Enrique Ezequiel Borrelli, aquel fino "fantasista" de un Chacarita de A, de River y de Racing, hoy técnico entrenador; y el profesor Juan Cruz Anselmi, un joven pero experto preparador físico son especialistas del tema después de una larga trayectoria a través de todo el amplio espectro del fútbol infantojuvenil. Y nos hacen entrega de una obra ambiciosa por su extensa mirada, donde vuelcan además de su pensamiento y sus juicios, fundamentalmente, sus vivencias.

El libro al dividir el proceso de formación y desarrollo por edades madurativas da respuestas certeras a la ambigua expresión: "los chicos" o "los pibes", muy común en el fútbol menor, donde chicos y pibes pueden ser niños de seis años, adolescentes de quince o jóvenes de veinte.

Esta división permite establecer etapas de acuerdo a la capacidad sensoperceptiva, psicológica, cognitiva, emocional y física que se posee y para cada una de esas fases proponerle objetivos y planificar los medios capaces de llevarlos a cabo. Así, en cada etapa se puede acceder a una planificación semanal tipo, una especie de camino-ejemplo con una plasticidad tal que todos podrán adaptar a sus propias realidades. Y también a una batería de juegos, ejercicios, actividades prácticas físico-técnico-tácticas con ilustraciones, todas ellas ligadas a las potencialidades del niño o el joven conforme al nivel del que se trate. Me animaría a decir que son muy escasos los antecedentes de este tipo de exposiciones de autores argentinos referidos al fútbol infantil.

Con ese criterio la obra expone con claridad todos los estamentos del proceso de formación del futbolista de divisiones inferiores; el ya señalado período infantil, la etapa juvenil y también aborda el fútbol profesional cuando aquella promesa alcanza su punto máximo al hacer realidad su primer contrato, una culminación la más de las veces compleja y particular que no siempre asegura los éxitos soñados. En el texto queda al descubierto la vasta formación intelectual de los autores y sus inquietudes. Aun siendo hombres de estudio no se quedan en la mera exposición teórica sino que presentan las resoluciones del campo de la práctica.

De sus visitas al viejo mundo nos dejan interesantes referencias del proceso de formación de talentos en prestigiosos clubes de Europa, parangonando sus realidades con las nuestras y ofreciendo un valioso material de pensadores de prestigio como el del profesor italiano Stefano D'Ottavio.

Como una necesidad imperiosa de todo proceso, no pueden faltar las evaluaciones. Las del niño por un lado, dado lo especifico del tema y la que han dado en llamar Evaluación Integral del fútbol juvenil y profesional.

Finalmente, el reconocido Dr. Roberto Peidró recorre los dos últimos capítulos con las consideraciones más salientes relacionadas con su área, la medicina deportiva.

La obra es verdaderamente un hallazgo que bien puede convertirse en un material de consulta permanente.

Pero lo más significativo, lo que debemos resaltar, es que se trata de un libro pergeñado por entrenadores argentinos formados y enriquecidos por el propio fútbol amateur argentino. Gente de trabajo que por años se ha ido nutriendo de jornada a jornada, pero que ha sabido ostentar una necesaria dedicación, responsabilidad e ilusión como para superar las permanentes dificultades que suelen presentarse en este tipo de tareas.

Obras como estas comprueban que cuando detrás de la acción hay una idea, una línea argumental o un fundamento que la sustente es posible volcarla al papel.

Julio Santella
Preparador Físico que trabajó con varios
de los mejores entrenadores del fútbol argentino.

INTRODUCCIÓN

El fútbol del mundo está colmado de jugadores argentinos, un estudio actual nos muestra que hay un promedio de más de mil futbolistas argentinos alrededor del mundo distribuidos en diferentes ligas y divisiones. A pesar de esta realidad muchas veces escuchamos críticas sobre que el fútbol argentino ha perdido nivel.

Es difícil encontrar una liga del mundo que pueda mantener un nivel competitivo alto con un éxodo masivo como sucede en el fútbol argentino, si analizamos que cualquier campeonato profesional está compuesto por un promedio de quinientos jugadores es asombroso pensar que con todos los futbolistas argentinos que se encuentran en el fútbol extranjero se podrían organizar dos campeonatos más, o mejor aún, imaginemos un torneo local con todas las estrellas argentinas que hoy potencian los mejores equipos del mundo, seguramente estaríamos hablando de una de las ligas con mayor calidad a nivel global sustentada con jugadores propios.

Más allá de esta tremenda sangría que viene creciendo cada vez más desde fines del siglo pasado a la cual está expuesto nuestro fútbol, el campeonato argentino continúa teniendo un alto nivel de rendimiento y los equipos que lo componen siguen siendo muy competitivos a nivel continental. En los últimos años los clubes más importantes del fútbol europeo se han nutrido de jóvenes valores formados en Argentina y en Sudamérica en general, en muchos casos llevándose muy tempranamente promesas futbolísticas que no llegaron a jugar en la Primera División de nuestro fútbol, los motivos bien conocidos, dos realidades contundentes: las necesidades económicas de los clubes argentinos y el poderío financiero del fútbol del Viejo Continente.

Ahora bien, con todo lo detallado: ¿se puede decir que el fútbol argentino no tiene jugadores o que está en crisis? Hay que saber diferenciar, lo que está en crisis son las instituciones de nuestro fútbol con deudas millonarias, estructuras en decadencia y con algunas dirigencias que poco hacen por la formación de jóvenes. A pesar de todo ello la materia prima, el actor más

importante de este deporte que es el futbolista, sigue apareciendo y teniendo participación importante en el concierto mundial tanto en cantidad como en calidad, el último campeonato Mundial de Brasil 2014 fue una muestra de esa capacidad y nivel del jugador argentino.

Por todo lo expresado queremos homenajear con este libro a todos aquellos profesionales que han hecho grande nuestro fútbol a través de la historia... Excelentes futbolistas y grandes entrenadores y preparadores físicos del pasado y del presente que, tanto a nivel de clubes como de Selección Nacional Juvenil y Selección Mayor, han bañado de prestigio el fútbol argentino, muchos de ellos siendo embajadores deportivos por todo el mundo, uno de esos grandes maestros el profesor Julio Santella quién nos regaló un prólogo invalorable. Y por sobre todo nuestro mayor reconocimiento y reivindicación a todos los trabajadores silenciosos del fútbol infantil y juvenil de nuestro país que con muchas carencias, trabajan en el fútbol formativo: técnicos, preparadores físicos, entrenadores especiales, captadores, médicos, kinesiólogos, utileros, personal de mantenimiento, auxiliares y por supuesto a los jóvenes jugadores de todas las divisionales de todos los clubes de Argentina. Todos ellos hacen posible que los clubes sigan subsistiendo con la venta de los futbolistas canteranos y que el fútbol argentino pueda seguir estando en el alto nivel internacional a pesar de que el apoyo económico e institucional sea en algunas situaciones escaso y otras veces nulo para el fútbol base.

Esta actualidad positiva mencionada en cuanto a materia prima se refiere no implica que no haya cosas que mejorar o que los encargados de la formación de futbolistas no debamos corregir y modificar aspectos de nuestra forma de llevar adelante el macro-proceso infanto-juvenil. Por el contrario, debemos seguir siempre trabajando en los centros de formación para lograr conformar profesionales (profesores de educación física y técnicos) cada vez más preparados y especializados en dos áreas fundamentales como lo son el fútbol infantil y el fútbol juvenil, y de esta forma optimizar cada vez más el proceso de desarrollo de los jóvenes futbolistas.

Dentro de esa preparación de futuros profesionales que estarán a cargo del "día a día" en la formación de los chicos, consideramos fundamental que los jóvenes entrenadores se nutran de profesores con años de experiencia en prácticas de campo. La teoría, como los estudios científicos, es importante como base para cualquier emprendimiento o proceso de desarrollo, pero queda vacía y sin sentido si no la sustentamos con comprobaciones y experiencias prácticas.

El fútbol es un deporte singular, con diferencias culturales, étnicas, sociales, económicas y donde los aspectos psicológicos y emocionales juegan un papel trascendental. Muchas veces una misma teoría o fundamentación científica originada en un determinado país o contexto no se adapta a "mi propia realidad", "al equipo o categoría que entreno" y es ahí donde la experiencia práctica de campo y la lectura correcta del medio-ambiente cobran un papel fundamental.

Por tal motivo no podemos prescindir de la valiosa información que nos brinda lo experimentado sesión tras sesión de entrenamiento, semana a semana, mes a mes, que acumulado en años conforman una riqueza invaluable para cada profesional y de la cual deberían nutrirse muchos entrenadores que dan sus primeros pasos.

Las diferentes teorías del entrenamiento físico, técnico y táctico del deporte volcadas en tantos libros, muchos de ellos provenientes de países como Italia, España, Alemania que durante años, y aún hoy, han servido de consulta constante y enriquecimiento profesional deben ser "decodificadas" y adaptadas (incluso a este libro le cabe la misma regla) a la situación específica de posibilidades y necesidades en la que cada entrenador se encuentra con su grupo de jugadores.

Las bibliografías y los estudios que brinda la ciencia, tan importantes en la etapa de formación de un entrenador y que lo debería acompañar en toda su carrera, sumados a las experiencias de otros y sobre todo, las vivencias propias con "nuestros futbolistas" van conformando una idea personal sobre lo que debe ser una manera de pensar el entrenamiento del fútbol en sus diferentes etapas y niveles, con una aproximación mucho más cercana a la realidad que lo que solo puede brindar un estudio de laboratorio.

La idea original del libro es la de transmitir nuestra experiencia de tantos años de entrenamientos en las áreas de fútbol infantil, juvenil y profesional.

El libro transita todo el proceso de entrenamiento que recorre el niño primero y el joven después hasta convertirse en futbolista profesional.

Hemos decidido exponer las problemáticas sociales que rodean al futbolista en formación (presión de los padres, representantes, el papel de los dirigentes y entrenadores) ya que consideramos que influencian de manera directa el proceso formativo del niño, además realizamos una comparación entre las diferentes realidades sociales, organizativas y deportivas del fútbol formativo entre Argentina y Europa y cómo esto influye en los jóvenes.

Luego recorremos el desarrollo de todas las fases que el pequeño futbolista transcurre en lo que denominamos fútbol infantil (6 a 13 años) y realizamos un acercamiento sobre todos los aspectos y capacidades que debemos desarrollar en el niño, para luego relatar cómo abordamos los procesos de planificación del entrenamiento deportivo y los métodos que utilizamos para llevarlo a cabo.

Además, presentamos un breve repaso sobre formas de organización y metodologías de entrenamiento en diferentes países y clubes del fútbol europeo. Recalcando y agradeciendo el aporte invalorable, en este camino que emprendimos de formación y conocimiento, de la gente amiga de la

Federazione Italiana Gioco Calcio (FIGC), a los profesores Sergio Roticiani, Stefano D'Ottavio, Massimo Tell, Enrico Sbardella, Marco Lucarelli y tantos amigos quienes nos han recibido en varias oportunidades compartiendo estudios, sistemas de organización y experiencias que nos han enriquecido, muchas de las cuales se reflejan en la obra.

Tampoco queremos olvidar en este tramo del libro el aporte de nuestros amigos alemanes Manfred Hobohm y Frank Ditgnes del Bayer 04 de Alemania quienes fueron excelentes anfitriones de nuestras visitas al fútbol alemán en 2003 y 2009 donde fuimos testigos de un proceso de cambio organizativo y metodológico muy interesante en el fútbol base de aquella potencia futbolística.

Un tema muy interesante es la presentación del método de entrenamiento de la técnica creado y probado por nosotros llamado "Entrenamiento Técnico Mixto", una forma de programar y desarrollar el entrenamiento de las habilidades técnicas desde edades tempranas de manera didáctica y dinámica.

En los siguientes capítulos nos ocupamos de estudiar el proceso de entrenamiento de manera más específica por edades madurativas y en cada fase exponemos objetivos, medios didácticos, planillas de entrenamientos e ilustraciones para cada uno de los períodos que conforman el fútbol infantil. A esto le sigue un material de investigación científico y práctico sobre los parámetros de control médico y evaluación física del niño.

La segunda mitad del libro aborda los temas relacionados a la planificación del proceso de entrenamiento en el fútbol juvenil (13 a 21 años), aquí desarrollamos los objetivos y metodologías de entrenamiento de cada una de las etapas que transita el joven futbolista hasta llegar al fútbol profesional, período que también analizamos con planificaciones mensuales y semanales. Cada etapa cuenta además con ilustraciones de ejercitaciones de entrenamiento físico, técnico y táctico. A continuación de ello también presentamos las evaluaciones físicas utilizadas en fútbol juvenil y profesional como base científica para optimizar el proceso de entrenamiento.

Aprovechamos este tramo del libro para agradecer el aporte del profesor Jens Bangsbo a quién conocimos en oportunidad de nuestra visita al campo de entrenamiento de la Juventus de Italia en la temporada 2003-2004, vínculo que se vio fortalecido en el año 2009 donde tuvimos el honor de recibirlo en el congreso sobre fútbol organizado por el Doctor Peidró en la ciudad de Buenos Aires, donde también aprovechamos para compartir junto a él entrenamientos de nuestros equipos juveniles y profesional además de largas charlas que enriquecieron nuestra forma de entender y analizar el entrenamiento del fútbol.

El libro finaliza con un material de fisiología y medicina deportiva aplicada al fútbol a cargo de nuestro gran amigo y compañero de tantos años de trabajo el prestigioso Doctor Roberto Peidró quien fuera médico de la Selección Argentina de fútbol y Director del Departamento Médico Profesional y Juvenil del Club Atlético Independiente durante varios años. Además de la valiosa participación de otro amigo, el Doctor Sergio Mauro con vasta experiencia en evaluaciones en fútbol juvenil y diferentes equipos profesionales del fútbol argentino.

Deseamos que esta obra, que es producto de la combinación de tantos años de estudio y experiencias de campo, pueda ser un aporte para nuevas generaciones de profesionales ligadas a este hermoso deporte llamado fútbol.

Juan Cruz Anselmi y Enrique Borrelli

CAPÍTULO 1

ASPECTOS SOCIO-CULTURALES DEL FUTBOLISTA ARGENTINO

EL CONTEXTO DEL PEQUEÑO FUTBOLISTA

Es imposible entender un proceso formativo sin antes analizar el contexto socio-cultural donde se desenvuelve el deportista en desarrollo.

Por eso, antes de hablar de cualquier método de entrenamiento físico, ejercicio técnico o movimientos tácticos es importante saber interpretar el medio-ambiente donde el niño y el joven se encuentran.

El futbolista argentino y el sudamericano en general provienen, en gran parte, de un ámbito social de bajos recursos económicos y este aspecto determina una gran cantidad de consecuencias que tienen relación directa (positiva y negativa aunque parezca contradictorio) en la formación del niño.

Como primera medida es clave evaluar el contexto familiar general de los pequeños futbolistas que entrenamos.

En la actualidad la mayoría de los más de 400 futbolistas que conforman una estructura de fútbol infantil y juvenil de un club forman parte de familias que ven la carrera del niño y el joven como una salvación para el futuro de todo el grupo familiar.

Por tal motivo, la presión de un alto porcentaje de los padres es un aspecto negativo en la vida deportiva del niño que comienza a jugar al fútbol desde edades muy tempranas.

Es habitual observar en competencias de fútbol infantil papás o mamás exigiendo a sus hijos o niños rivales como si fueran hinchas hostigando a

jugadores profesionales, este tipo de presión muchas veces determina el final de la carrera de un gran jugador que nunca conoceremos, justamente por esa frustración que le representa al chico la presión familiar de rendir y ser exitoso para "salvar a la familia".

Es misión docente y moral de todos los que formamos parte del fútbol formativo recapacitar y ayudar a que este tipo de situaciones no estén presentes en la vida deportiva de los niños.

Para este tipo de objetivo es importante que los clubes posean equipos interdisciplinarios (entrenadores, profesores, médicos, psicólogos, asistentes sociales) para detectar este tipo de presiones familiares que atentan contra la formación de los niños.

En los tiempos actuales es muy común que un alto porcentaje de jugadores juveniles sean representados por personas que tienen un poder legal y económico sobre los futbolistas, esto hace que el jugador perciba un dinero por jugar y también cierto "bienestar prematuro" sin haber logrado el objetivo para el cual se está preparando. Este tipo de situaciones muchas veces crea confusión en el deportista que hace que el proceso formativo se desvirtúe y a largo plazo el objetivo principal de convertirse en futbolista profesional se pierda de vista. Además de cargar de tan pequeños con la responsabilidad de tener que llevar dinero a casa por jugar al fútbol, de esa manera el niño desde muy temprano ve al fútbol como un trabajo, como una obligación y no como un juego.

Hoy los futbolistas en etapas de formación están expuestos a muchos "placeres y beneficios tempraneros" que hace años no existía como la exposición mediática, contratos económicos antes de jugar en primera y otros "lujos a destiempo" que queman etapas. Toda esta realidad circundante, aunque a veces un mal necesario, atenta contra la formación del futbolista en preparación. Como dice el padre Eduardo Meana de la Orden Don Bosco gran conocedor del fútbol juvenil argentino: "El fútbol es un mundo con más dinero que formación y más poder que responsabilidad...". Una combinación para nada aconsejable en la formación de los jóvenes.

El educar es un rol que le pertenece a la familia y a la escuela primaria y secundaria, nosotros, los entrenadores, desde nuestra posición podemos fortalecer esa educación y valores, pero nunca ser parte fundamental del proceso de formación personal del niño si la familia primero y el colegio en segundo lugar no realizan su aporte fundamental.

Intentar modificar esta realidad que rodea la vida del pequeño futbolista forma parte de un cambio social, económico y cultural que a veces no está al alcance de entrenadores, técnicos y preparadores físicos, aunque es nuestro deber conocerla e intentar mejorarla desde nuestro lugar.

EL PERFIL DEL ENTRENADOR-FORMADOR, INFANTIL Y JUVENIL

El entrenador que conduzca el proceso formativo en la etapa infantil debe ser un director técnico con perfil de formador, debe ser un guía no un inquisidor.

Debe entender que lejos están las características de un técnico de fútbol profesional donde los objetivos son diametralmente opuestos a lo que se busca en estos períodos de iniciación.

El objetivo prioritario de un técnico de primera división es que su equipo gane partidos, campeonatos, prestigio y dinero para el club que lo contrata. En cambio el entrenador de niños debe tener un alma amateur, saber que está en un proceso de formación y no "jugar a ser técnicos de primera con los chicos".

El formador deberá ser un acompañante en el proceso de enseñanza-aprendizaje, nunca deberá olvidar que el "artista principal" de este recorrido de aprendizaje hasta el fútbol profesional es el pequeño futbolista.

El docente deportivo debe valorar la iniciativa de los chicos, favoreciendo y no inhibiendo la creatividad, por ello es importante en la planificación de las actividades proponer problemas y estimular soluciones y no exponer al niño a actividades estructuradas y conductistas.

Muchas veces en la etapa infantil caemos en el error de programar actividades de entrenamiento demasiado estructuradas, rígidas y poco exploratorias por miedo al desorden de la sesión de entrenamiento. No debemos perder de vista que entrenamos niños que se encuentran en un período donde la exploración del propio cuerpo y su relación con el medio ambiente hace que las metodologías de deducción tengan un lugar preponderante dentro del programa de enseñanza-aprendizaje.

Desde el punto de vista competitivo el entrenador no debe exigir resultados que presionen a los niños, sin olvidar que estamos preparando deportistas para el alto rendimiento. Debemos entender que la competencia en cada una de sus etapas ya por su naturaleza conlleva una carga de presión que es parte de todo juego y deporte. Presión que deberemos saber dosificar en su justa medida desde nuestro rol de conductores y formadores.

En la enseñanza de las habilidades motoras y gestos técnicos es importante el ejemplo ilustrativo.

En esta etapa infantil tan sensible desde el aprendizaje motor y los procesos madurativos es imprescindible que el entrenador comprenda las realidades fisiológicas y psicológicas de los niños que está ayudando a formar, para este propósito el técnico y el profesor de educación física deberán conseguir una especialización para la preparación del fútbol con niños.

LA ORGANIZACIÓN DE LA ESTRUCTURA DEL FÚTBOL INFANTIL

El sector de fútbol infantil de los clubes es un lugar que alberga más de 200 niños en etapas formativas. Si bien aún existen muchos aspectos por optimizar en esta área, en la actualidad, muchos clubes han ido progresando en la organización de este sector tan importante y que conformará la base fundamental de las instituciones.

La función del coordinador del fútbol infantil de un club será la de organizar el área a través de la elección de los profesionales y determinando los lineamientos generales de trabajo, ideología de juego, programación anual de los contenidos del entrenamiento conjuntamente al coordinador didáctico, organización del sistema de captación, además de tener la responsabilidad de brindar un estado de lugar de trabajo y materiales deportivos óptimos para desarrollar los entrenamientos programados.

Es muy importante que el coordinador de fútbol infantil tenga una excelente relación con el coordinar general del fútbol juvenil, ambas áreas deben trabajar de manera conjunta y relacionada en lo que respecta a formas de conducción, estilos de trabajo, metodologías de entrenamiento, etc.

El rol del coordinador didáctico es muy importante ya que en él estará la misión de la programación didáctica y la subsiguiente programación práctica de las diferentes fases madurativas que componen el fútbol infantil, este tema será desarrollado más adelante.

Es importante que este cargo sea ocupado por un profesor de educación física especializado en fútbol ya que cuenta con una formación integral en cuanto a los contenidos que deberemos llevar a cabo en esta gran etapa: habilidades motoras de base, capacidades sensoperceptivas, coordinativas, las cualidades físicas, aspectos técnico-tácticos, evaluaciones y controles físicos, todo en su correcto tiempo y forma en función del período madurativo en que se encuentren los niños.

La razón por la cual a partir de los diez años es necesario contar con dos entrenadores por cada categoría se debe a que los clubes ingresan en un sistema de doble competencia (campeonato de AFA y torneos de ligas). Esta doble competencia es muy importante para el desarrollo de los niños porque permite que la totalidad de los chicos de cada una de las categorías participe de una experiencia competitiva tan importante en estas edades como veremos más adelante.

En las categorías preparatorias período que abarca la fase de edad de 6 a 10 años aparecen las siglas DTF y PEF (Director Técnico Formador y Profesor de Educación Física), consideramos que en esta etapa no es correcto hablar de director técnico y preparador físico sino que debemos contar con entrenadores especializados en estas fases madurativas en las cuales no es trascendente el aspecto táctico o la preparación física pura sino que debemos abordar contenidos prioritarios como al aprendizaje motor, sensoperceptivo y la enseñanza de la técnica por medio de un ambiente prevalentemente lúdico.

El entrenamiento específico de los porteros comenzará a partir de los 10 años de edad con un profesional especializado en la materia.

EL ENTRENADOR CAPTADOR

Además del entrenador de campo están aquellos técnicos o delegados que acercan los chicos a los clubes, generalmente ligados con las ligas y el fútbol infantil. Es muy común en el fútbol base escuchar la frase "yo lo descubrí", refiriéndose a un futbolista cuando debuta en Primera División y adjudicándose esa llegada del chico al máximo nivel. El entrenador que trabaja en fútbol formativo debe comprender que al futbolista no lo descubre nadie, sino que todos los entrenadores (con la palabra entrenador englobamos a los técnicos, profesores de educación física, asistentes técnicos, etc.) forman parte del largo proceso de experiencias que, el niño primero y el joven después, transcurren hasta el fútbol profesional, todos aportan cuotas partes en ese recorrido formativo que dura años de enseñanzas y aprendizajes.

Este concepto no le quita valor a aquellos entrenadores/captadores o quienes se dedican a la detección de talento, rol cada vez más especializado e importante dentro de los clubes. El departamento de captación de fútbol juvenil e infantil forma parte trascendental en la estructura del fútbol amateur. Organizar de manera óptima este departamento es clave para el futuro de las instituciones ya que sin futbolistas de calidad es difícil lograr el éxito deportivo y dicha función debería estar en manos de técnicos recibidos y preparados. Pero eso no significa que quienes prueban, observan y llevan a los chicos a los clubes sean sus descubridores, el pequeño futbolista ya era poseedor de un talento previo a esa prueba de captación en su pueblo, ciudad club de origen.

Una frase de Manuel Rosendo Magán, muchos años coordinador general de fútbol del Club Atlético Independiente, quién ilustra de manera pintoresca nuestro pensamiento sobre el tema, sostiene: "El fútbol está lleno de "colones" que se adjudican y dicen descubrir a los chicos, pero el primero que ve al futbolista es el ecógrafo en la panza de la mamá...". Lo que no dicen esos supuestos descubridores son todos aquellos jugadores que llevaron a los clubes y no llegaron a jugar en el fútbol profesional".

EL BABY-FÚTBOL Y LA COMPETENCIA EXIGENTE INFANTIL

El baby fútbol representa una estructura paralela a los clubes de la Asociación del Fútbol Argentino (AFA).

Diferentes ligas de Capital Federal y la Provincia de Buenos Aires conforman este tipo de competencias y entrenamientos realizados en gimnasios cerrados, en canchas o pistas de cemento donde los niños experimentan partidos de 5 contra 5 o 6 contra 6. Este tipo de competencias brindan espacios de formación y juego extras a la que los chicos ya realizan en sus clubes federados a la AFA.

Estas actividades competitivas reemplazan lo que antiguamente era el fútbol de potrero o fútbol de la calle. Por un lado es importante que niños de 6 a 13 años tengan un estímulo futbolístico extra donde fortalecer su desarrollo en el deporte.

Estos espacios de juego con dimensiones de 30 x 20 metros aproximadamente y con arcos pequeños de 2 metros de ancho por 1.80 metros de alto reúnen, sobre todo entre los seis y nueve años, condiciones espaciales y temporales casi ideales para la práctica del juego del fútbol. El tamaño del balón también es el adecuado para estas fases de edad, no así el peso el cual es excesivo para los niños. Ya a partir de los once y doce años este tipo de competencias se convierten en juegos muy friccionados debido a que la contextura física de los chicos y el progresivo desarrollo de la fuerza hacen que los espacios de juego se reduzcan cada vez más y se produzcan muchas acciones de choque y pocas de juego.

Como aspectos negativos podemos remarcar la presión que sufren los niños en este tipo de competencia donde muchas veces el ganar es el único objetivo de los padres, técnicos y delegados de los clubes. Este último aspecto está ligado a la forma de encarar este juego, donde muchas veces por esa idea fija de ganar se priorizan formaciones con niños más desarrollados que técnicos y con tácticas más conservadoras que de juego.

Otro aspecto negativo, ya mencionado, es que en muchos casos los niños más destacados perciben dinero de estos clubes para representar a estas instituciones barriales. Criticamos y condenamos este tipo situaciones que no hacen más que confundir a los chicos y quitarles la pasión por el fútbol como juego.

Más allá de las condiciones positivas y negativas del juego del baby fútbol debemos saber que existe y que al momento de entender el proceso formativo de los niños es inevitable no tomar en cuenta este aspecto que forma parte de la vida deportiva de los chicos.

En el interior del país es más común observar campeonatos infantiles de 7 contra 7 o 9 contra 9 en terrenos de tierra, éstas competencia también son muy importantes en la acumulación de experiencias relacionadas al fútbol siempre y cuando las mismas se adapten a las posibilidades de los niños, sin exigencias desmedidas tanto en lo físico como en lo psicológico.

EL ROL DEL DIRIGENTE DEPORTIVO MODERNO

Muchas veces escuchamos la frase: "Lo más importante del fútbol es el futbolista", lo cual es cien por ciento real aunque parezca una obviedad. De todas maneras estamos convencidos que cada vez más se vuelve trascendente el papel del dirigente deportivo, pero hablamos de un dirigente deportivo moderno, actualizado, con honestidad profesional que esté preparado para la función importante de conducir los destinos deportivos de un club de fútbol.

En el mundo del fútbol en general, pero aún más en nuestro país "lo urgente se come a lo importante" en un medio donde los resultados hacen tambalear procesos que deberían durar años. Lo urgente en este caso es el ganar ya a cualquier costo o que un joven de 17 años sea el salvador de un club por culpa de los errores de los grandes, lo importante sería poder lograr que ese chico transite un proceso de crecimiento natural y sin apuros.

En ese contexto los clubes necesitan de dirigentes deportivos capaces de organizar todas las estructuras que conforman un departamento de fútbol de un club: fútbol base o infantil, fútbol juvenil y fútbol profesional. Dirigentes que sean capaces de sostener proyectos a largo plazo tan poco común en el fútbol argentino, dirigentes que se desprendan del amiguismo y el compromiso para darle lugar a la capacidad de los profesionales a la hora de formar un staff técnico especializado en cada una de las áreas de fútbol del club.

En un fútbol cada vez más profesionalizado con directores técnicos cada vez más capacitados, preparadores físicos de gran nivel, departamentos médicos con psicólogos especializados, nutricionistas deportivos y otras especialidades que rodean al jugador profesional y en formación creemos que el lugar del dirigente deportivo debe crecer aún más ya que son justamente ellos quienes deben elegir y dirigir a todo ese grupo de profesionales en el marco de un proyecto deportivo institucional que no es de los futbolistas, ni de los entrenadores, ni de los hinchas sino que debería ser un proyecto que le pertenece al club.

LA INFLUENCIA DE LAS DISTINTAS REALIDADES SOCIALES Y DEPORTIVAS EN EL PROCESO DE ENTRENAMIENTO DEL NIÑO: EUROPA-SUDAMÉRICA

A la hora de entender el desarrollo de un deporte de un país hay una enorme cantidad de factores que lo determinan, aspectos demográficos, clima, raza, geografía, tipo de alimentación, etc.

Es muy común en Argentina incorporar a nuestros procesos de trabajo y sistemas de entrenamiento algunos estudios, bibliografías y materiales de entrenamiento surgidos del fútbol europeo, durante décadas nos hemos nutrido de libros, evaluaciones físicas, investigaciones científicas y experiencias prácticas y de laboratorio realizadas en Alemania, Italia, España.

Científicos y fisiólogos especializados en deportes como el francés Gilles Cometti, el italiano Carmelo Bosco, el danés Jens Bangsbo, el alemán Weineck y tantos otros grandes han realizado innumerables contribuciones en estudios científicos que, volcados en bibliografía, han sido material de consulta constante y de gran utilidad para el fútbol argentino.

Ahora bien, ¿es posible trasladar los contenidos de entrenamiento estudiados y elaborados en Europa cuando las realidades sociales y culturales son tan distintas? Consideramos que algunos aspectos si son trasladables y otros no, a continuación repasaremos algunos de ellos.

Durante los últimos diez años hemos realizado varios viajes de investigación en diferentes países de Europa para estudiar en vivo las diferentes realidades deportivas y socioculturales de países de punta en materia futbolística.

En diciembre de 2000, tuvimos nuestro primer contacto con el fútbol europeo, más precisamente con "il famoso calcio italiano" pero desde una visión más juvenil ya que el recorrido nos llevó por las Divisiones Inferiores de diferentes instituciones de ese país (Roma, Lazio, Inter de Milan, Lodigiani).

Más allá de diferencias sustanciales a nivel tecnológico y organizativo la realidad muestra una situación social que repercute de manera directa en lo que a fútbol infanto-juvenil se refiere.

En general los niños que comienzan a jugar fútbol en lo que en Italia se denomina "Scuola Calcio" (nuestro fútbol infantil) son chicos que pertenecen a familias de un nivel socioeconómico medio-alto a diferencia de lo que sucede por nuestras tierras.

Compartiendo largas charlas con profesionales del Centro Calcio Federale de la Federazione Italiana Gioco Calcio (FIGC), un centro de formación futbolística situado en Roma y que formaba niños desde 6 hasta 14 años, llegamos a la conclusión de que esa diversidad social que existe entre países desarrollados y los que no lo son acarrean una lista de ventajas y desventajas en la formación futbolística de los pequeños.

Problemas como la alimentación infantil o la formación escolar que aquí en Argentina y otros países de Sudamérica son cuestiones a solucionar de manera prioritaria, en ciudades como Roma, Firenze o Milan son cuestiones de las cuales ni se habla, por el contrario en Italia la preocupación está orientada hacia la falta de práctica deportiva lo cual se acerca al sedentarismo en aquellos niños que no participan de un deporte de manera federada, esto debido al crecimiento de las grandes ciudades por un lado y el paralelo auge del mundo tecnológico.

Es notable la diferencia que existe entre un niño europeo y un sudamericano cuando se calculan las horas semanales en contacto con el deporte: en Italia ronda en alrededor de 6 a 7 horas y en Alemania solo un poco más (ver estudio realizado). Aquí, en el Gran Buenos Aires, un chico que está fichado en un club de AFA y que juega en alguna liga de baby fútbol puede llegar a contactarse con el deporte entre 12 y 13 horas en una semana contando competencias, entrenamientos y horas extra-programáticas. Vale aclarar que cuando nos referimos a horas extra-programáticas estamos significando todas aquellas actividades que el niño no realiza en el club, es decir actividad física en el colegio, juegos en la calle o potrero, tan importante no solo para el desarrollo del acervo motor sino en lo que respecta a la formación de la personalidad del niño. En ciudades o pueblos del interior del país este volumen de horas en contacto con el deporte en general puede incluso hasta ser superior por el tipo de vida más tranquila, menor índice de inseguridad y con mayor cantidad de

espacios verdes. Esta situación se trasluce sobre todo en el corredor conocido como la "Zona de la Pampa lechera", que abarca gran parte de la Provincia de Buenos Aires, la provincia de Santa Fe y Córdoba, uno de las áreas que más futbolistas ha sacado a nivel mundial justamente por la multiplicidad de condiciones que allí se dan: clima y geografía favorable, buena alimentación y un tipo de raza con biotipos óptimos para el fútbol.

A continuación, un estudio realizado en el año 2009 sobre la cantidad de horas en contacto con el fútbol entrenamiento, fútbol competencia y el deporte en general tomando en cuenta niños de 11-12 años que compiten en tres federaciones distintas (Italia, Alemania y Argentina). El estudio fue realizado junto a Frank Ditgens coordinador del Bayer 04 Leverkusen de Alemania y Massimo Tell profesor de la Federación Italiana de Fútbol.

ITALIA (FÚTBOL INFANTIL 11-12 AÑOS)

3 SESIONES + COMPETENCIA FIGC: 330'
HORAS EXTRAPROGRAMATICAS: 90'
VOLUMEN TOTAL: 420' - 7 horas semanales promedio

ALEMANIA (FÚTBOL INFANTIL 11-12 AÑOS)

3 SESIONES + COMPETENCIA D.F.B.: 330'
HORAS EXTRAPROGRAMÁTICAS: 150'
VOLUMEN TOTAL: 480' - 8 horas semanales promedio

ARGENTINA (FÚTBOL INFANTIL 11-12 AÑOS)

3 SESIONES SEMANALES + COMPETENCIA AFA: 420'
2 SESIONES SEMANALES + COMPETENCIA LIGA BABY: 160' -200'
HORAS EXTRAPROGRAMÁTICAS: 200'
VOLUMEN TOTAL: 780' - 13 horas semanales promedio

De esta manera cuando se habla de entrenamiento del fútbol en cualquier etapa de maduración (incluso a grandes niveles) es imposible desligarla de la coyuntura social y cultural.

Una triste coincidencia que sufren los niños italianos y argentinos es la presión impuesta por los padres desde pequeños. Este punto parece ser algo común en varias partes del mundo precisamente, en etapas donde los chicos deberían gozar de actividades netamente formativas y lúdicas en lugar de ser víctimas de las presiones de sus padres.

Una regla que impuso la FIGC para comenzar a desterrar el despreciable "ganar por ganar" y la presión de los padres fue la de jugar tres tiempos en los partidos de fútbol infantil con la obligatoriedad de que todos los niños deben disputar al menos uno de esos tres tiempos. Este es un dato que se debería tomar en cuenta en la organización de nuestro fútbol infantil.

Revisando más específicamente temas de entrenamiento un punto saliente y en mi visión personal un tema a copiar, que se realiza en toda Europa en edades menores, es la de adaptar el deporte fútbol a las diferentes edades de crecimiento, es decir, no podemos caer en la aberración de hacer jugar a niño de 7, 8 o 9 años en canchas con medidas profesionales, se debe adaptar el deporte al chico y no al revés.

De la misma manera debemos desterrar de toda práctica de fútbol infantil aquel entrenamiento sin pelota, hoy en el siglo XXI hablar de entrenamiento físico puro en niños es caer en errores muy graves.

De nuestro paso por Trigoria, campo de entrenamiento de la A.S. Roma, rescatamos algunas frases de Bruno Conti campeón del mundo con Italia en España 82', (Coordinador de la Divisiones Inferiores de la Roma) gran admirador del fútbol sudamericano, con quien tuvimos la posibilidad de dialogar: "En Italia tenemos que apostar a la técnica que tienen ustedes los sudamericanos, debemos realizar entrenamientos a favor de la mejora de la técnica (...) Aquí es difícil que un jugador hecho en el club llegue a primera, tenemos un mercado comprador ya que el fútbol es un gran negocio (...) No debemos olvidar que formamos jugadores pero sobre todo seres humanos".

Como cierre algo llamativo que observamos en algunos clubes en entrenamientos de fútbol infantil, una o dos veces al mes, los padres comparten un entrenamiento y se mezclan con los chicos en juegos y actividades lúdicas, una integración familiar y social que deja un mensaje sobre las carencias y necesidades que hoy tiene la sociedad... ¿sería posible trasladarlo a la Argentina?

EL MÉTODO ALEMÁN

El fútbol alemán nunca ha sido, a nuestro entender, valorado es su justa medida. Con solo analizar que es el país que más finales de campeonatos del mundo ha disputado llegamos a la conclusión que estamos frente a una potencia futbolística. Desde el comienzo de este siglo, la Federación Alemana de Fútbol diagramó un proyecto formativo integral dirigido al desarrollo de jóvenes valores de todo el país. Este programa consistió básicamente en la organización e inversión en tres parámetros básicos: detección de talentos, creación de centros de formación y estudios de programas de entrenamiento de alta calidad para los períodos formativos. Además del orden, disciplina, entrega, potencia física y fortaleza mental ya sabidos los alemanes le agregaron un desarrollo sistemático de las valencias técnico y tácticas a través de una programación estudiada que enriquecieron a sus talentosos futbolistas.

El aspecto interesante de este proceso es comprender que toda la nación futbolera fue, y es aún hoy, parte de este camino de crecimiento que sin abandonar los "viejas" fórmulas del pasado, se mantiene como una estructura sólida de trabajo presente y futuro.

En nuestras dos visitas a aquel país en los años 2003 y 2009 hemos sido testigos de este proceso de cambio y mejora trascendental para el fútbol

alemán que, a pesar de ser exitoso en el pasado, se animó a seguir creciendo y a través de estudios y búsquedas de objetivos claros pudo agregar aspectos positivos a la metodología ya existente.

El paso por Alemania nos llevó a las divisiones inferiores y la primera división del Bayer Leverkusen 04 y otros clubes alemanes. La primera visita a Kurtekkotten (lugar paradisíaco de entrenamiento del Bayer Leverkusen 04) mostró, además de una organización casi perfecta con canchas "tipo-alfombras", la agradable realidad sobre la metodología de trabajo que emplean. Todos entrenamientos específicos e integrados donde guardan solo un porcentaje mínimo de la planificación semanal para un trabajo sin balón dedicado a la coordinación y la velocidad a cargo de un especialista en habilidades motrices (ver capítulo 2, forma de organización del Bayer 04).

Un detalle asombroso y llamativo, debido a la excelente calidad de las canchas de entrenamiento, es que los alemanes del Bayer 04 han recreado una especie de "potrero moderno" con tierra, arena y cortezas de árbol. Algo increíble dentro del mismo predio de entrenamiento, es decir, han construido un espacio de 50 x 20 metros donde los niños pueden trepar, colgarse, saltar, hacer equilibrio y jugar de manera libre, en definitiva realizar todas esas actividades perdidas por la famosa modernización.

En ese país la práctica deportiva se ve muy reducida debido a tiempos escasos por la gran cantidad de horas utilizadas en el estudio (colegio, computación, idiomas) como también la desaparición de los espacios verdes debido al avance de la urbanización.

Éste último es un aspecto muy importante a la hora de evaluar el porqué de la realidad de los niños de hoy, si bien esta situación sucede en lugares altamente urbanizados y tecnológicos como lo son las grandes ciudades europeas, también aquí en nuestras tierras es cada vez más recurrente la falta del viejo potrero. El chico crecía desarrollando habilidades motrices debido a un constante contacto con actividades lúdicas y coordinativas dentro del marco que presentaba el entrenamiento multifacético de la calle, del potrero o del campito donde los jóvenes pasaban nueve o diez horas realizando diferentes tipos de actividades o juegos libremente en relación constante con su grupo de pares lo cual ayudaba también en gran manera a la formación de la personalidad del niño.

Hoy, en cambio tenemos a un niño encerrado en su departamento y enfrascado frente a su computadora con pocas chances de socialización. La escasez de este tipo de espacios verdes y otras razones como la falta de seguridad hacen que los niños del 2000 posean características diversas a los niños de hace décadas cuando la realidad sociocultural era totalmente distinta.

En relación al tema de las experiencias motoras cada vez más seguido recibimos en las instituciones de fútbol niños con graves problemas de coordinación general, esos mismos futbolistas a los cuáles exponemos ante un proceso de entrenamiento físico exigente dando como resultado un deportista con potencialidades físicas producto del entrenamiento de la fuerza pero con notorias carencias técnico-coordinativas.

Cuando analizamos todos estos aspectos y los comparamos con los que viven nuestros futuros jugadores no podemos soslayar un punto básico como es el de la alimentación infantil, aspecto que cada vez causa mayores problemas en el desarrollo de nuestros pequeños futbolistas.

Durante una presentación realizada en Alemania sobre metodologías de entrenamiento del fútbol argentino, un entrenador alemán se sorprendía sobre la temprana incursión al entrenamiento de la fuerza en niños argentinos. La clave pasa por las necesidades que requiere el fútbol de hoy, una cualidad tan importante como la fuerza seguramente en niños alemanes no es tan necesario desarrollarla en edades tan tempranas debido a la naturaleza de la raza y a la situación nutricional favorable de aquel país. En cambio aquí estamos obligados a realizar un entrenamiento metódico y sistemático de esa cualidad para compensar esas carencias.

Por último, un dato curioso y sorprendente que nos comentan entrenadores del fútbol alemán, si lo analizamos y comparamos con la perspectiva sudamericana, es que en Alemania es común ver a jóvenes con cualidades para el fútbol pero que deciden dedicarse a sus carreras universitarias en lugar de seguir con la profesión de futbolista. Sin duda este tipo de situaciones detalla una realidad social muy diversa.

ITALIA PARTE II: LA CUNA DE LA PREPARACIÓN FÍSICA DEL FÚTBOL

Durante décadas el fútbol argentino se nutrió de metodologías de entrenamiento provenientes del fútbol italiano. Gracias a la invaluable amabilidad de la gente amiga de la Federación Italiana pudimos presenciar en varias ocasiones entrenamientos de grandes equipos del calcio como Juventus, Inter de Milan, Lazio y Roma y visitar Coverciano, uno de los centros de entrenamiento futbolístico más importante de Europa donde practican todas las selecciones italianas de fútbol y donde funciona La escuela de técnicos y preparadores físicos que otorga el título para trabajar en Primera División.

La ciudad de Roma conglomera lo más destacado en cuanto a preparación física se refiere, la posibilidad de presenciar clases del ruso Verkoyansky (hoy desaparecido), el danés Bangsbo ayudante de Lippi en la Juventus o de nuestro amigo Stefano D'Ottavio durante años compañero de trabajo del recordado Car-melo Bosco y uno de los máximos responsables de la parte metodológica de la FIGC o Sergio Roticiani gran especialista en entrenamiento de fútbol infantil.

En el año 2003, en una clase magistral sobre entrenamiento de deportes de equipo en la universidad de Tor Vergata de Roma, Yuri Verkoyansky dejo frases muy interesantes que reproducimos de forma textual:

"Lo que debe correr y la carga que debe levantar un deportista no está en los libros, es el entrenador y su experiencia quién debe decidir qué es lo importante".

"Es oportuno encarar el desarrollo de las capacidades motoras junto al perfeccionamiento de las acciones técnicas, tácticas y de las habilidades del juego".

"La preparación física especial es muy importante en deportes como el fútbol, por eso la programación deberá contemplar una imitación al modelo de la actividad de competencia de ese deporte".

"En el fútbol hay capacidades y potencias metabólicas mixtas, el futbolista debe poseer altos niveles de resistencia a la fuerza rápida y velocidad".

Dentro de esta variedad de ideas también rescato las palabras de Jens Bangsbo en ese momento vicentrenador de Marcello Lippi en la Juventus de Italia en el año 2003 quien nos dijo: "El entrenamiento del fútbol debe realizarse a través de manifestaciones similares al juego, recrear acciones de juego en tiempo y espacio", "¿Por qué entrenar con pesas? o ¿por qué hacer correr sin balón a un futbolista por 400 metros si luego son cosas que nada tienen que ver con el juego?". Me costó creer que un equipo a ese nivel de competencia como la Juventus realizase todo con el balón, pero lo pude comprobar, todas acciones cortas intermitentes relacionadas con acciones especiales de cada puesto.

Esta metodología contrastaba con la realizada por Roberto Mancini (en ese momento DT de la Lazio, luego DT del Inter del Manchester City) y su PF Ivan Carminatti, uno de los mejores preparadores físicos de Italia, quienes trabajan con una metodología muy similar utilizada por nuestro gran maestro de profes, el profesor Julio Santella, ganador de todo con Vélez Sarsfield y Boca Juniors acompañado por Carlos Bianchi.

Cuando finalizó el periplo por diferentes entrenamientos y reuniones con tantos notables entrenadores y preparadores físicos tuvimos una charla Stefano D'Ottavio Director del Sector Técnico Juvenil de la FIGC y responsable de los programas de entrenamiento que se utilizan en Italia y autor de varios libros sobre entrenamiento infantojuvenil quién manifestó: "El fútbol es un deporte de situación, por ello la programación del entrenamiento debe tener relación con el modelo de competencia".

Más allá de todo lo expuesto es evidente que el entrenamiento del fútbol tiende cada vez más hacia una especialización realizada a través de acciones de juego a una altísima intensidad con tiempos de recuperación variables y con gran incidencia de los aspectos neuromusculares.

CAPÍTULO 2

FÚTBOL INFANTIL. FASES DE DESARROLLO Y APRENDIZAJE MOTOR

LAS ETAPAS DEL FÚTBOL INFANTIL

El fútbol infantil conforma el período que va desde los 6 hasta los 13 años de edad. Esta etapa fundamental, deberá estar bien estructurada y organizada ya que le brindará al deportista una base imprescindible para los dos períodos subsiguientes en su camino al fútbol profesional.

En efecto, la fase del fútbol infantil debe ser vista como la base de una pirámide donde se solidifican aspectos fundamentales que servirán de plataforma para todo lo que vendrá.

Ahora bien, ¿es lo mismo un niño de 6 años a uno de 13, es igual el entrenamiento que le debemos proporcionar a un niño de 7 que a otro de 12?

La respuesta es no. En todo este período infantil es donde seguramente más diferencias encontraremos incluso de un año a otro debido a los constantes cambios que los chicos experimentan.

Esta larga etapa del fútbol infantil la podemos subdividir en tres fases muy importantes y diferentes:

Fase 1: 6 a 8 años

Fase 2: 8 a 10 años

Fase 3: 10 a 13 años

Debajo presentamos los tres grandes bloques que conforman la pirámide estructural de un club de fútbol. Como vemos, en la base se encuentra el fút-

bol infantil sobre el cual se cimientan los dos bloques subsiguientes, fútbol juvenil y fútbol profesional.

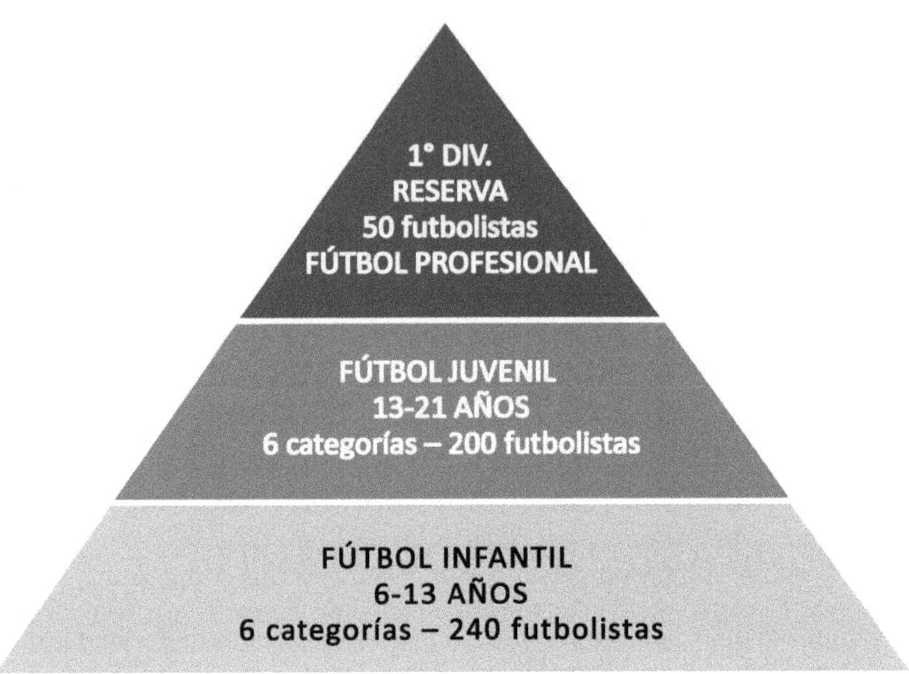

IMPORTANCIA DEL APRENDIZAJE MOTOR EN ESTE PERÍODO

La edad de 8 a 13 años representa, atendiendo al aspecto del comportamiento motor un punto culminante del desarrollo infantil. Los niños adquieren una gran habilidad y agilidad que pueden ser conservadas para el resto de la vida con constancia y la práctica regular del deporte.

El aprendizaje se ve beneficiado por una buena capacidad de arrojo y afán de aprender. Condiciones corporales propicias para el alto desarrollo motor se dan en las proporciones equilibradas del cuerpo.

En un crecimiento bastante uniforme y constante, una relación peso-fuerza más ventajosa y una posición relativamente baja del centro de gravedad. Tiene que ver el desarrollo de la actividad nerviosa superior. La relación equilibrada de los procesos de excitación e inhibición, así como el rápido afianzamiento de los reflejos condicionados constituyen también una base propicia para la buena calidad de la acción motriz y la asimilación rápida de nuevas destrezas. Cuanto mayor sea la riqueza de movimientos dominados, con tanta mayor facilidad se aprenderá uno nuevo.

Aprender en esta edad los movimientos fundamentales de aquellos deportes que deben ser ejercidos posteriormente como disciplinas competitivas. La base de esta "especialización sin retraso" debe ser, sin embargo, una amplia formación en los deportes básicos. Puesto que los niños aprenden de manera poco reflexiva y poco sirven las explicaciones de tipo racional, es fundamental el papel del ejemplo ilustrativo.

Llevado esto al campo del fútbol, podemos decir que en este período se deberá hacer hincapié en la práctica sistemática de los fundamentos técnicos del deporte (patear, rematar, cabecear, driblear, controlar, gambetear, con todas sus variantes). Es también de gran importancia adaptar los juegos de fútbol y otros deportes a las capacidades de los niños.

EL PERFIL PSICOMOTOR DEL NIÑO

Estudiar y comprender la realidad psicológica y física de cada edad evolutiva del período infantil es de vital importancia para la correcta programación de los aspectos a desarrollar en cada fase.

Durante 7 años de crecimiento (6 a 13 años), el niño transcurre diferentes momentos evolutivos que van variando los aspectos mentales, físicos y coordinativos de los niños. Por tal motivo no es lo mismo el entrenamiento de un niño de 6 años a otro de 12.

Dependiendo de las características generales de los niños hemos dividido en tres fases del desarrollo infantil. Cada una de estas fases tendrá contenidos de entrenamiento y porcentajes distintos tomando en cuenta las diferentes realidades en las tres fases madurativas. Más adelante, cuando abarquemos el estudio de cada, etapa profundizaremos sobre el perfil de cada edad.

Pero consideremos este un punto vital dentro del proceso de entrenamiento del niño, cada entrenador de estos estadíos deberá poseer un conocimiento exhaustivo de la realidad madurativa de cada período que le toque a cargo formar y entrenar.

A continuación, presentamos un cuadro con las diferentes características de los diferentes períodos evolutivos realizado por el profesor de la Federación Italiana de Fútbol Sergio Roticiani, especialista en entrenamiento del fútbol en etapas formativas.

FASE AÑOS	CARACTERÍSTICAS	APRENDIZAJE	CONDUCTAS MOTORAS
FASE I 6-8 AÑOS	Fase egocéntrica Acciones concretas	Aprendizaje global Atención interna	Correr, golpear para rematar Posicionarse para interceptar
FASE II 8-10 AÑOS	Acciones formales Análisis de la situación Fase de descentralización	Coordinación fina Aprendizaje ligado a la actividad individual Combinación y sucesión de la situación de juego	Golpear para pasar o rematar con precisión Recibir en forma variada Habilidad para resolver situaciones de juego
FASE III 10-13 AÑOS	Pensamiento abstracto Responde a indicaciones tácticas requeridas Anticipación, elaboración y programación de situaciones problema	De acciones verbales reconstruye la acción motora Creatividad, habilidad técnica y táctica	Definición del rol Estabilización de las conductas motoras y capacidad de utilizarlas en situaciones tecnico-tácticas

ENTRENAMIENTO INFANTIL...UNA APROXIMACIÓN MÁS MODERNA

Tiempo atrás era muy común entender y encarar el entrenamiento del fútbol infantil a través de las capacidades condicionales (resistencia, velocidad, fuerza) y los parámetros tácticos con juegos poco específicos para los niños como lo era el excesivo uso del 11 contra 11 en campo profesional. En el diagrama a continuación reflejamos esta idea del paradigma antiguo:

Una idea de trabajo más actual nos lleva a colocar a las habilidades técnicas en el centro de la escena. Todos los elementos didácticos deben estar al servicio del aprendizaje de las habilidades técnicas.

Contenidos tales como capacidades sensoperceptivas, coordinativas, habi-lidades motoras de base y cualidades físicas deben conformar una interrelación en una programación didáctica adecuada a cada edad en torno al desarrollo y optimización de las habilidades técnicas.

A continuación el diagrama que representa lo que debería ser para nosotros el entrenamiento moderno en fútbol infantil:

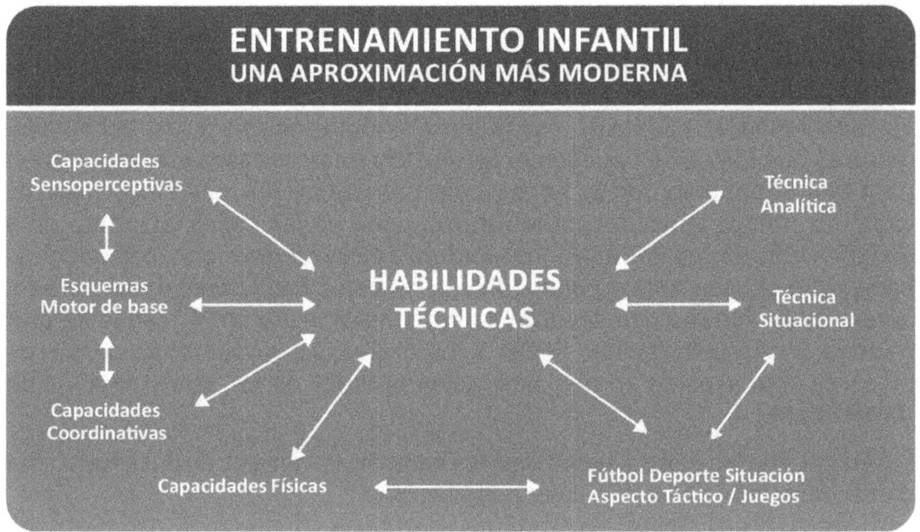

Para finalizar rescatamos algunos conceptos del profesor Sergio Roticiani con referencia a este tema:

"Los técnicos prefieren hacer jugar con mayor continuidad a niños que aunque posean carencias técnicas ofrecen garantías de éxitos en la competencia semanal".

"La precocidad física tiene ventaja sobre quién dispone de talento técnico".

"A nivel de equipos infantiles y juveniles se da excesiva importancia al adies-tramiento táctico".

"Los entrenamientos persiguen este objetivo táctico no preocupándose por estimular y promover autonomía, fantasía y búsqueda de la jugada impredecible".

"Los jóvenes futbolistas vienen homologados, estandarizados, perdiendo frescura y audacia técnica y aquella alegría típica del juego".

LAS ESQUEMAS MOTORES DE BASE

Los esquemas motores de base son las formas más globales y más elementales de movimiento. Son definidas también como conductas motoras primarias.

Los esquemas motores de base forman la base sustentable, el paso previo al aprendizaje de las habilidades motoras específicas.

Este tipo de formas de movimiento básicas constituyen parte del proceso de maduración psicofísica del niño. La consolidación de las estructuras motrices de base está relacionada a las experiencias que el niño vivencia en los primeros años de su vida. En la actualidad por los aspectos sociales ya mencionados, cada vez son menos enriquecedoras esas actividades motoras que los chicos pueden experimentar en esas fases tan importantes para la conformación de la base de la motricidad. Por diferentes motivos, cada vez menos espacios verdes, inseguridad en las calles, aumento de la cantidad horaria con la TV, la computadora y otras distracciones tecnológicas hacen que el desarrollo y consolidación de estas habilidades base para los aprendizajes futuros que vendrán no estén totalmente solidificadas en gran parte de los futbolistas que llegan a los clubes. Muy importante será tener presente este aspecto en la planificación práctica de los primeros años del fútbol infantil.

Recorriendo las etapas evolutivas, los esquemas motores de base fortalecen con el desarrollo del sistema nervioso central.

Las tres fases fundamentales son:

1. Fase de la motricidad gruesa: 1 a 2 años
2. Fase de la motricidad fundamental: 3 a 6 años
3. Fase de la motricidad deportiva: 6 a 7 años

Los esquemas motores de base pueden ser definidos como la unidad de base de movimiento, las clasificaciones son:

- Caminar
- Correr
- Saltar
- Lanzar
- Golpear
- Rodar
- Arrastrar
- Trepar

No podemos hablar de gesto técnico cuando el niño no tiene afianzado los esquemas motores de base, es aquí donde los contenidos didácticos comienzan a relacionarse, el desarrollo de los esquemas motores de base deberán consolidarse en forma de gestos técnicos fundamentales.

Por ejemplo, el caminar está estrechamente relacionado con el conducir un balón, el esquema motor de saltar tiene directa conexión con el gesto técnico del cabezazo.

LAS CAPACIDADES SENSOPERCEPTIVAS

La relación que se produce entre el niño y el mundo externo a través de los órganos de los sentidos que captan y registran diverso tipo de estímulos se lo conoce como las capacidades sensoperceptivas.

La información (o estímulos) van de la periferia (órganos sensoriales) al sistema nervioso central y son traducidos en percepciones.

El primer estadio sensoperceptivo se produce a través de los receptores, éstos son estructuras anatómicas de gran sensibilidad destinadas a recoger estímulos de naturaleza diversa.

Los analizadores los distinguimos en dos grupos:

Esteroceptores: situados en toda la superficie del cuerpo (sentido táctil) o bien en órganos de sentido especializados como el ojo para el canal visual o el oído para el canal auditivo.

1. **Analizador visual**:
   - Si lo analizamos por orden de importancia debemos decir que este analizador es el primero que interviene en el aprendizaje de un movimiento nuevo.
   - Este receptor resulta de fundamental importancia para el aprendizaje. El niño alcanza a través de este analizador (vista) a observar modelos externos de referencia.
   - Entender y evaluar una situación simple o compleja, trayectoria de un balón, movimientos de uno o más compañeros, rivales, etc.
   - El analizador óptico brinda al niño la posibilidad de evaluar el propio cuerpo en relación al espacio y a los objetos que lo rodean y modifican.
2. **Analizador acústico**:
   - Este analizador permite al niño recibir información sonora y traducirla en proyectos motores. Con los estímulos acústicos se desarrollan capacidades fundamentales para el deporte tales como el ritmo y la reacción motora simple.
   - Los sonidos son captados a través del tímpano y transmitidos al oído interno el cual transforma los impulsos mecánicos en impulsos eléctricos del sistema nervioso central.

3. **Analizador táctil**:

- Logra percibir estímulos mecánicos mediante receptores que se encuentran en la superficie. Por medio de estos analizadores el niño está en grado de reconocer la superficie de diferentes objetos. Este tipo de contacto con objetos (balón) se produce tanto con la mano como con los pies, la famosa sensibilidad al patear o controlar una pelota está relacionado con el analizador táctil.

Propioceptores: localizados en el aparato muscular esquelético, en los tendones, en las articulaciones y en el oído interno. Los propioceptores tienen la función de informar sobre los diversos estímulos de percepciones internas provocadas por movimientos de segmentos corpóreos o del cuerpo entero.

1. **Analizador cinestésico:**

- Este analizador propioceptivo recibe los estímulos de receptores situados en el interior de las fibras musculares, en los tendones y en las articulaciones.
- El analizador cinestésico tiene como objetivo señalar las diversas tensiones a nivel muscular, articular y tendinoso a los centros superiores de control.
- La capacidad de poder recibir información sobre las diversas tensiones de fuerza permite al niño percibir diferentes dimensiones espacio temporales del movimiento.
- Estos analizadores intervienen en todos los movimientos tanto segmentarios como del cuerpo entero brindando información al sistema nervioso central. Esta información posibilita controlar la posición exacta durante la ejecución de un movimiento (equilibrio funcional).

2. **Analizador vestibular**:

- Los receptores vestibuares están situados en el interior del oído. Este analizador envía continuamente información al sistema nervioso central sobre la posición de la cabeza en el espacio.
- En sinergia con los analizadores visuales, cinestésico y táctiles el analizador vestibular resulta fundamental para la capacidad de saber orientarse.
- Este analizador influencia de manera determinante el equilibrio estático y dinámico (equilibrio funcional).

LAS CAPACIDADES COORDINATIVAS EN EL FÚTBOL

Muchas veces escuchamos hablar del entrenamiento de la coordinación, pero qué es en realidad: ¿Qué es la coordinación?

Según Meinel, la coordinación motora representa la organización de diferentes proyectos motores según un objetivo precedentemente anticipado.

La coordinación motora debe comprenderse como un aspecto de la regulación de la conducta.

La coordinación es la armonización de todos los procesos parciales delecto motor con vistas al objetivo que debe ser alcanzado a través del movimiento.

El término coordinación significa ordenamiento, y de eso se trata, de organizar, ordenar, coordinar todos los parámetros del movimiento en el proceso de interacción entre la persona y la situación externa.

La capacidad de regular, organizar y controlar el movimiento a través del sistema nervioso central representa la finalidad última para la adquisición de un gesto técnico bien estructurado.

Las capacidades coordinativas son particularidades relativamente fijadas y, generalizadas del desarrollo de los procesos de conducción y regulación de la actividad motora.

Las capacidades coordinativas son determinadas por las funciones parciales que sirven de base para el proceso coordinativo (percepción y elaboración de informaciones, programación y anticipación, comparación de los parámetros ideales y reales del movimiento, impulsos eferentes).

Los procesos de conducción y regulación de la actividad motora se desarrollan en todos los individuos según las mismas normas, pero esto no significa que transcurren en cada persona con igual velocidad, exactitud, diferenciación y movilidad. Estas particularidades cualitativas del transcurso de los procesos conductivos y regulativos son las que determinan las particularidades de su desarrollo, determinan la esencia de las capacidades coordinativas.

Dividimos a las capacidades coordinativas en generales y específicas e intentaremos explicar cómo se relacionan estas capacidades con la práctica y el entrenamiento del fútbol.

Capacidades coordinativas generales:

- Capacidad de aprendizaje motor: Posibilita al niño de modificar el propio comportamiento motor a través del aprendizaje de nuevos gestos.

- Capacidad de control motor: Permite al niño controlar el movimiento con el fin de realizar un propio modelo motor precedentemente establecido.

- Capacidad de adaptación y transformación de los movimientos: Brinda al niño la posibilidad de adaptar, transformar y corregir el propio proyecto motor en situaciones que pueden cambiar durante el desarrollo de las acciones motoras.

En el fútbol la constante variabilidad de las situaciones hace que esta capacidad coordinativa esté presente continuamente durante las fases del juego.

Capacidades coordinativas específicas:

- Capacidad de orientación: Capacidad que permite modificar la posición corporal y el movimiento del cuerpo en el espacio y en el tiempo, con referencia a un espacio de acción definido y/o a un objeto en movimiento.

Podemos definir dos formas fundamentales:

• Orientación del cuerpo en movimiento respecto a puntos de referencias fijos, inmóviles

• Orientación respecto a objetos en movimiento, estando el sujeto en condiciones estáticas

Relación con el fútbol: En los deportes como el fútbol el niño deberá saber adaptarse a la constante variabilidad de los campos de acción, modificación del ambiente externo, buscando de mantener una adecuada relación espacial y temporal para la mejor resolución de las situaciones de juego.

- Capacidad de transformación: Capacidad de adaptar y transformar el programa de acción en base a los cambios de las situaciones imprevistas.

Relación con el fútbol: Esta capacidad la podemos encontrar en los constantes cambios de situación que somete el fútbol, diferentes movimientos de los compañeros, rivales y el balón implican modificaciones constantes que el niño debe decodificar y transformar de manera casi continua.

- Capacidad de diferenciación: Capacidad para lograr una coordinación muy fina de fases motoras y movimientos parciales individuales la cual se manifiesta en una gran exactitud y economía del movimiento total.

Por ello, esta capacidad permite controlar de forma fina y diferenciada los parámetros espaciales, temporales y dinámicos del movimiento.

Relación con el fútbol: Podemos encontrar esta capacidad en el fútbol en la habilidad de evaluar la fuerza de contracción en el momento del impacto con la pelota. Aquí se evalúan y relacionan por ejemplo parámetros espacio-temporales con la aplicación de diferentes tensiones musculares al momento de recibir el balón.

- Capacidad de percepción espacio-temporal: Permite modificar la posición y el movimiento del cuerpo en el espacio y en el tiempo, con referencia a un campo de acción definido o a un objeto móvil. El acento principal recae en el movimiento del cuerpo en su totalidad y no en el de sus partes, respecto a un objeto inmóvil o en movimiento y respecto a su propio eje principal. La percepción de la posición y del movimiento en el espacio y de la acción motora para cambiar la posición del cuerpo debe entenderse como una unidad, o sea, como la capacidad para controlar el movimiento del cuerpo orientado.

Relación con el fútbol: Esta capacidad bien desarrollada en fútbol brinda al niño la posibilidad de evaluar la trayectoria de arribo de un balón y realizando las modificaciones en el espacio para poder recibirla de la mejor manera posible utilizando sucesivamente el gesto técnico adquirido.

Es en este tipo de ejemplos donde capacidades coordinativas y habilidades técnicas se interrelacionan de manera directa. Aquí se vuelve importante los ejercicios o formas de juego que propongan la relación óculo-manual y óculo-podal.

- Capacidad de ritmo: Capacidad de registrar y reproducir motrizmente un ritmo dado exteriormente y la capacidad de realizar en un movimiento propio el ritmo "interiorizado", el ritmo de un movimiento existente en la propia imaginación.

Relación con el fútbol: Se produce en una acción o ejercicio de entrenamiento de apoyo a uno y dos pies en un determinado tiempo y espacio que el niño debe ajustar acorde a sus posibilidades.

- Capacidad de equilibrio: Capacidad que permite mantener y recuperar todo el cuerpo en estado de equilibrio. Como ya hemos

detallado en las capacidades sensoperceptivas, aquí juega un papel fundamental el aparato vestibular, la información kinestésica y el nivel de fuerza muscular.

Relación con el fútbol: El fútbol es un juego en constante "movimientos de desequilibrios", acciones de trotar, correr, friccionar con el elemento agregado de un balón hacen que sea necesaria el desarrollo y entrenamiento de esta capacidad para lograr un equilibrio funcional durante el juego.

- <u>Capacidad de reacción</u>: Capacidad de inducir y ejecutar rápidamente acciones motoras breves, adecuadas en respuesta a una señal, donde lo importante consiste en reaccionar en el momento oportuno y con la velocidad adecuada de acuerdo a la tarea establecida.

Las señales se pueden transmitir por vías acústicas, ópticas, táctiles o kinestésicas.

Relación con el fútbol: En los juegos de equipo como el fútbol las reacciones motoras se producen a través de señales provenientes del adversario y del compañero las cuales son analizadas por los receptores visuales y auditivos. Analizadas por los receptores visuales y auditivos.

- <u>Capacidad de acoplamiento y combinación</u>: Capacidad que permite coordinar de forma apropiada los movimientos parciales del cuerpo entre sí, y/o unir habilidades motrices ya automatizadas. Es un requisito fundamental para todas las acciones motoras, siendo predominante en tareas de gran dificultad como las presentes en los deportes técnicos.

La gran variabilidad de los movimientos de las extremidades alcanza desde movimientos simples y elementales hasta movimientos difíciles y complejos que requieren de aprendizaje.

Relación con el fútbol: Se trasluce en la habilidad de combinar dos o más gestos técnicos entre sí, como por ejemplo conducir y patear o saltar y cabecear un balón, recibir y conducir, recibir y pasar.

En el cuadro se detallan las fases sensibles para la estimulación de las diferentes capacidades coordinativas específicas según las etapas evolutivas del niño:

CAPACIDAD COORDINATIVA	6 AÑOS	7 AÑOS	8 AÑOS	9 AÑOS	10 AÑOS	11 AÑOS	12 AÑOS
COMBINACIÓN	X	X	X	XX	XX	XXX	XXX
DIFERENCIACIÓN	X	X	X	X	X	XX	XX
PERCEPCIÓN E-T	X	X	X	X	XX	XXX	XXX
EQUILIBRIO	X	X	XX	XX	XXX	XXX	XXX
RITMO	XX	XX	XX	XX	XXX	XXX	XXX
ORIENTACIÓN	X	X	X	XX	XX	XX	XX
REACCIÓN	X	X	X	XX	XX	XX	XX
TRANSFORMACIÓN	X	X	X	X	X	XX	XX
ANTICIPACIÓN	X	X	X	X	X	XX	XX

Referencias:

X= Estímulo Bajo
XX= Estímulo Medio
XXX= Estímulo Alto

RELACIÓN ENTRE CAPACIDADES SENSOPERCEPTIVAS Y CAPACIDADES COORDINATIVAS COMO BASE DE LA ADQUISICIÓN TÉCNICA

Las capacidades sensoperceptivas y coordinativas conformarán la base de la adquisición de todos los movimientos y gestos técnicos del fútbol. Ambas capacidades interactúan de manera directa en la formación de la acción técnica. Las habilidades motrices de base, como ya hemos mencionado, también poseen responsabilidad en la concreción de la habilidad técnica.

Las capacidades sensoperceptivas tienen como objetivo la recepción y elaboración de la respuesta. Las capacidades coordinativas son responsables de la organización, control y dirección del movimiento o acción técnica. De

la correcta interacción de ambas capacidades surge el gesto técnico óptimo adecuado a una determinada situación.

La acción técnica óptima incluye:

1. Capacidades sensoperceptivas
2. Habilidades motoras de base
3. Capacidades coordinativas

LA TÉCNICA DEL FÚTBOL Y SU ESTIMULACIÓN EN FUNCIÓN DEL PERÍODO MADURATIVO

Entrenar los diferentes aspectos técnicos del fútbol es uno de los objetivos prioritarios de la etapa infantil.

La conducción y la gambeta son acciones técnicas ideales para ser estimuladas en la fase 1 con niños de 6 a 8 años. La naturaleza egocéntrica de los niños hace que este gesto netamente individual forme parte importante en la planificación del entrenamiento en estos períodos.

Luego, en las fases 2 y 3 seguirá siendo estimulado pero en menor medida. La fase infantil 2 (8 a 10 años) se destaca por un aprendizaje bastante uniforme de casi todos los aspectos técnicos del juego, los niños ingresan en la fase descentralización de la personalidad lo cual es ideal para la socialización y actividades más grupales, por ello, toma trascendencia el aprendizaje del pase y por relación directa el control. Ambas acciones que serán definitivamente consolidadas en la fase 3 de fútbol infantil (niños de 10 a 13 años) período en el cual además de los dos fundamentos ya mencionados debemos comenzar a entrenar la técnica del cabezazo en la parte final de esta fase (no desarrollada en los períodos anteriores debido a que es una acción que requiere de una coordinación fina que los niños aún no poseían). Con respecto a la acción del juego de cabeza es interesante proponer ejercicios y actividades con balones acorde a los niños en peso y tamaño; empezar a estimular esta técnica con balones de goma es ideal para no crear en el pequeño futbolista ese temor al dolor que causan los balones profesionales. La técnica del remate será abordada de manera pareja tanto en la fase infantil 2 y 3, en este caso, al igual que en el gesto del cabezazo recomendamos utilizar balones de diferentes medidas que se adapten a la maduración y fuerza de los niños.

En relación a los gestos técnicos del quite y la cobertura del balón serán entrenados de manera natural con los diferentes tipos de juegos y para más adelante en la etapa juvenil realizaremos la especialización de ambas acciones cuando comiencen a definirse los roles de juego.

Las formas para llevar adelante el proceso de enseñanza-aprendizaje de todos los aspectos técnicos mencionados serán desarrolladas más adelante cuando expongamos las formas de entrenamiento de la técnica y desarrollemos el método de entrenamiento mixto.

A continuación detallamos el grado de estimulación y dosificación que consideramos ideal para cada uno de los gestos técnicos en función del período madurativo en que se encuentra el niño.

ACCIÓN TÉCNICA	FASE I 6-8 AÑOS	FASE II 8-10 AÑOS	FASE III 10-13 AÑOS
CONDUCCIÓN	xxx	xx	x
GAMBETA/DRIBBLING	xxx	xx	x
PASE	x	xx	xxx
CONTROL	x	xx	xxx
REMATE	x	xx	xx
CABEZAZO	--	--	xx
QUITE	--	x	x
COBERTURA	--	--	x

CAPÍTULO 3

LA PLANIFICACIÓN DIDÁCTICA Y LA PLANIFICACIÓN PRÁCTICA

LA IMPORTANCIA DE LA PLANIFICACIÓN

La etapa infantil-juvenil es un proceso que puede tener un recorrido de doce, trece o catorce años desde que el niño arriba al club hasta que llega a la Primera División. Durante todos esos años el niño/joven deberá transcurrir un mega-ciclo que deberá estar organizado en cuanto a las diferentes etapas madurativas que los futbolistas van transcurriendo así como los contenidos de aprendizaje y entrenamiento que van experimentando en las diferentes fases. Esta planificación plurianual, que puede ir sufriendo modificaciones a lo largo de los años, debería ser un plan institucional de cada club, independientemente de los cambios que se produzcan en las conducciones de las instituciones.

Proyecto, programa, planificación son palabras que se utilizan en todos los campos de trabajo en el mundo actual y son sinónimo de seriedad, profesionalismo y capacidad de gestión. Nada en efecto debería realizarse sin primero haberlo estudiado discutido y elaborado en un equipo de trabajo.

Proyectar un aprendizaje o un proceso de entrenamiento significa coordinar todos los factores internos y externos que conforman la formación del joven futbolista.

El deber de los profesionales que llevan adelante todo proyecto-proceso de un club de fútbol aparte de contemplar la enseñanza de las habilidades técnico-tácticas y la mejora de las capacidades físicas y coordinativas, deberá hacer hincapié en el desarrollo de la personalidad del individuo.

Cuando nos referimos a una programación de una tarea a largo plazo se debe tener presente que las capacidades motoras se desarrollan en períodos de larga duración respetando etapas cronológicas y biológicas que el niño y el joven deberán transcurrir de manera metódica.

El entrenador deberá conocer de manera precisa las características y proble-máticas de cada uno de los estadíos por los cuales pasa un futbolista en las fases infantiles y juveniles.

Primero debemos abordar todos los contenidos referidos a la programación del plan didáctico (estudio de las características psíquicas y motrices del niño en sus diversas etapas evolutivas, objetivos, medios didácticos y su distribución anual).

Para en una segunda etapa pasar a lo que conocemos como programación práctica que se desprende de la primera, aquí desarrollamos la organización de actividades adecuadas a cada etapa, microciclos, sesiones y test control. Ambas programaciones se entrelazan y están relacionadas de manera directa.

FASE 1 de la programación: plan didáctico

1. Estudio del niño/joven
2. Objetivos
3. Medios didácticos
4. Distribución anual de contenidos

FASE 2 de la programación: plan práctico

1. Actividades
2. Microciclo
3. Sesión
4. Test/control

Es importante que aquellos profesionales que estén a cargo de las estructuras infantiles y juveniles (coordinadores, directores) como los entrenadores y profesores de educación física que están al frente de los entrenamientos de las diferentes categorías y equipos, tengan un período semanal o microciclo de programación al principio de la temporada deportiva anual. Es decir, se debe reservar un tiempo de estudio y planificación interdisciplinario de estas dos etapas antes de comenzar el proceso de entrenamiento.

METODOLOGÍAS DE ENTRENAMIENTO PARA FÚTBOL INFANTIL

Un principio que debe regular la actividad de entrenamiento e instrucción es que el balón debe estar siempre presente en las ejercitaciones y sesiones.

El juego representa en estas edades el mejor medio para aprender, no olvidemos que el niño es un "profesional" del juego.

Las diferentes capacidades físicas serán desarrolladas a través de ejercicios analíticos, situacionales y formas de juego.

Este estilo de entrenamiento específico debe orientarse a una didáctica que favorezca la creatividad, la iniciativa y la exploración del pequeño futbolista.

Es decir que "el elemento didáctico no puede ser centrado en un proceder de adiestramiento mecanizado, sino que debe contextualmente desarrollarse a través de un itinerario que solicite una toma de decisión operativa y esto puede ser hecho solo a través de una dinámica situacional" (Sergio Roticiani, FIGC, Italia, 1997).

Dentro del presente capítulo expondremos nuestra idea sobre los aspectos que consideramos fundamentales para el proceso de aprendizaje en el fútbol formativo, filosofía que tiene como origen estudios realizados y experiencias prácticas en campo durante todos estos años de trabajo, así como también citaremos autores importantes especializados en el tema que han sido muy influyentes en nuestro pensamiento e ideología metodológica.

Todo este conjunto de estudios y experiencias prácticas conformarán la base de capítulos próximos cuando hablemos de la programación didáctica y práctica del entrenamiento.

EL DEPORTE DEBE ADECUARSE AL NIÑO Y NO EL NIÑO AL DEPORTE

En la mayoría de los deportes existe el concepto de mini-deporte, esto implica saber adaptar el deporte, en este caso el fútbol al niño y no al revés.

Por experiencias personales hemos visto en países como Italia, Holanda y Alemania como ya desde pequeños 6-7 años son adecuadas las condiciones para que el niño pueda desenvolverse con comodidad en la práctica del deporte y no que le parezca inalcanzable o se le vuelva una carga.

Lamentablemente es muy común ver todavía en diferentes campeonatos infantiles oficiales y no oficiales como niños corren tras un balón número cinco imposible de ser conducido o pateado, corriendo sin sentido en una

cancha de 100 x 70 metros para lo cual el niño no está lo suficientemente desarrollado.

Junto al Doctor Roberto Peidró desarrollamos diversos estudios con niños del fútbol infantil del Club Atlético Independiente con referencia a la dimensión y peso del balón utilizados en competencias infantiles (foto debajo), tanto el peso como el tamaño resulta totalmente incómodo para niños de hasta 12 años.

Hasta esa edad sería interesante que el niño juegue con balones n° 3 y 4 y con pelotas de diferente material (goma, plástico, cuero, etc.).

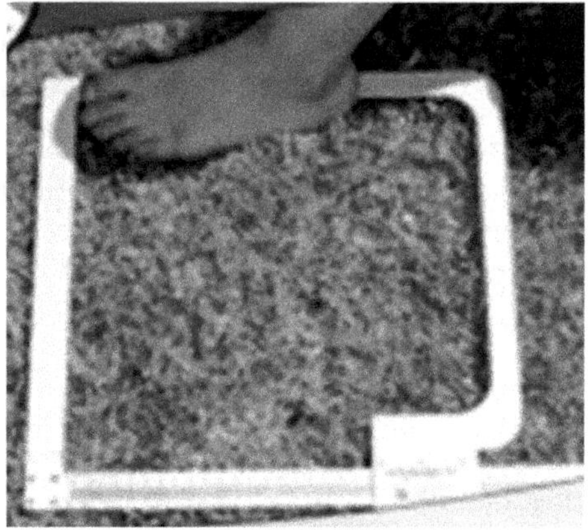

Otro tema polémico es el de las dimensiones de los arcos profesionales donde los niños entrenan y compiten. Resulta realmente negativo y frustrante para un niño de 9, 10 u 11 años de edad desenvolverse en estas porterías para profesionales.

Observemos las fotos de niños de esas edades, lo desproporcionado que queda la dimensión de los arcos para sus alturas.

En la foto debajo tomada en Kurtekkotten (campo de entrenamiento del Bayer 04) observamos como la Federación Alemana de Fútbol adapta el deporte al niño a través de campos de juego, balones y arcos (foto) acordes a cada edad.

En este caso el arco usado por niños de 12 años, pueden notar la diferencia con la portería profesional donde atajan los arqueros de categorías juveniles mayores. Es una forma de adaptar el deporte al niño: arco de 2 x 5 metros.

A continuación expondremos y fundamentaremos algunas de las razones por las cuales consideramos totalmente perjudicial este tipo de prácticas.

<u>Desde lo fisiológico</u>:

- El niño no está preparado para realizar esfuerzos físicos prolongados.
- El niño no tiene buena eliminación de lactato (remoción).
- Los niveles bajos de testosterona no le permiten realizar ejercicios de fuerza intensos.

Desde lo físico-motor:

- No tiene niveles de fuerza elevados como por ejemplo para patear un córner.

- El arquero no tiene suficiente altura para llegar al travesaño.

- La pelota es demasiado pesada para la fuerza del niño, miedo al cabezazo.

Desde lo técnico:

- En una competencia (partido) de 50' el niño toca el balón entre 20" a 50" aproximadamente.

- En un juego 2 vs. 2 de 3' toma contacto del balón 1'.

- En un partido 6 vs. 6 o 7 vs. 7 la tienen 3'-4' y los partidos terminan 7 a 6, 5 a 4.

- Estimula la técnica del remate.

Desde lo táctico:

- Participa de más acciones técnico-tácticas.

- En 11 vs. 11 no se producen avances ya que el plano de decisión es tan grande y confuso que no se realizan operaciones de resolución mental.

- El niño no entiende una situación táctica con tantos protagonistas (egocentrismo).

- Es complejo realizar una lectura racional de la situación.

Desde lo madurativo:

- Futbolistas no desarrollados, etapa de crecimiento.

- En 11 vs. 11 las medidas no se adecúan a las posibilidades del niño.

- No hay completa maduración a nivel corteza cerebral (SNC).

Desde el desarrollo psicológico:

- El niño no sufre frustraciones, participa.

- Se divierte, juega.

- No es tan profesional, menos estresante.

- Por último: "Se imaginan un partido de fútbol de futbolistas profesionales con una cancha de 200 m de largo x 150 de ancho con una pelota n°9 que pese el doble de la normal y con arcos de 4 m de alto x 15 m de largo (...) así se siente un chico entre 8 y 12 años que participa en los torneos infantiles actuales de la Argentina".

VENTAJAS DEL MÉTODO DE JUEGO O COMPETENCIA

Cuando nos referimos a las ventajas que otorga el método integrado al juego los fundamentos más importantes que avalan esta teoría son:

- Contacto mayor con el balón y desarrollo de las habilidades técnicas.
- Acciones motoras sin pelota que se dan en el juego. Entrenamiento de la musculatura específica.
- Desarrollo de las capacidades coordinativas a través del juego.
- Entrenamiento de la resistencia especial del juego.
- Desarrollo de la actitud ya que hay que enfrentar y superar a un adversario.
- La motivación de este método es mayor porque se entrena "jugando".
- Gran posibilidad de variar y dosificar esfuerzos según el área energética que se quiera estimular a través de:
    - Dimensiones de los campos de juego.
    - Cantidad de futbolistas.
    - Tiempos de juego.
    - Tiempos de pausa.
    - Número de bloques o partidos.

Durante partidos oficiales de fútbol infantil organizados por la Asociación de Fútbol Argentino (AFA) hemos realizado diferentes estudios de investigación sobre diferentes aspectos técnicos y físicos que experimentan los niños en este tipo de competencias.

En lo que respecta al tiempo de contacto con el balón hemos encontrado que en partidos que van de 40' a 60' el niño llega a tocar muy pocas veces la pelota, según el puesto de juego hay chicos que solo tienen el balón en su poder no más de 10 o 15 segundos.

Este tipo de investigaciones hacen que debamos replantearnos seriamente cual es el aporte de este tipo de competencias al desarrollo del niño desde el punto de vista técnico.

CONTROL DE TIEMPO DE CONTACTO DE BALÓN – PARTIDOS OFICIALES AFA. 11 VS. 11

POSICIÓN EN EL CAMPO	EDAD	TIEMPO JUEGO	1º TIEMPO	2º TIEMPO	Nº DE CONTACTOS DEL BALÓN	TIEMPO TOTAL
ENGANCHE	13	60´	45" - 24 jug.	40" - 24 jug.	48 jugadas	85"
LATERAL DERECHO	12	50´	4" - 6 jug.	3" - 4 jug.	10 jugadas	7"
MEDIOCAMPISTA IZQUIERDO	11	50´	25" - 13 jug.	23" - 11 jug.	24 jugadas	48"
ENGANCHE	11	50´	42"	37"	22 jugadas	79"
ENGANCHE	13	60´	34"	21"	16 jugadas	55"
MEDIOCAMPISTA CENTRAL	12	50´	8"	14"	13 jugadas	22"
DEFENSOR CENTRAL	11	50´	4"	5"	8 jugadas	9"
MEDIOCAMPISTA IZQUIERDO	10	40´	12" - 6 jug.	10" - 5 jug.	11 jugadas	22"
MEDIOCAMPISTA CENTRAL	10	40´	25" - 10 jug.	20" - 8 jug.	18 jugadas	45"
DELANTERO DERECHO	9	20´	40"		27 jugadas	40"

Muy distinta es la realidad cuando realizamos actividades de entrenamiento 2 vs. 2 como muestra la tabla de control de tiempo en este tipo de juegos.

En este tipo de situaciones de juego, el niño practica el deporte con un gran volumen de tiempo con la pelota en su poder lo cual asegura un progreso constante en el manejo del balón dentro de un marco de entretenimiento.

CONTROL DE TIEMPO DE CONTACTO DE BALÓN – JUEGO 2 VS. 2 EN CAMPO DE 30 X 20 METROS

POSICIÓN EN EL CAMPO	EDAD	TIEMPO JUEGO	MEDIDAS CAMPO	TIEMPO TOTAL
DELANTERO CENTRAL	10	3´	20 x 30	27"
DEFENSOR IZQUIERDO	10	3´	20 x 30	27"
MEDIOCAMPISTA IZQUIERDO	10	3´	20 x 30	23"
MEDIOCAMPISTA DERECHO	10	3´	20 x 30	25"
DELANTERO DERECHO	10	3´	20 x 30	47"
ENGANCHE	10	3´	20 x 30	26"
ENGANCHE	10	3´	20 x 30	25"
DEFENSOR CENTRAL	10	3´	20 x 30	22"

Cuando achicamos el número de participantes del juego a 1 vs. 1 el volumen de posesión del balón es aún mayor, este tipo de situación de juego 1 contra 1 expone al niño ante la posibilidad de experimentar innumerable cantidad de situaciones a resolver cuando posee la pelota y otras tantas en situación defensiva.

CONTROL DE TIEMPO DE CONTACTO DE BALÓN – JUEGO I VS. I EN CAMPO DE 20 X 15 METROS

POSICIÓN EN EL CAMPO	EDAD	TIEMPO JUEGO	MEDIDAS CAMPO	TIEMPO TOTAL
MEDIOCAMPISTA IZQUIERDO	10	2´ 30"	20 x 15	40"
MEDIOCAMPISTA DERECHO	10	2´ 30"	20 x 15	26"
DEFENSOR DERECHO	10	2´ 30"	20 x 15	47"
ENGANCHE	10	2´ 30"	20 x 15	44"
DELANTERO	10	2´ 30"	20 x 15	42"
ENGANCHE	10	2´ 30"	20 x 15	32"
DEFENSOR CENTRAL	10	2´ 30"	20 x 15	27"

El método de entrenamiento 1 contra 1, 2 contra 2 o situaciones similares en disparidad numérica como por ejemplo, 2 contra 1 o 3 contra 2, son acciones de juego que debería estar presente en todo entrenamiento de fútbol infantil.

Siempre amoldando a las posibilidades psicofísicas de los niños las dimensiones de los campos de juego, tamaño del balón y los tiempos de acción y recuperación.

LA IMPORTANCIA DE LA CAPACIDAD DE ANTICIPACIÓN (TEXTO DEL PROFESOR STEFANO D'OTTAVIO)

Debajo extraemos algunos conceptos fundamentales de un artículo escrito en el libro *Young coach educator* del año 2000 por el profesor Stefano D'Ottavio sobre la capacidad de anticipación y su importancia en el fútbol.

El profesor D'Ottavio, autor del libro *La prestazione del giovane calciatore* remarca como fundamental esta capacidad, pero cuando habla de anticipación se está refiriendo no a la acción técnica de interceptar un pase o un anticipo defensivo sino a la fase de anticipación entendida como anticipación mental como movimiento de pensamiento, como movimiento cognitivo.

Elegimos traducirlo de manera textual debido a la importancia del contenido, debajo lo más saliente del texto:

"El análisis de la situación de juego conlleva una elaboración del pensamiento, por ende a una elección".

“Sobreviene entonces una selección, una elaboración y por último una acción”.

“La acción debe ser reportada a la memoria que brinda su aporte en cada uno de los pasajes que han sido efectuados en relación a esa situación”.

“El doctor Cei ha hablado de percepción activa, donde una cosa es estar en la acción y otra muy diferente es estar en la acción buscando puntos de referencia para poder responder a la situación”.

“La percepción debe ser activa para poder anticipar cualquier tipo de situación, leerla y llegar antes”.

“Se puede no ser un velocista, pero si se puede ser velocista con el pensamiento, es ahí cuando la anticipación es la base de todo, es un paso importante sobre el cual es necesario trabajar y entrenar”.

“Un ejemplo interesante es el que brinda el profesor Rocca cuando habla de pie ejecutante en la justa ejecución del gesto; considerando la anticipación la lectura anticipada de aquello que esta por suceder, el jugador que debe ejecutar el gesto no debe brindar información al rival sino que debe crearle incertidumbre para tener éxito”.

“Cuanto menos información se le brinda al adversario menor posibilidad de anticipar las situaciones de juego tendrá”.

“Esta teoría sobre la importancia de la anticipación ha sido confirmada por el Mister Ottavio Bianchi exentrenador de la selección italiana de fútbol, quién sostiene que la anticipación es la base de todos los jugadores de talento que son capaces de realizar el gesto técnico exacto pero creando las variantes justas para cada situación de juego”.

EL SISTEMA DE ENTRENAMIENTO TÉCNICO MIXTO

A través de todos estos años de experiencias prácticas de campo y apoyados en diferentes estudios hemos desarrollado un sistema de entrenamiento de la técnica el cual denominamos entrenamiento técnico mixto. Esta forma de entrenar los aspectos técnicos consiste en la combinación de ejercicios analíticos y globales o funcionales dentro de la misma sesión de entrenamiento.

El entrenamiento analítico se realiza a través de ejercitaciones ‘a seco’ o juegos sin obstáculos. El niño experimenta un entrenamiento repetitivo de determinado gesto técnico, en el tiempo.

En cambio, el entrenamiento funcional es la realización de entrenamientos situacionales donde se buscará como objetivo didáctico el aprendizaje y desarrollo de un aspecto técnico dominante en función de situaciones de juego.

En el entrenamiento técnico mixto se combinan tiempos de entrenamiento de técnica analítica (1' a 3') con situaciones de juego consecutivas (5' a 10') donde el aspecto técnico dominante es el mismo que se quiso desarrollar en el entrenamiento analítico.

Se intenta crear en el niño un doble estímulo: aprendizaje mecanizado asociado a una funcionalidad creativa de esa enseñanza.

El entrenamiento técnico mixto incluye:

- Técnica analítica
- Técnica situacional

UN EJEMPLO PRÁCTICO DE ENTRENAMIENTO TÉCNICO MIXTO

Tomando como fundamento técnico el aprendizaje de la conducción del balón, el niño realizará ejercitaciones de conducción analítica donde recibirá el ejemplo ilustrativo del profesor o de un compañero. Tras estas acciones, el pequeño futbolista formará parte de un juego situación funcional, en este caso, dos contra dos en dimensiones reducidas donde el aspecto técnico saliente sea también la conducción.

Es decir, trasladará las habilidades técnicas entrenadas de manera aislada y sintética a una situación de juego donde el niño estará expuesto a resolver diferentes tipos de situación que le presenta el juego.

Es importante tener claros algunos conceptos fundamentales cuándo hablamos de entrenamiento técnico cómo aquellos que manifiesta el profesor Rocca: "El niño debe tener la sensación que aquellos que está haciendo le servirá para jugar y competir (...) El gesto técnico debe ser contextualizado y sobre todo aplicado a la situación de juego, considerando entonces todos los aspectos fundamentales del juego de equipo tales como: el tiempo, el espacio, el compañero y el adversario".

La progresión didáctica deberá seguir los siguientes cinco puntos:

1. Sensibilidad con el balón en formas de dominio dinámico sin oposición.
2. Creación de situaciones de juego 1 contra 1.
3. Dribbling, desdoblamientos ofensivos.

4. La técnica individual o de base no debe tener un fin en sí misma, sino que debe estar unida al concepto de sensibilidad para después progresivamente, relacionarla a todos los parámetros del fútbol.
5. El niño tiene una capacidad de atención muy limitada, no soporta la repetición del gesto técnico que debe entonces ser limitada al mínimo indispensable.

Debajo un ejemplo práctico de cómo aplicarlo:

- Tomamos como fundamento técnico el dribbling.

- Programación de actividades variadas de acciones de dribbling.

- Demostración del profesor o del niño más capacitado para esa capacidad técnica.

- Acciones de aprendizaje analítico con niveles de complejidad variado.

- Habilidad transferida a una situación de competencia 1 contra 1.

- Habilidad transferida a una situación de competencia 2 contra 2 hasta 4 contra 4.

- Estas fases de adquisición del gesto técnico son comunes al aprendizaje de cualquier habilidad específica del juego del fútbol.

- Entonces, es fundamental que el gesto técnico adquirido sea transformado en situación de juego.

- El niño debe tener la sensación que se está preparando para disputar la competencia, y no la incorporación del gesto técnico como un fin en sí mismo.

Esta metodología de entrenamiento mixta comenzamos a utilizarla dentro de la programación didáctica recién en el segundo período infantil (8 a 10 años), antes no es aconsejable ya que consideramos que el niño no está en condiciones madurativas para este tipo de enseñanzas debido a su perfil egocéntrico y poco adaptable a indicaciones, correcciones y tareas sistemáticas. La explicación de las características y capacidades de los diferentes períodos madurativos será desarrollada en los siguientes capítulos con el estudio físicomotor y psicológico de cada fase del fútbol infantil y juvenil. El entrenamiento de la técnica por medio del método mixto será sostenido durante todo el proceso formativo infantil y juvenil hasta la fase III de fútbol juvenil (17-20 años), lógicamente, variando el nivel de dificultad en cada fase de manera progresiva teniendo en cuenta: las posibilidades de cada período evolutivo, objetivos y complejidades de las ejercitaciones analíticas y funcionales.

APRENDIZAJE DE LOS CONCEPTOS TÁCTICOS BÁSICOS A TRAVÉS DE FORMAS DE JUEGO

Cuando hablamos de táctica en el fútbol infantil no nos estamos refiriendo al concepto táctico tradicional que comúnmente se relacionan a los sistemas de juego complejos como el 4-4-2, 4-3-1-2 o 3-5-2, ese tipo de aprendizaje quedará para la etapa juvenil.

Pero antes de analizar lo que debemos entrenar como táctica en estas etapas, un concepto: "La táctica puede ser considerada como función de unión entre las varias unidades de prestación individual que finalizan en acciones colectivas orientadas a buscar un objetivo en común. Las habilidades técnicas, la disponibilidad energética y coordinativa, el esfuerzo psíquico, el rol en el equipo y los otros factores que condicionan el rendimiento deben estar sinérgicamente integrados y subordinados al objetivo táctico del juego" (Stefano D'Ottavio, Guida Tecnica FIGC).

El concepto de táctica que debemos manejar en la etapa infantil está relacionado a los aspectos individuales y colectivos básicos del juego.

No debemos tener miedo de hablar de táctica en el proceso de aprendizaje del niño ya que todo juego por más básico que sea contiene un componente táctico.

Justamente a través del juego adaptado a cada período madurativo es que desarrollaremos principios tácticos básicos tales como: el 1 contra 1, desmarcaciones, juego en superación numérica ofensiva, 2 contra 1 en ataque y defensa, conquista del espacio en avance, conceptos de amplitud, profundidad, etc.

Todos estos aspectos de táctica elemental que conformarán la base para el aprendizaje posterior de la táctica más compleja.

Los contenidos de la táctica colectiva serán desarrollados a través de juegos que deberán ser dosificados en su justa medida en lo que respecta a número de participantes, dimensiones de los campos de juego y sus niveles de complejidad. Para ello consideramos que debemos introducir al niño en una progresión táctica la cual tendrá relación con su actualidad madurativa (ver cuadro con las diferentes características de los diferentes períodos evolutivos).

En referencia a los sistemas tácticos tradicionales, recién en la última etapa de la tercera fase infantil (11-13 años) comenzaremos a realizar tareas jugadas, situaciones funcionales y competencias que involucren varios participantes y por medio de estas actividades introducir al niño en el primer sistema táctico complejo: el 4-3-3.

A continuación, una tabla de referencia con los contenidos tácticos más importantes a desarrollar en la etapa infantil por medio de entrenamientos situacionales en forma de juego:

FASE AÑOS	TÁCTICA INDIVIDUAL	TÁCTICA COLECTIVA
FASE I 6-8 AÑOS	DOMINANTE JUEGO 1 VS. 1 EN TODAS SUS FORMAS	JUEGO LIBRE EXPLORACIÓN JUEGO 3 VS. 3 POCOS PARTICIPANTES DIMENSIONES PEQUEÑAS ORDEN BÁSICO DEFENSA - ATAQUE EN TODAS SUS FORMAS
FASE II 8-10 AÑOS	2 VS. 1 SUPERACIÓN DEL ADVERSARIO 3 VS. 2 POSESIÓN DEL BALÓN 2 VS. 1 + DEFINICIÓN	JUEGO 5 VS. 5 HASTA 9 VS. 9 CON NOCIONES TÁCTICAS DE EQUIPO ORDEN TÁCTICO BÁSICO DEFENSA-MEDIO-ATAQUE
FASE III 10-13 AÑOS	MARCACIÓN POSICIONAMIENTO DEFENSIVO CONQUISTA DEL ESPACIO EN AVANCE PROFUNDIDAD + AMPLITUD DESDOBLAMIENTO OFENSIVO	JUEGO 11 VS. 11 MOVIMIENTOS TÁCTICOS COLECTIVOS COBERTURAS - RELEVOS 11-12 AÑOS INTRODUCCIÓN AL SISTEMA TÁCTICO 4-3-3

TIPOS DE SITUACIÓN DE ENTRENAMIENTO (ADAPTADO DEL PROFESOR SERGIO ROTICIANI, FIGC ITALIA)

El juego del fútbol está clasificado como deporte de situación y este aspecto condiciona todos los procedimientos metodológicos referidos a la formación técnica.

La formación técnica debe estar inserta dentro de un ámbito táctico o de juego en constante integración con el aspecto cognitivo del futbolista.

El gesto técnico debe ser el instrumento operativo para resolver los problemas de juego que pueden ser identificados. Por ejemplo, en el dominar un balón que ha tenido un pique en el piso imprevisto, en calcular un pase en profundidad a un compañero particularmente rápido, o en decidir en el mínimo tiempo posible.

Es la situación determinada de juego la que justifica el comportamiento técnico y la que condiciona la elección operativa y el tipo de ejecución.

Solo enormes jugadores de fútbol, aquellos llamados cracks, logran con su excelencia técnica y maestría adaptar la situación y modificarlas a través de una calidad técnica superlativa.

Por todo lo mencionado, la formación técnica no puede prescindir del pará-metro táctico y viceversa. En cada acto del juego, el jugador ejecuta el gesto correspondiente (acto técnico) solo después de haber elaborado una respuesta sobre cómo resolver los problemas ligados a la situación de juego (acto táctico).

La formación táctica es un proceso integrado que nace del juego mismo y representa en la génesis de la evolución futbolística una constante referencia didáctica.

Donde exista una actividad consciente, una sistemática actividad de elaboración y de respuestas a los estímulos ambientales, debemos hablar de táctica.

La automatización de ciertos gestos técnicos (habilidad técnica) influyen sobre planos elaborados más complejos. El comportamiento del futbolista, empeñado ahora a recordar las propias acciones con aquellas de los compañeros en régimen de juego, se torna siempre más indispensable la presencia de adversarios.

Los planos didácticos elaborados para la formación táctica deben contener actividades que estén en línea o en estrecha relación con:

- La edad del futbolista
- La calidad técnico/táctica del futbolista

• El grado de maduración psicofísica

• La motivación

Hemos pensado en codificar y clasificar los diferentes tipos de ejercitaciones diferenciadas en cuatro tipos de situación diversas.

- Situación simple
- Situación estándar
- Situación funcional
- Situación competencia

La capacidad de juego individual y colectivo posee su código genético en la capacidad de saber organizar de manera funcional el propio comportamiento técnico.

La acción técnica representa un devenir constante en estrecha simbiosis con la desenvoltura de la situación de juego, debe entonces adaptarse, transformarse y conjugarse online con el juego.

Las situaciones arriba descriptas representan un momento imprescindible para construir capacidad de juego altamente calificada. La distribución en el proceso de formación futbolística estará relacionada a la edad madurativa del niño.

Tipos de situación:

Situación simple: son actividades realizadas en dimensiones reducidas donde el futbolista aplica su bagaje técnico en régimen de juego con la presencia de compañeros y adversarios. Estas situaciones simples no contemplan ningún com-portamiento impuesto por el entrenador; comúnmente se realizan situaciones en superioridad o inferioridad numérica para facilitar el comportamiento técnico-táctico. En situaciones individuales y colectivas los futbolistas desarrollan el bagaje de opciones operativas, resolviendo en forma autónoma los problemas de juego. Se favorece así el desarrollo de aquellas operaciones que conocemos con el nom-bre de capacidad táctica.

Relación con aspecto físico: este tipo de situaciones son adecuadas para acciones en régimen de resistencia aeróbica ya que se realizan sin consigna por parte del entrenador ni plazos temporales por cumplir. De esta manera, el futbolista controla su propia prestación y entrena en una frecuencia que oscila en el rango aeróbico. Ejemplo: juegos desde 2 vs. 1 hasta 8 vs. 8 con dimensiones variadas.

Situación estándar: son acciones orientadas a la capacidad de aprender esquemas de movimiento “tipo”, estereotipos de comportamiento base que darán señales de reconocimiento cada vez que en competencia se presenten determinadas señales. Son ejercitaciones consideradas a seco sin la presencia de adversarios activos donde el acento viene puesto sobre las modalidades de aprendizaje de ciertos movimientos, por ejemplo: movimientos de avance (ataque), diagonales, cruces, con la combinación de elementos técnicos intervinientes en la situación.

Relación con aspecto físico: este tipo de situaciones son adecuadas para acciones en régimen de velocidad, secuencias de duración corta (5"- 12") a intensidades altas con pausas de larga duración (40"- 60"). Ejercicios que se puedan llevar a cabo sin la aparición de fatiga.

Situación funcional: es la aplicación de determinadas situaciones estándar en régimen de juego, donde la influencia activa del adversario/s determina el aprendizaje de comportamientos flexibles y funcionales. Estos medios de entrenamiento son ejercitaciones altamente sofisticadas en grado de generar respuestas eficaces a los requerimientos de la competencia. Se adquirirán a través de estas situaciones funcionales patrones de comportamiento con una cualidad de reconocimiento que con la experiencia (años de entrenamiento) tendrán res-puestas cada vez más eficaces.

Relación con aspecto físico: este tipo de situaciones son adecuadas para acciones en régimen de resistencia intermitente, la secuencia de trabajo de la situación posee una duración de 15"- 30" (tiempos promedio de secuencia en competencia), y la relación con la pausa es siempre de 1>1, 1>2 o 1>3, es decir, 15" x 15", 20" x 40" o 10"x 30", estas secuencias de trabajo se realizan de manera continua en bloques de 8'-10'-12'.

Situación competencia: representan ámbitos de juego, de competencia o similares. Son partidos a tema a aplicados con variación de reglas que controlan el tipo de comportamiento que se quiere hacer aprender. El comportamiento colectivo, en relación al objetivo táctico, se produce por medio de estas actividades reiteradas en función de la dinámica del juego (en fase de posesión y fase de posesión del rival).

En relación al tipo de comportamiento buscado se irán modificando las variables cuantitativas y cualitativas presentes en el juego, por ejemplo: espacio, número de jugadores, tiempo de juegos, número de toques permitidos, zonas neutras, superioridad e inferioridad numérica.

Relación con aspecto físico: este tipo de situación se utiliza para entrenar la resistencia especial de juego, ideales para esfuerzos de un alto estrés físico. La intensidad del ejercicio-juego se controla a través de las variables arriba mencionadas

Programación de los tipos de entrenamiento situacional en función de los dife-rentes períodos madurativos:

Dentro de la programación mega y macro anual, teniendo en cuenta las carac-terísticas madurativas de cada etapa o fase evolutiva del futbolista, consideramos que cada uno de los tipos de ejercicios situacionales deben tener una relación acorde a las características y posibilidades de cada período.

Por ello, en cada fase proponemos programar un porcentaje de utilización de cada tipo de situación estudiado la cual se verá reflejada en la planificación anual, mensual y semanal del niño y el joven futbolista.

A continuación, el porcentaje de utilización de cada tipo de situación dentro de la planificación anual de cada una de las fases infantiles y juveniles:

	FASE INFANTIL 1 (6 - 8 AÑOS)	FASE INFANTIL 2 (8 - 10 AÑOS)	FASE INFANTIL 3 (10 - 13 AÑOS)	FASE JUVENIL 4 (13 - 14 AÑOS)	FASE JUVENIL 5 (15 - 16 AÑOS)	FASE JUVENIL 6 (17- 18 AÑOS)
SITUACIÓN SIMPLE	65 %	50 %	35 %	20 %	10 %	5 %
SITUACIÓN STANDARD	15 %	20 %	25 %	20 %	15 %	10 %
SITUACIÓN FUNCIONAL	15 %	20 %	25 %	30 %	35 %	40 %
SITUACIÓN COMPETENCIA	5 %	10 %	15 %	30 %	40 %	45 %

Aclaramos que esta metodología situacional deberá ser acompañada por otros medios de entrenamiento a lo largo de todo el recorrido plurianual del futbolista, que más adelante desarrollaremos, si bien creemos que el entrenamiento situa-cional ocupará un lugar de privilegio en el desarrollo del proceso de enseñanza del futbolista infantil y juvenil.

MÉTODOS DE ENTRENAMIENTO PARA EL PERÍODO INFANTIL: 6 A 13 AÑOS

Es para nosotros un concepto fundamental que en esta fase evolutiva "El niño debe aprender y entrenar jugando", pero dentro de un marco metodológico ordenado y progresivo.

El entrenamiento físicomotor de los niños de esta etapa abarca dos áreas bien distintas: por un lado el desarrollo de los aspectos de resistencia y velocidad del niño a través de lo que nosotros denominamos entrenamiento situacional ya analizado.

Además de los ejercicios y juegos situacionales, los niños de estas etapas experimentarán durante el proceso de entrenamiento otros tipos de actividades tales como tareas tácticas básicas, circuitos coordinativos para comenzar a desarrollar los aspectos neuromusculares y en la fase infantil III (en el último año, doce y trece años), comenzarán a entrenar con metodologías puras para el desarrollo de la resistencia, los métodos continuos, intervalados e intermitentes con todas sus variables, serán integrados en la planificación anual del último año de la etapa infantil.

Es para nosotros un concepto fundamental que en esta fase evolutiva "El niño debe aprender jugando", es por eso que desarrollamos una serie de ejercicios en situación de juego para el desarrollo de la resistencia y la velocidad las cuales denominamos entrenamiento situacional.

A continuación, una reseña sobre la utilización de los medios de entrenamiento en el programa de entrenamiento anual en función con las tres fases infantiles. Tres cruces equivalen a un uso importante, dos a un uso medio y una cruz a poca utilización del método.

MÉTODOS DE ENTREN. FASES INFANTILES	SITUACIÓN SIMPLE	SITUACIÓN STANDARD	SITUACIÓN FUNCIONAL	SITUACIÓN COMPETENCIA	TÁCTICO JUEGOS	CIRCUITOS TÉCNICO COORDINATIVO NEUROMUSCULAR	RESISTENCIA MÉTODOS PUROS
FASE INFANTIL 1 (6 - 8 AÑOS)	xxx	x	x	--	--	x	--
FASE INFANTIL 2 (8 - 10 AÑOS)	xx	x	x	x	x	x	--
FASE INFANTIL 3 (10 - 13 AÑOS)	x	x	xx	xx	xx	xx	x

ENTRENAMIENTO DE INTRODUCCIÓN A LA FUERZA EN EL PERÍODO INFANTIL

En la fase infantil I y fase infantil II los aspectos de fuerza de base serán estimu-lados a través de juegos, recorridos lúdicos y técnico-coordinativos. En la tercera y última fase del fútbol infantil, la fase III, los niños de 10-11 años comenzarán a experimentar una batería de ejercitaciones programadas para cada etapa madurativa, orientadas al desarrollo de las cualidades neuromusculares: nos referimos a la fuerza.

Este aspecto del entrenamiento es fundamental en el desarrollo del niño ya que brindará las bases para el entrenamiento futuro y no debemos tener miedo en abordarlo si es estudiado y llevado adelante por especialistas idóneos y con una programación adecuada a cada edad en lo que refiere a:

tipo de ejercicios, cargas, intensidades y tiempos de duración y recuperación, todos elementos adaptados a las posibilidades de los niños.

Cuando desarrollemos de manera más específica todos los contenidos que deberán experimentar los niños en las tres fases del fútbol infantil ahondaremos en este tema de la fuerza y cómo programar y entrenar esta cualidad en cada etapa de maduración.

Por ahora presentamos cómo es la distribución de la metodología de los 8 niveles de complejidad en función de las diferentes fases madurativas del fútbol infantil y juvenil:

Fase infantil III (10 a 13 años): circuito nivel de complejidad 1 a 2.

Fase juvenil I y II (13 a 16 años): circuito nivel de complejidad 1 a 5.

- Fase juvenil III (17 a 20 años): circuitos nivel de complejidad 1 a 8.

La complejidad viene marcada por la utilización o no de las actividades escogidas dentro de los diferentes niveles de dificultad así como la dosificación de las mismas: (X = Estímulo bajo, XX = Estímulo medio, XXX = Estímulo alto).

Para la confección de los diferentes niveles de fuerza hemos priorizado a través de los años dieciséis parámetros de entrenamiento que se combinan en los circuitos. Cabe aclarar que existen numerosas formas de entrenamiento de la fuerza que no están contempladas en la confección de este formato de entrenamiento y no por ello no son válidas.

Los 16 parámetros utilizados son: saltos frontales, saltos laterales, altura de salto baja < 20 cm, altura de salto media < 40 cm, altura de salto alta < 60 cm, saltos con carga, salto unipodal, salto bipodal, sprint < 10 metros, acciones de freno (stop) y cambios de dirección, ejercicios de coordinación y frecuencia, tareas de propiocepción + zona core, ejercicios de potencia, trineo – cuestas y acciones técnicas.

La combinación de cada una de estas actividades y el número de secuencias determinará el nivel del circuito el cual debe adecuarse a cada estadío madurativo en lo que refiere a posibilidades de ejecutarlo y nivel de exigencia.

En las dos primeras filas del cuadro debajo podrán visualizar los dos primeros eslabones (niveles 1 y 2) para niños de diez a trece años. Estas dos etapas de iniciación a la fuerza son las primeras de una serie de 8 niveles de complejidad de circuitos neuromuscular progresivos que se enlazan de manera metodológica a los seis niveles restantes que se utilizarán en las fases evolutivas siguientes del fútbol juvenil (13-14, 15-16 y 17-20 años).

Esta metodología de programación de la fuerza será desarrollada de manera más extensa en los capítulos de fútbol juvenil.

NIVELES COMPLEJ.	SALTO FRONTAL	SALTO LATERAL	ALT. BAJA	ALT. MEDIA	ALT. ALTA	SALTO C/CARGA	SALTO UNIP	SALTO BIPOD.	SPINT <10 M	FRENO STOP	COORD. FREC.	PROP. CORE	EJERC. POT.	TRINEO CUESTAS.	ACC. TECN.	N° SEC.
NIVEL I	x	x	xxx	--	--	--	x	x	x	x	x	x	--	--	x	2
NIVEL II	xx	x	xx	x	--	--	x	xx	x	x	xx	xx	--	--	xx	2
NIVEL III	xxx	xx	xx	xx	--	--	xx	xx	xx	xx	xx	xx	--	--	xxx	2
NIVEL IV	xx	xx	xx	xxx	x	--	xx	xx	xx	xx	xxx	xxx	x	x	x	3
NIVEL V	xx	xxx	xx	xxx	xx	x	xx	xxx	xx	xx	xxx	xxx	xx	xx	xx	3
NIVEL VI	xxx	xxx	xx	xxx	xx	xx	xxx	xx	xxx	xxx	xx	xxx	xx	xx	xxx	4
NIVEL VII	xxx	xxx	xx	xx	xxx	xx	xxx	xx	xxx	xxx	xxx	xxx	xxx	xx	xxx	4
NIVEL VIII	xx	xxx	xx	xx	xxx	xxx	xxx	xxx	xxx	xxx	xxx	xxx	xxx	xxx	xxx	5

FORMAS DE ORGANIZACIÓN Y FILOSOFÍA DE TRABAJO EN DIFERENTES PARTES DEL MUNDO

Antes de adentrarnos en los que respecta a la programación de cada una de las diferentes etapas del período del fútbol infantil realizaremos un breve repaso sobre formas de organización y métodos de enseñanza de algunos clubes y asociaciones del mundo futbolístico.

Como mencionamos al principio del libro las realidades sociales y deportivas no son idénticas en todas las partes del mundo futbolístico. De todas maneras hay aspectos organizativos y formas de entrenamientos muy interesantes de las cuales se pueden extraer parcial o totalmente aspectos positivos para su aplicación.

Aquí exponemos algunos ejemplos de formato de organización, filosofía de conducción y sistemas de entrenamientos estudiados y realizados en algunos luga-res los cuales tuvimos la chance de visitar como la Federación Italiana de Fútbol, el Bayer 04 de Alemania.

UN EJEMPLO DE FORMATO DE ORGANIZACIÓN PARA COMPETENCIA DE FÚTBOL INFANTIL EN LA FEDERACIÓN DE FÚTBOL ITALIANO (FIGC):

Presentamos el sistema de organización de competencias del fútbol infantil en Italia, observemos detalladamente las adaptaciones realizadas con respecto a la competencia en cada período evolutivo. Esta información fue otorgada por nuestro amigo el profesor Massimo Tell del área didáctica de la Federación Italiana de Fútbol. Debajo de cada etapa realizamos consideraciones y observaciones personales:

CATEGORÍA	Nº JUGADORES	TIEMPO DE JUEGO	DIMENSIONES CAMPO	DIMENSIONES ARCOS	DIMENSIONES BALÓN	PROCEDER REGLAMENTARIO
PICCOLI AMICI 6 - 7 AÑOS	3:3 o 4:4 Juegos varios	3:10´	35x20	4x2	3/4/5/6/8 goma o cuero liviano	
PULCINI 8 AÑOS	5:5	3:15´	45x25	4x2	4 goma o cuero liviano	Puede pasar el balón al portero
PULCINI 9 AÑOS	7:7	3:15´	60x40		4	No hay off side
PULCINI 10 AÑOS	9:9	3:18´	70x55	4x2 o 5,50x2	4	No hay off side
PULCINI 11 AÑOS	11:11	3:18´	70x55	5,50x2	4	
PULCINI 12 AÑOS	11:11	3:18´	110x65	7,32x44	4	

Un dato muy interesante es que en todas las competencias está prevista la posibilidad de requerir un time-out por partido de un minuto de duración.

Además, por reglamento, todos los niños futbolistas deben jugar al menos uno de los tres tiempos de la competencia.

Categoría primi calci 6-8 años:

- Juegan en campos reducidos 30 x 25 m aprox. Con arcos similares a los del baby fútbol.
- Los balones son número 3 y 4 con pesos acordes a la edad.
- Predomina el 4 vs.4 y los partidos en campos reducidos.
- No realizan competencia, sino que se realizan torneos internos o con clubes vecinos.

Observaciones:

- Hay un sector destinado al entrenamiento de esta fase de edad con 6 canchitas de diversas dimensiones.
- Los profesionales a cargo son elegidos del profesorado de educación física especializados en estas edades.
- Es de gran importancia en esta etapa los juegos y los ejercicios con el balón.

- Cada categoría tiene su programación que se lleva adelante en forma sistemática con un hilo conductor entre el primero y el segundo año.

Categoría pulcini 8-10 años:

- Las medidas del campo son como largo el ancho de una cancha profesional y como ancho la mitad del largo (se juega en mitad de cancha en forma horizontal).
- Medidas: 45 x 70 m.
- Los arcos miden 2 x 4 m y los balones son n°4.
- Juegan 7 futbolistas por equipo.
- Tiempo de juego: 3 x 15' o 2 x 20'.
- Competencias con equipos locales (no oficial).

Observaciones:

- Se observó mucho hincapié en el desarrollo de los fundamentos técnicos.
- Se realizan juegos aplicados a cada fundamento enseñado.
- Sigue predominando el método de juego.
- Comienzan a enseñarse, a través del juego, algunas nociones tácticas.
- Las competencias no revisten un carácter tan competitivo como en Argentina.
- Cada categoría tiene un profesor de educación física a cargo.
- En las competencias todos los niños deben jugar la misma cantidad de tiempo.
- A veces se disputan dos partidos simultáneamente en cada mitad.

Categoría esordienti 10-13 años:

- Las medidas del campo son de ancho 5 metros menos con respecto a las líneas lateral y de largo hasta la altura de la línea del área grande (18 metros menos).
- Los arcos miden 2 x 4 m y los balones son n°4 y 5.
- Juegan 9 futbolistas por equipo el primer año y luego ya juegan 11 x 11 (2° año).
- Competencias con equipos locales (Roma, Lazio, Lodigiani, Savio, FIGC).

- Tiempo de juego: 3 tiempos de 18'.

Observaciones:

- Las competencias son un poco más exigentes que en años anteriores.
- Cada niño debe jugar obligatoriamente al menos un tiempo de 18'.
- La intervención de los padres es, en algunos casos, ubicada y en otras no tanto, pero nunca se llega al nivel de exacerbación de Argentina.
- Vale aclarar que el nivel socioeconómico es medio-alto.
- El nivel de destreza, coordinación y técnica en el desarrollo de los juegos y los partidos es muy superior en Argentina.
- Dialogando con los profesores llegamos a la conclusión que esto se debe a las pocas experiencias motrices que tiene los niños de sociedades donde hay un nivel socioeconómico alto.

Un aspecto muy importante para resaltar es que en todas las categorías tienen una obligatoriedad reglamentaria que todos los niños que compiten deban, como mínimo, jugar un tiempo de los dos o tres en juego.

Esta medida no hace más que priorizar el desarrollo de todos los niños por sobre el resultado.

ORGANIZACIÓN DEL FÚTBOL FORMATIVO BAYER04 LEVERKUSEN (ALEMANIA):

Incluimos el ejemplo de organización del fútbol alemán (desde under-8 hasta under-19), en este caso el Bayer Leverkusen, club que tuvimos la posibilidad de visitar en dos ocasiones y que se destaca por su gran trabajo en fútbol formativo.

Como punto inicial un aspecto llamativo que está directamente relacionado a la calidad del proceso de entrenamiento: el número de futbolistas por equipos de edad.

Observemos en la tabla la poca cantidad de futbolistas por categoría, esta realidad hace que los entrenadores puedan desarrollar una atención de mayor calidad en el entrenamiento y perfeccionamiento de los futbolistas en formación.

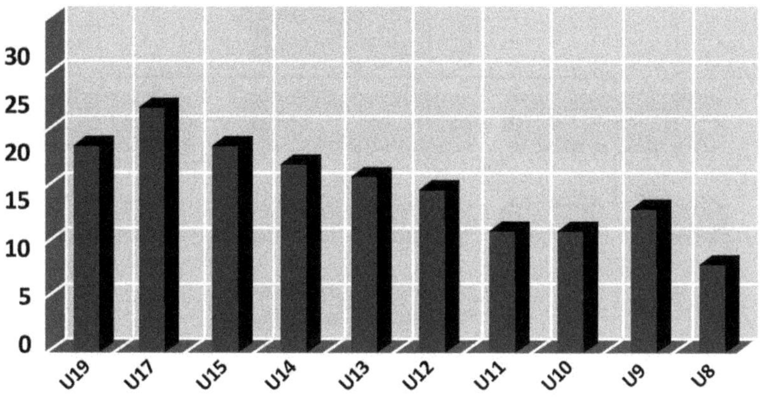

Gráfico estadístico provisto por el Club Bayer 04 Leverkusen

Este detalle no es un dato menor si lo comparamos con categorías de 35 o 40 jugadores donde muchas veces un mismo técnico y preparador físico debe entrenar dos categorías a la vez.

Es imposible ejecutar un trabajo de calidad cuando se cuenta con equipos tan numerosos y con tan pocos profesionales a cargo.

Con respecto al formato del Bayer Leverkusen, la estructura organizativa con-templa un entrenamiento en equipo (*team-training*) a cargo de dos entrenadores, el principal y el asistente, un entrenamiento de la coordinación y la velocidad a cargo de un especialista (*coordination and sprint training*) y el entrenamiento del juego aéreo (*heading training*), también responsabilidad de un entrenador específico.

El entrenamiento específico:

A través del *special training coaching staff* (entrenadores específicos) se realizan entrenamientos específicos a cargo de personas especializadas en la materia.

Este tipo de entrenadores especiales son soportes de los técnicos principales y su participación se realiza de forma organizada según la etapa evolutiva.

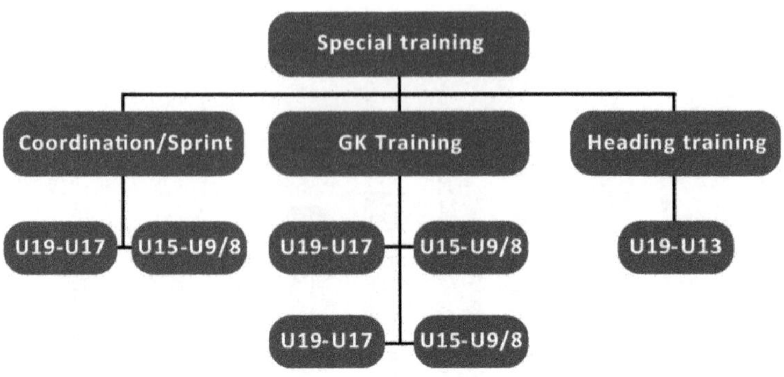

Gráfico estadístico provisto por el Club Bayer 04 Leverkusen

Un dato interesante con que cuenta el Bayer 04 dentro de su staff técnico es la presencia de un entrenador del juego aéreo para el entrenamiento del cabezazo (heading training) a partir de los trece años de edad y no antes. También un aspecto notable es que cuentan con un profesor especializado en coordinación y velocidad (*coordination and sprint training*) quién entrena con el grupo de los niños desde los ocho años como soporte del cuerpo técnico principal el cual se dedica más a tareas de orientación técnico-tácticas.

CAPÍTULO 4

FÚTBOL INFANTIL. FASE I (6-8 AÑOS)

CARACTERÍSTICAS GENERALES DE LOS NIÑOS DEL PERÍODO

En estas etapas de inicio los objetivos deben estar centrados en actividades lúdicas con gran contenido de exploración, casi prescindiendo de ejercitaciones conducidas. Los niños deben ser expuestos a situaciones de juego y ejercitaciones donde ellos mismos puedan ir descubriendo el juego del fútbol con entusiasmo y sin presiones de reglas estrictas o resultados.

Cómo mencionábamos en los capítulos anteriores, la realidad social de los niños hace que la mayoría no cuente con experiencia motoras previas enriquecedoras, por eso al momento de planificar el profesor deberá tener presente la importancia de adecuar un programa donde las habilidades motoras de base, las capacidades sensoperceptivas y coordinativas deben conjugarse con las acciones técnicas.

Un aspecto importante a tener en cuenta es que los niños aprenden muchos movimientos y gestos a través de la imitación y el ensayo y error propio. Por ejemplo, si programamos un ejercicio de situación simple donde el aspecto técnico dominante sea la conducción del balón deberíamos dejar al niño que experimente ese momento sin demasiadas correcciones específicas. En esta etapa es más productivo que los niños realicen acciones exploratorias de ensayo y error conjugadas con la imitación tan común en esta etapa, es allí donde se vuelve trascendente el ejemplo del formador.

A menudo observamos entrenamientos en escuelas o clubes de fútbol con ejercitaciones "demasiado ordenadas" donde los chicos parecen soldaditos en largas filas y con rígidas instrucciones analíticas. Con ese tipo de

conducción y metodologías estamos inhibiendo en el niño lo más importante de estas etapas que es la comprensión y aprendizaje de nuevas formas de movimiento a través de la "investigación propia", olvidando que el niño se encuentra en una fase exploratoria.

Es importante distinguir una subdivisión entre el primer año (6 años) y la fase final de la etapa cuando el niño se acerca a los 8 años. La primera es una etapa netamente egocéntrica y con menos experiencias a nivel motricidad general y específica. La maduración hace que el segundo año el niño comience a estar dispuesto a algunos juegos y actividades de colaboración, esto último también se basa en las experiencias que el niño ha ido transitando en el primer año de la fase I infantil.

Esta diferenciación dentro de la misma etapa deberá ser tenida en cuenta en el momento de la programación didáctica.

Por ejemplo, en el último año (7-8 años) la construcción cognitiva que parte de su cuerpo comienza a considerar otros puntos referencia en el espacio. Eso hace que las situaciones simples y juegos que tienen un alto porcentaje dentro de esta fase contengan un nivel de complejidad más elevado que en la fase inicial del período.

PERFIL PSICOMOTOR PARA LA UTILIZACIÓN EN EL PROCESO DE ENTRENAMIENTO

PERFIL PSICOLÓGICO:

- Fase egocéntrica
- Fase de operaciones concretas
- Etapa de centralización
- Atención limitada
- Poca disponibilidad con otros
- Dependencia del adulto
- Dificultad para explicaciones abstractas

PERFIL FÍSICOMOTOR:

- Escasa musculatura
- Bajo control de movimientos rápidos
- Baja resistencia
- Buena movilidad articular
- Movimientos instintivos
- Movimientos irracionales

PERFIL TÁCTICO/JUEGO:

- Soluciones sintéticas de la actividad motora
- Se adapta a juegos en espacios y dimensiones pequeñas
- Período aconsejable para juegos con pocas consignas y reglas
- No se adapta al juego colectivo, más individual

PERFIL TÉCNICO/COORDINATIVO:

- Adecuada coordinación dinámica general
- Ausencia de control segmentario
- Dificultad de percepción espacio-temporal
- Fase de coordinación gruesa
- Movimientos poco "económicos"
- Ideal para la conducción y dominio

OBJETIVOS DE LA FASE INFANTIL I

Una vez comprendida la realidad de los niños que nos toca entrenar es importante la formulación de los objetivos que se desprenden de las características mencionadas. Los objetivos nos servirán como una guía previa a la programación didáctica y práctica. A continuación, detallamos una serie de metas fundamentales para la programación de este estadio madurativo:

"EL NIÑO DEBE APRENDER JUGANDO"

- Desarrollo de las CAPACIDADES SENSOPERCEPTIVAS
- Desarrollo de esquemas motores de base
- Exploración motora, esquemas posturales
- Mejoramiento de la coordinación dinámica general
- Introducción a juegos en dimensiones chicas
- Desarrollo motor a través de formas, jugadas globales y situacionales
- Desarrollo de la conducción del balón
- Debido a su naturaleza egocéntrica no se siguiere el aprendizaje del pase

MEDIOS DIDÁCTICOS A UTILIZAR EN ESTE PERÍODO MADURATIVO

En el primer año de la fase infantil I tendrán predominancia actividades lúdicas con libre exploración. Sesiones de entrenamiento donde las

situaciones simple de baja complejidad y juegos dominen la escena de entrenamiento. Juegos con poca colaboración producto de la fase egocéntrica que transcurren los niños.

Cuando el niño ingresa en el segundo año de esta primera fase podremos incluir juegos y situaciones simples con un nivel de complejidad mayor donde la colaboración entre los participantes de los juegos comienza a tener algún tinte colectivo.

El aspecto técnico ideal para desarrollar en esta etapa es la conducción por la naturaleza egocéntrica del período, sobre todo en el primer año.

Ya en el segundo año se pueden programar combinaciones funcionales entre los dos gestos de correr-conducción-rematar.

En las actividades lúdico-técnicas será muy importante contar con balones de diferentes medidas y materiales con pesos adecuados a la fuerza de los niños. Balones de goma, plástico y cuero liviano son esenciales para que el niño se sienta cómodo con el elemento fundamental del juego. Además jugar con balones de diferente tamaño y peso optimiza los procesos cinestésico y propioceptivos del niño.

Exigir respuestas motoras rápidas y sencillas a las señales visuales o acústicas es una forma de juego atrayente para los niños del período donde se incentiva la velocidad de reacción de manera efectiva.

Teniendo en cuenta que el uso de los pies en el juego del fútbol hace aún más compleja la comprensión de la escena de juego, el uso de las manos fomenta un uso más adecuado y permite que el niño preste mayor atención al medio ambiente o el entorno del juego.

En esta etapa tendrán preponderancia juegos 1 contra 1, 2 contra 2 y juegos similares de superioridad numérica a favor de los atacantes (2 atacantes contra 1 defensor) para fomentar el juego asociado entre dos participantes y el juego ofensivo que despierta atracción en los niños. Durante el primer año los niños deberán experimentar juegos que no pasen los seis participantes entre compañeros y adversarios, es decir el juego 3 vs. 3 en dimensiones pequeñas variables.

La inclusión de mayor cantidad de participantes deberá ser programada de manera gradual hasta llegar al juego 5 vs. 5 en la segunda mitad del período.

A continuación exponemos una referencia sobre los medios didácticos ade-cuados para este período:

- Juegos en dimensiones pequeñas
- Formas jugadas con pocos participantes
- Recorridos ténicos-coordinativos exploratorios
- Recorridos en conducción

- Habilidades motoras de base: correr, caminar, saltar
- Juegos sin muchas consignas, libre exploración (método deductivo)
- Las ejercitaciones no deben conllevar grandes turnos de espera entre actividad y actividad
- Juegos desde 1 vs.1 hasta 5 vs. 5, al final del período
- Predominancia de entrenamiento situacional simple

DISTRIBUCIÓN PORCENTUAL DE LOS CONTENIDOS DEL PROCESO DE ENSEÑANZA APRENDIZAJE

La distribución de los contenidos de entrenamiento surge de la conjunción de todos los temas anteriores. Tomando en cuenta características, perfil psicomotor y objetivos debemos organizar una distribución de los contenidos para la progra-mación de la fase I, esta distribución servirá como base orientativa para la subprogramación anual, trimestral, mensual y semanal.

En esta primera fase toman trascendencia los aspectos técnico-situacional y técnico-coordinativo los cuales abarcan el 75% del proceso de entrenamiento.

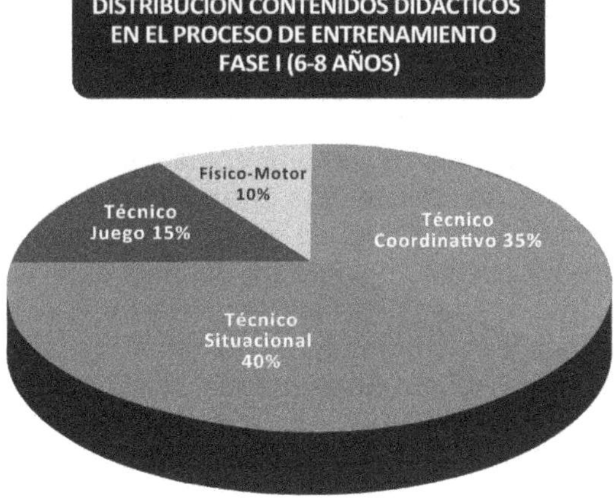

ACTIVIDADES Y EJERCICIOS DEL PROCESO ENTRENAMIENTO DEL PERÍODO

Una vez distribuidos los porcentajes de los contenidos generales debemos elegir las actividades de entrenamiento (juegos, ejercicios, circuitos) que se adecúen a cada uno de los aspectos.

A continuación una guía sobre las actividades más preponderantes para esta edad.

Técnico-Situacional 40%: juegos con predominancia técnica, juegos con libre exploración.

Técnico-Coordinativo 35%: circuitos técnico coordinativos, ejercicios coor-dinativos + técnica básica (conducción, gambetas, pequeños remates).

Táctico-Juegos 15%: juegos con conceptos tácticos básicos generales (1 vs. 1; 2 vs. 1; 2 vs. 2), posicionamiento, orden básico de defensa y ataque.

Físicomotor 10%: circuitos de velocidad, fuerza explosiva, habilidades motoras de base.

UN EJEMPLO DE PLANIFICACIÓN PRÁCTICA SEMANAL FASE INFANTIL I (MICROCICLO)

En la programación semanal de los niños de 6 a 8 años incluimos las actividades y competencias de entrenamientos que los niños realizan en los clubes de barrio que compiten en diferentes ligas. Generalmente, en este tipo de clubes barriales se realizan dos entrenamientos semanales con una competencia de dos tiempos de 40' en campos de juego de 30 x 20 metros. En algunas ciudades y pueblos del interior del país este tipo de actividad es reemplazada por competencias en canchas de 6 vs. 6 o 7 vs. 7 en campos de juego más grandes. Los entrenadores de estas fases de edades deberán tener presente esta carga extraprogramática que los niños tienen fuera de la programación semanal del club, más aún cuando algunos chicos llegan a participar en más de una competencia los días sábados o domingos con estos clubes de barrio.

SESIÓN 1	SESIÓN 2	SESIÓN 3	SESIÓN 4	SESIÓN 5	SESIÓN 6
CLUB LIGA BABY	CLUB AFA	CLUB LIGA BABY	CLUB AFA	CLUB LIGA BABY	CLUB AFA
JUEGO 5 VS. 5 60'	COORDINACIÓN + TÉCNICA CONDUCCIÓN 20'	JUEGO 5 VS. 5 60'	COORD / VEL. + TÉCNICA GAMBETA 20'	JUEGO 5 VS. 5 40'	COMPETENCIA 11 VS.11 40'
	TÉCNICA SITUACIONAL 1 VS 1 30'		TÉCNICA SITUACIONAL 2 VS 1 30'		
	TÉCNICA SITUACIONAL 3 VS 1 30'		TÉCNICA SITUACIONAL 5 VS 5 30'		

ACTIVIDADES PRÁCTICAS DE ENTRENAMIENTO DE 6 A 8 AÑOS (ILUSTRACIONES) [1]

Fase infantil 1 (6-8 años). Ejercicio 1 - Tipo Ejercicio: recorrido técnico-coordinativo

- Nombre del ejercicio: Los 4 callejones.
- Aspecto Técnico Dominante: Conducción.
- Aspecto Táctico Dominante: -
- Aspecto Físico Dominante: Resistencia general.
- Número de participantes: 14-16.
- Dosificación: Bloques de 6'-8'.
- Desarrollo: Los niños realizan diferentes tipos de conducción en los 4 callejones. Callejón 1 conducción lineal, callejón 2 slalom corto, callejón 3 slalom largo, callejón 4 cambios de direcciones.

1. Las ilustraciones de las actividades de entrenamiento de las diferentes fases madurativas han sido confeccionadas con la herramienta CampusVirtual3D perteneciente al curso de Técnicos Campus Virtual de la Asociación Técnicos del Fútbol Argentino (ATFA)

Fase Infantil 1 (6-8 años). Ejercicio 2 - Tipo Ejercicio: situación standard

- Nombre del ejercicio: Pasar los puentes.
- Aspecto Técnico Dominante: Conducción.
- Aspecto Táctico Dominante: -
- Aspecto Físico Dominante: Resistencia general.
- Número de participantes: 10-12.
- Dosificación: Bloques de 5'-6'.
- Desarrollo: En un cuadrado de 25 x 25 m donde hay 7 mini arcos, los niños deben entrar en conducción a la mayor canitdad de "puertitas". Cada ingreso es un punto.

Fase infantil 1 (6-8 años). Ejercicio 3 - Tipo Ejercicio: situación standard

- Nombre del ejercicio: El ladrón de los balones.
- Aspecto Técnico Dominante: Conducción.

- Aspecto Táctico Dominante: -
- Aspecto Físico Dominante: Resistencia general - Velocidad.
- Número de participantes: 10-15.
- Dosificación: Bloques de 4'-5'.
- Desarrollo: A la señal los niños salen a buscar los balones que se encuentran dentro del círculo y lo llevan en conducción a los conos o "casas", gana el equipo que más balones robó.

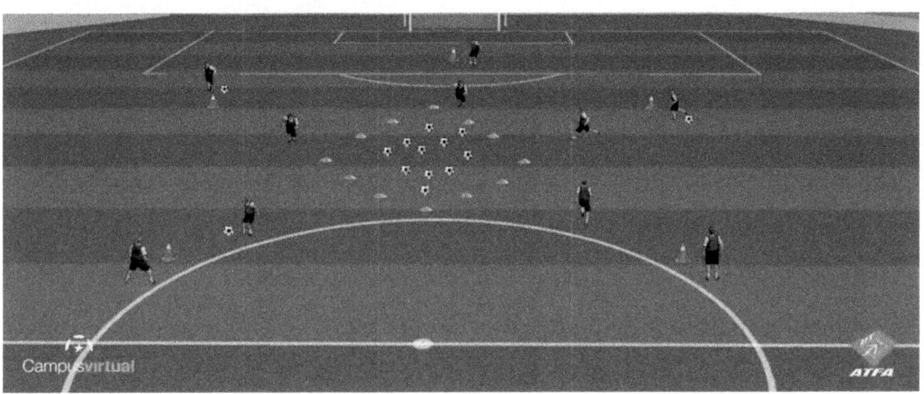

Fase infantil 1 (6-8 años). Ejercicio 4 - Tipo Ejercicio: situación funcional

- Nombre del ejercicio: Escapar de los cazadores.
- Aspecto Técnico Dominante: Conducción con marca.
- Aspecto Táctico Dominante: -
- Aspecto Físico Dominante: Resistencia general.
- Número de participantes: 12 conductores + 4 cazadores.
- Dosificación: Bloques de 5'-6'.
- Desarrollo: Los poseedores de balones salen en grupos de 4 y deben enfrentar dos líneas de cazadores que solo pueden moverse de manera lateral, el cazador que roba el balón toma el lugar del conductor y éste queda en el rol de cazadores.

Fase infantil 1 (6-8 años). Ejercicio 5 - Tipo Ejercicio: situación simple

- Nombre del ejercicio: Juegos 1 contra 1.
- Aspecto Técnico Dominante: Conducción y gambeta.
- Aspecto Táctico Dominante: 1 vs. 1.
- Aspecto Físico Dominante: Resistencia general.
- Número de participantes: 16.
- Dosificación: Bloques de 60'' de juego x 60'' de recuperación.
- Desarrollo: En 4 mini canchas de 20 x 25 m con mini arcos se realizan 4 juegos paralelos de 1 contra 1, hay 4 niños por campo, mientras dos juegan los otros dos descansan.

CAPÍTULO 5

FÚTBOL INFANTIL. FASE II (8-10 AÑOS)

CARACTERÍSTICAS GENERALES DE LOS NIÑOS DEL PERÍODO

El grupo de edad de 8 a 10 años es conocido dentro del ciclo motriz del niño como un momento de oro para el aprendizaje, un período fértil que se caracteriza por un alto nivel de incorporar enseñanzas y experiencias motrices e intelectuales.

Los niños de esta edad ya han superado la fase egocéntrica que ha caracterizado su comportamiento en el período precedente. Comienzan a adquirir una predisposición a la cooperación y la descentralización en el comportamiento de sus acciones motrices, esto conlleva a un gran avance en lo que respecta a la idea de juego colectivo, de actividades grupales.

Esto permite proponer una adquisición de la técnica en un contexto de aplicación.

La naturaleza de los ejercicios se caracteriza por un entorno en constante cambio. Las enseñanzas de las diferentes técnicas del deporte no deberían ser me-canizadas sino que deben ser funcionales, en una dialéctica donde la calidad y la aplicabilidad del mismo gesto interactúan y se complementan entre sí.

Las tareas situacionales con un grado mayor de complejidad se vuelven importantes en este período, debemos lograr que el niño se vaya a adaptando a cambios cada vez más complejos dentro de una programación progresiva de esa complejidad.

El aspecto táctico en estrecha relación con los aspectos técnicos no puede ser de otra manera dada la naturaleza del juego, se mostrará más atento a construir conductas de colaboración: posesión, el juego de pases asociados que en la etapa anterior no era común observar como conducta, hace que esta fase sea propicia para la adquisición del gesto técnico del pase y el control del balón en todas sus formas.

El aprendizaje y consolidación de ese gesto técnico tendrá relación directa con los conceptos tácticos básicos tales el apoyo, la transición a la pared o el posicionamiento defensivo, la cobertura del espacio y el movimiento hacia el oponente en posesión de la pelota.

Todos estos comportamientos deberán ser estimulados mediante la exploración continua a medida que avanza por medio de diferentes formas de juego, donde la función del director técnico formador será la de generar la curiosidad, la investigación y el niño debe recibir una solución eficaz e independiente instando a su "sistema" en el plano cognitivo continuamente a generar soluciones.

Los juegos tan ligados a los aprendizajes de los primeros conceptos tácticos deben conservar una relación de armonía con las posibilidades de los niños. Tarea esencial del grupo técnico de cada fase de edad (8-9 y 9-10 años) será la de saber interpretar qué dimensiones de espacio de juego y qué número de participantes son los adecuados para que los entrenamientos sean productivos y atractivos y no se conviertan en frustrantes.

En lo que refiere al entrenamiento físico-motor el foco estará puesto en los aspectos de velocidad y coordinación, estas cualidades deben ser combinadas con acciones técnicas.

Los juegos de velocidad de reacción a estímulos acústicos y visuales y las acciones en régimen de velocidad con frecuencias de movimiento altas también se adecúan al perfil psicomotor que transcurren los niños de estas edades.

Los tiempos de recuperación deberán ser bien dosificados sin caer en largos tiempos de espera entre acción y acción debido a que los niños necesitan estar en constante movimiento.

El entrenamiento de la resistencia en esta etapa del fútbol infantil deberá ser realizado a través de juegos y driles con el balón, el corazón del niño y las fibras musculares cardíacas muestran un desarrollo armonioso en el crecimiento y en la formación. Durante el desarrollo del número de fibras musculares cardiacas sigue siendo el mismo, pero las fibras individuales se alargan y se vuelven más gruesas. Con el aumento de la longitud de las fibras se reduce la frecuencia cardíaca. En respuesta a la hipertrofia, causada por el desarrollo a causa del entrenamiento, se dilata también el espacio interior del corazón y aumenta el volumen de choque cardiaco. De esta manera, el trabajo del corazón se vuelve más eficiente y armonioso.

Como se ha demostrado por Bringmann, con un solo estimulo de entrenamiento semanal (incluyendo el juego) ya es suficiente en los niños para aumentar la capacidad de resistencia y, en consecuencia, la capacidad de rendimiento psicofísica.

Con referencia a la conducción de la actividad grupal los profesionales a cargo de estas categorías no deben olvidar que están entrenando niños no adultos y por ende tienen que saber interpretar su psicología. Las desaprobaciones o correcciones groseras no ayudan en nada el crecimiento de los niños sino que por el contrario lo inhiben. El entrenador debe ser parte fundamental en la formación de la personalidad del pequeño deportista creando confianza en el niño.

PERFIL PSICOMOTOR PARA LA UTILIZACIÓN EN EL PROCESO DE ENTRENAMIENTO

Presentamos una tabla de referencia sobre el perfil del niño de 8-10 años en los aspectos psicológicos, físicomotor, táctico-juego y técnico-coordinativo con las características más salientes de la etapa.

El estudio minucioso de este perfil debe ser tomado como base para la programación de los medios didácticos y actividades/ejercicios prácticos utilizados en la programación de los dos años del período infantil II.

PERFIL PSICOLÓGICO:

- Fase de descentralización
- Atención proyectada a más elementos
- Capacidad de analizar situaciones
- Necesidad de confrontar
- Capacidad de colaboración y aceptación de reglas grupales
- Capacidad de finalización de las actividades
- Mayor aspiración a los resultados

PERFIL FÍSICO-MOTOR:

- Lento desarrollo de fuerza
- Incremento de velocidad
- Incremento de resistencia
- Gran flexibilidad

PERFIL TÁCTICO/JUEGO:

- Mayor adaptabilidad a situaciones nuevas
- Necesidad de mayor espacio de acción
- Desarrollo de atención psicosemántica

- Posibilidad de recibir y elaborar consignas táctigas generales

PERFIL TÉCNICO/COORDINATIVO:

- Capacidad de combinar varios movimientos
- Capacidad de control de movimientos
- Inicio de la automatización de habilidades simples
- Fase de coordinación fina
- Ideal para la adquisición de la técnica futbolística

OBJETIVOS DE LA FASE INFANTIL II

A continuación detallamos una serie de objetivos principales para la programación de este estadio madurativo:

DESARROLLO DE LAS CAPACIDADES COORDINATIVAS

- Espacio de juego creativo
- Movilidad en área abierta, ampliación del espacio
- Muchos elementos técnicos básicos
- Estimulación de la rapidez, reacción y velocidad
- Fuerza: juegos de tracción, circuitos con balón
- Formación deporitiva específica, básica
- Desarrollo de la resistencia a través de juegos

MEDIOS DIDÁCTICOS A UTILIZAR EN ESTE PERÍODO MADURATIVO

Los niños de estas fases madurativas están capacitados para ampliar campos de acción desde el punto de vista físico e intelectual, lo cual se ve reflejado a la mayor adaptabilidad a espacios de juego más amplios.

Los recorridos con acciones técnicas, coordinativas y sin demasiadas exigencias físicas y reglas predeterminadas son propicios para este período.

La característica competitiva que se acrecienta en esta fase hace que sea interesante introducir en la programación práctica juegos con mayor influencia competitiva.

Interesante es contar en la planificación con actividades que combinen capacidades coordinativas.

El entrenamiento situacional empieza a tener una mayor influencia dentro de los objetivos técnico-tácticos.

El entrenamiento en situación simple sigue teniendo gran preponderancia en la etapa y hay una mayor participación de situación estándar y funcional con respecto al período precedente.

- Diversidad de juegos ampliando el espacio de acción
- Recorridos técnico-coordinativos (pequeños estímulos nerviosos)
- Recorridos en conducción, juegos reglados más competitivos
- Las ejercitaciones no deben conllevar grandes turnos de espera entre actividad y actividad
- Actividades que contegan la combinación de capacidades coordinativas
- Sigue predominando el entrenamiento situacional simple, aunque comienza a combinar con ejercicios situaciones más complejos

DISTRIBUCIÓN PORCENTUAL DE LOS CONTENIDOS DEL PROCESO DE ENSEÑANZA APRENDIZAJE

Tomando en cuenta las características, el perfil psicomotor y objetivos del período 8-10 años llegamos a una distribución de los contenidos para la programación de la fase II donde los aspectos técnico-coordinativo y técnico-situacional (65% de la planificación general total) siguen siendo preponderantes en la etapa pero con un aumento del contenido táctico producto del desarrollo cognitivo de los niños y del contenido físico-motor debido a una mayor capacidad física integral.

Recordemos que esta distribución servirá como base orientativa para las sub-programaciones anual, trimestral, mensual y semanal.

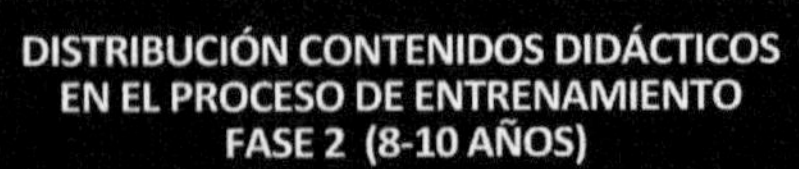

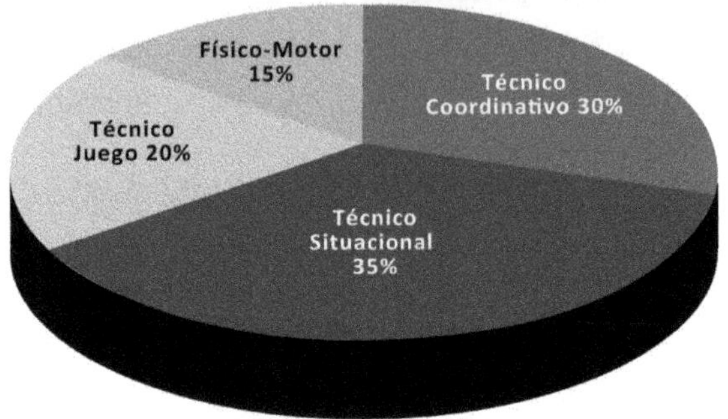

ACTIVIDADES Y EJERCICIOS DEL PROCESO ENTRENAMIENTO DEL PERÍODO

En el aspecto técnico situacional debemos volcar en la programación práctica actividades con diferentes variaciones de juegos con gran contenido técnico donde comiencen a aparecer algunas reglas e indicaciones, pero con un espíritu aún exploratorio incentivando la investigación propia de cada técnica haciendo hincapié en juegos para el desarrollo del pase y el control.

En esta fase los aspectos de fuerza de base serán estimulados a través de formas de juegos, recorridos coordinativos y actividades lúdicas.

Los circuitos técnicos-coordinativos y de frecuencia son muy importantes en el período así como la iniciación a los ejercicios de saltos programados con obstáculos mínimos.

El módulo táctico muy relacionado al avance de los aspectos técnicos contiene ejercicios y juegos con la aparición de conceptos tácticos generales tales como el juego asociado y el correcto posicionamiento y dentro de un escenario táctico como puede ser un juego 4 contra 4 o 5 contra 5 en un espacio de competencia adecuado con el correspondiente rol de defensa y ataque bien diferenciado.

A continuación una tabla de referencia con las actividades y ejercicios a utilizar en cada uno de los aspectos del período.

Técnico-Situacional 35%: juegos con predominancia técnica, juegos con libre exploración.

Técnico-Coordinativo 30%: circuitos técnico coordinativos, CC + técnica.

Táctico-Juegos 20%: juegos con conceptos tácticos básicos generales (1 vs. 1 hasta 9 vs. 9), posicionamiento, desdoblamiento, juego asociado.

Físico-Motor 15%: circuitos de velocidad, velocidad de reacción, capacidades coordinativas, pilometría base, ejercicios de frecuencia.

UN EJEMPLO DE PLANIFICACIÓN PRÁCTICA SEMANAL FASE INFANTIL II (MICROCICLO)

SESIÓN 1	SESIÓN 2	SESIÓN 3	SESIÓN 4	SESIÓN 5	SESIÓN 6
CLUB LIGA BABY	CLUB AFA	CLUB LIGA BABY	CLUB AFA	CLUB LIGA BABY	CLUB AFA
JUEGO 5 VS. 5 60'	COORDINACIÓN + TÉCNICA PASE Y CONTROL 30'	JUEGO 5 VS. 5 60	VELOCIDAD + TÉCNICA REMATE 30'	JUEGO 5 VS. 5 40'	COMPETENCIA 11 VS.11 40'
	TÉCNICA SITUACIONAL 1 VS 1 30'		TÉCNICA SITUACIONAL 2 VS 1 30'		
	TÉCNICA SITUACIONAL 5 VS 5 30'		TÉCNICA SITUACIONAL 7 VS 7 30'		

Actividades Prácticas De Entrenamiento Fase Infantil Ii (Ilustraciones)

Fase infantil 2 (8-10 años). Ejercicio 1 - Tipo Ejercicio: recorrido técnico-coordinativo

- Nombre del ejercicio: Recorrido técnico-coordinativo.
- Aspecto Técnico Dominante: Conducción variable y pase.
- Aspecto Táctico Dominante: -
- Aspecto Físico Dominante: Resistencia general.
- Número de participantes: 10-12.
- Dosificación: Bloques de 6'-7'

- Desarrollo: En un recorrido cuadrado de 25 x 25 los niños realizan diferentes tipos de conducción, al llegar a los dos vértices deben realizar un pase en movimiento a los otros.

Fase infantil 2 (8-10 años). Ejercicio 2 - Tipo Ejercicio: recorrido físico motor

- Nombre del ejercicio: Circuito motor-coordinativo.
- Aspecto Técnico Dominante: Técnica de carrera.
- Aspecto Táctico Dominante: -
- Aspecto Físico Dominante: Resistencia general - Fuerza de base.
- Número de participantes: 10-12.
- Dosificación: Bloques de 3'-4'.
- Desarrollo: Los niños desarrollan diversos movimientos en un recorrido de 25x40. Skipping largo a las bases naranjas, dos saltos a cajones con ayuda de manos, skipping largo, slalom a seis estacas, ejercicios coordinativos en escalera a un apoyo, saltos laterales a los ocho aros finalizando en cuadrilátero apoyos unipodales coordinativos.

Fase infantil 2 (8-10 años). Ejercicio 3 - Tipo Ejercicio: entrenamiento técnico-mixto

- Nombre del ejercicio: Técnico-mixto pase.
- Aspecto Técnico Dominante: Pase y recepción.
- Aspecto Táctico Dominante: Juego asociado - Saber posicionarse.
- Aspecto Físico Dominante: Resistencia general.
- Número de participantes: 12.
- Dosificación: Bloques de 3'-4'.
- Desarrollo: En el lado izquierdo de la cancha cuatro niños juegan a realizarse goles con la técnica del pase a borde interno, solo se puede defender el gol con el pie. En el sector derecho se produce un juego 2 vs. 2 con postes fijos ganando el equipo que más pases realiza en lo que dura el juego.

Fase infantil 2 (8-10 años). Ejercicio 4 - Tipo Ejercicio: situación competencia

- Nombre del ejercicio: Juego 3 contra 3 con portero.
- Aspecto Técnico Dominante: Pase y remate.
- Aspecto Táctico Dominante: Desdoblamiento ofensivo - Desmarque.
- Aspecto Físico Dominante: Resistencia general.
- Número de participantes: 12 + 4 porteros.
- Dosificación: Bloques de 3'-4'.
- Desarrollo: En dos campos paralelos de 25 x 30 se realizan dos juegos de 3 contra 3 con el objetivo final de hacer goles con la técnica del remate.

Fase infantil 2 (8-10 años). Ejercicio 5 - Tipo Ejercicio: entrenamiento técnico-mixto

- Nombre del ejercicio: Entrenamiento técnico-mixto.
- Aspecto Técnico Dominante: Conducción y pase.
- Aspecto Táctico Dominante: -
- Aspecto Físico Dominante: Resistencia general.
- Número de participantes: 16.
- Dosificación: Bloques de 2'-3'.
- Desarrollo: En el sector izquierdo del campo los niños realizan un ejercicio de conducción y pase con objetivo, en el sector derecho se realiza un juego de 3 contra 3 con el objetivo de conseguir puntos pasando los balones al compañero que se encuentra como líbero, si el pase es por los mini arcos azules es un punto, si el pase es por los arcos amarillos vale dos puntos.

CAPÍTULO 6

FÚTBOL INFANTIL. FASE III (10-13 AÑOS)

CARACTERÍSTICAS GENERALES DE LOS NIÑOS DEL PERÍODO

La etapa que va de los 10 hasta los 13 años es el último tramo que los niños transitan en el fútbol infantil. Si bien las características de los niños de estas edades son similares deberíamos realizar una subdivisión dentro de la misma etapa, sobre todo cuando abordemos la última parte de la fase donde los niños comienzan a convertirse lentamente en adolescentes.

En la primera fase del período infantil III, los niños conservan un perfil similar al período anterior, pero luego, a partir del primer semestre y dependiendo de la individualidad de cada uno, empiezan a manifestar mejoras notables en todos los aspectos que hacen al aprendizaje motor.

Un punto ineludible en esta etapa y que debemos tener muy presente como formadores es la competencia que cada vez presenta mayores exigencias, por ejemplo, en nuestro país a los 10 años es el momento que los chicos comienzan con la competencia oficial de AFA. En los años anteriores (6 a 9 años), los torneos pertenecen a ligas paralelas que de todas maneras ofrecen exigencias importantes.

Los procesos mentales madurativos poseen un desarrollo mayor y esta realidad conjuntamente a la escolaridad que ya lleva cuatro años en la vida de los niños hace que el pequeño futbolista esté preparado para afrontar procesos mentales de anticipación más elaboración y programar situaciones técnico-tácticas requeridas.

Comienzan a adquirir una cierta autonomía intelectual que se refleja en ser el protagonista de su propio aprendizaje. La capacidad de formular hipótesis, a pensar de manera abstracta; mantener en mente los conceptos recibidos y traducirlos de forma operativa, orientar la dirección del modelo de enseñanza hacia una "metodología de concepto", que se traduce en la aplicación de patrones de movimiento que definen el modelo de juego colectivo.

Una consideración fundamental que debe hacerse se refiere a la capacidad del preadolescente para evaluar objetivamente los hechos, poniendo en una situación crítica sus propias acciones y las de los demás.

No debe ser el resultado de la competencia la variable que influya en nuestra enseñanza comportamiento y el manejo del equipo; porque si lo hiciéramos nos volveríamos a dar más espacio a los niños que, por ejemplo, como señalamos anteriormente, que tiene la edad biológica y la madurez física precoz te garantizamos competiciones buenos rendimientos.

Desde lo técnico, los objetivos específicos de aprendizaje son fomentar el aprendizaje de las formas de movimiento (técnicas básicas) que debe tender a la automatización a la coordinación fina del gesto.

PERÍODO PRE Y POST PUBERAL: UNA ETAPA DELICADA

La etapa final de la fase infantil III, nos referimos al grupo de 12-13 años, marca un quiebre en el aspecto madurativo de los niños ya que se encuentran en el período pre y postpuberal. Un período muy delicado donde se producen numerosos cambios en los niños en su camino a la pubertad y donde también coexisten diferencias notorias entre los integrantes de este grupo sectario.

Es aquí donde podemos encontrar las siguientes características:

- Disparidad en la maduración biológica de los grupos 12-13 años.
- Despegue hormonal (testosterona) y por ende diferentes niveles de fuerza.
- Reconstrucción del esquema corporal.
- Crecimiento óseo pronunciado, provoca acortamiento y pérdida flexibilidad.
- Reconstrucción del esquema corporal.
- Pérdida momentánea de la técnica y coordinación general.

Este crecimiento que no es homogéneo dentro de un mismo grupo hace que muchas veces los entrenadores se inclinen por los chicos más maduros y desarrollados relegando a aquellos que tienen una maduración tardía o más lenta.

Es una situación peligrosa desde varias aristas; por un lado, estamos priorizando en la elección cualidades físicas más desarrolladas que luego con el tiempo a los 14 o 15 años se regularizan con respecto a los demás y en esa decisión estamos postergando talentos que técnicamente son superiores pero que no son "la so-lución del momento".

Este aspecto debe ser tratado minuciosamente por todo el staff técnico (médicos, preparadores físicos y técnicos) para saber la real dimensión en la que se encuentra cada niño desde el punto de vista madurativo y no caer en errores.

Desde la planificación del proceso de entrenamiento también es muy importante tener presente todas estas realidades para poder brindarles al niño y al preadolescente un programa de entrenamiento dosificado a su maduración biológica.

Dichos temas serán desarrollados de manera más extensa cuando abordemos el análisis del proceso de evaluación del niño.

PERFIL PSICOMOTOR PARA LA UTILIZACIÓN EN EL PROCESO DE ENTRENAMIENTO

Para una planificación que se adapte a las posibilidades de los niños de esta fase presentamos una tabla referencial sobre el perfil del niño de 10-13 años en los aspectos psicológico, físico-motor, táctico-juego y técnico-coordinativo.

Si bien ya mencionamos que conviven dentro de esta misma fase III dos etapas evolutivas bien marcadas en el mismo período, esa diferencia debe marcarse al momento de la programación.

Más allá de esa diversidad detallamos los aspectos generales que describen cada perfil de las fase infantil III.

PERFIL PSICOLÓGICO:

- Pasaje del pensamiento concreto al abstracto
- Descripción verbal puede reconstruir acciones motoras
- Buena integración en equipo
- Buena capacidad de aprendizaje motor

PERFIL FÍSICO-MOTOR:

- Inicial retroceso y rápida mejora de la capacidad motora
- Incremento de resistencia

- Disminución de flexibilidad
- Fuerza y velocidad permanecen estables

PERFIL TÁCTICO/JUEGO:

- Anticipación + elaboración: programación de situaciones
- Responde a indicaciones tácticas requeridas

PERFIL TÉCNICO/COORDINATIVO:

- Control racional de la motricidad
- Formación creativa de habilidad
- Mejora de precisión

OBJETIVOS DE LA FASE INFANTIL III

A continuación, detallamos los objetivos principales que debemos buscar en la programación de este período madurativo:

- Organización de la coordinación y "reordenamiento" de los es-quemas motores de base, influenciados por el crecimiento de la estatura (sobre todo en 2do. año).
- Etapa ideal para estímulos de velocidad avanzada.
- Incentivar la flexibilidad (técnicas y desarrollo).
- Comienzan a experimentar cargas de resistencia pura 10% de Planificación.
- Aunque para obtener mejoras de naturaleza orgánica-metabólica siguen siendo aconsejables las actividades técnico-tácticas (juegos).
- Los componentes neuromusculares deben ser entrenados por medio de ejercicios y circuitos con obstáculos bajos.

MEDIOS DIDÁCTICOS A UTILIZAR EN ESTE PERÍODO MADURATIVO

El entrenamiento físico-motor de los niños de esta etapa abarca dos áreas bien distintas: por un lado, el desarrollo de los aspectos de resistencia y velocidad del niño a través de entrenamiento situacional (situaciones de juego en espacios con diferentes dimensiones) donde el niño aparte de desarrollar las capacidades aeróbicas y de velocidad también es estimulado desde lo técnico-coordinativo ya que el futbolista experimenta acciones técnicas en un ámbito de juego. Este tipo de entrenamientos situacionales comienzan a tener objetivos con un régimen físico orientado y programado además de los objetivos técnico-tácticos.

Las valencias de fuerza se desarrollan a través de circuitos de saltos y coordinación nivel 1 y 2 y juegos de tracción del tren superior combinado con la introducción a ejercicios de fuerza general.

En la última etapa del período comenzamos a introducir métodos de entrena-mientos de resistencia puros (continuos e intermitentes) en un porcentaje mínimo.

- Driles con tres componentes (físico-técnico-táctico) para el desarrollo de la resistencia y la velocidad
- Introducción a métodos de resistencia puros
- Juegos de fuerza (neuromuscular)
- Ejercicios de técnica de carrera y frecuencia (pre-atletismo)
- Juegos de tracción en tren superior
- Circuitos de fuerza niveles 1 y 2
- Entrenamiento situacional standard y situacional funcional comienzan a tener mayor preponderancia

DISTRIBUCIÓN PORCENTUAL DE LOS CONTENIDOS DEL PROCESO DE ENSEÑANZA APRENDIZAJE

Tomando en cuenta las características y el perfil psicomotor y objetivos del período 10-13 años llegamos a una distribución de los contenidos para la programación de la fase III donde los aspectos técnico coordinativo y técnico situacional cubren el 55% de la planificación general total del período.

El aspecto físico-motor toma mayor trascendencia y sufre un nueve avance dentro de la programación práctica anual. Los chicos experimentan un desarrollo en fuerza y resistencia sobre todo en los últimos dos años de la etapa (12-13 años) fase crítica y delicada que desarrollaremos más en el capítulo de evaluaciones.

El contenido táctico producto del desarrollo de la capacidad de anticipación (D'Ottavio), más la capacidad de elaboración, convierte a esta etapa en un momento interesante para el comienzo de actividades tácticas más complejas como por ejemplo la inserción a un sistema táctico integral como el 4-3-3. Los ejercicios situacionales standard y funcionales abarcan un 50% del entrenamiento situacional y también cuentan con alto contenido técnico-táctico.

Esta distribución servirá como base orientativa para la subprogramación práctica: anual, trimestral, mensual y semanal.

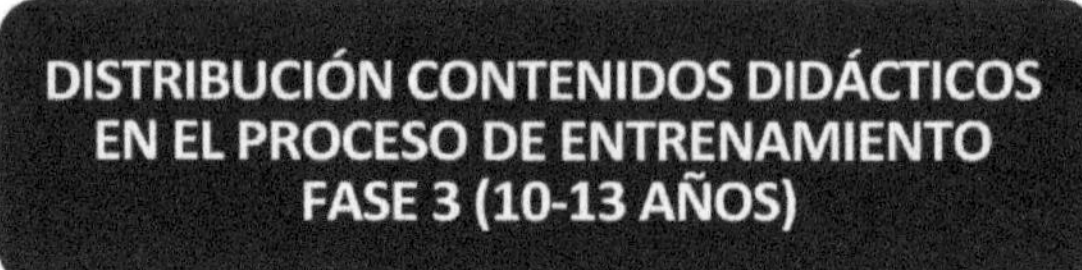

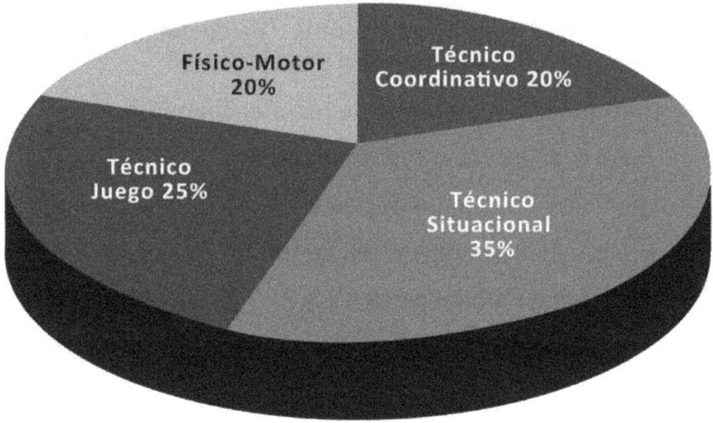

ACTIVIDADES Y EJERCICIOS DEL PROCESO ENTRENAMIENTO DEL PERÍODO

Ejercicio y/o driles con característica estándar y funcional, además de ejercicios de competencia forman parte fundamental de las actividades del período. Los circuitos de coordinación, frecuencia y equilibrio funcional deben ser estimulados en dos sesiones semanales.

El aspecto táctico a través de juego de mayor complejidad deber ser entrenado. Entrenamientos tácticos básicos divididos en movimientos de defensa, mediocampo y ataque bajo formas de juego debería ser la base introductoria al sistema de juego 4-3-3.

Lo físico-motor se desarrollará a través de circuitos nivel de complejidad 1 y 2 a dos secuencias. Secuencia 1: acción de salto o frecuencia; secuencia 2: gesto técnico.

La resistencia se sigue estimulando por medio del juego y el entrenamiento situacional, pero comienza la iniciación a los métodos puros de esta cualidad en el último año de la etapa, es decir, a los 12-13 años.

Técnico-Situacional 35%: Juegos situacionales, situación standard y funcional.

Técnico-Coordinativo 20%: Circuitos técnico coordinativos - CC + técnica.

Táctico-Juegos 25%: Juegos con conceptos tácticos generales y específicos. Introducción al sistema táctico 4-3-3. Acciones tácticas colectivas de com-plejidad baja-media.

Físico-Motor 15%: Circuitos de velocidad, velocidad de reacción, capacidades coordinativas, pilometría base, ejercicios de frecuencia.

UN EJEMPLO DE PLANIFICACIÓN PRÁCTICA SEMANAL FASE INFANTIL III (MICROCICLO)

MICROCICLO INFANTIL 12 AÑOS - ACTIVIDADES PRÁCTICAS

LUNES	MARTES	MIÉRCOLES	JUEVES	VIERNES	SÁBADO	DOMINGO
BABY FÚTBOL 70´ ENTRENAMIENTO	EC JUEGO TÉCNICO ANALÍTICO 20´	EC JUEGO TÉCNICO FUNCIONAL 20´	BABY FÚTBOL 70´ ENTRENAMIENTO	EC JUEGO TÉCNICO FUNCIONAL 20´	BABY FÚTBOL 2 X 20´ COMPETENCIA	COMPETENCIA OFICIAL A.F.A. 2X25´ EC: 20´
	CIRCUITO FÍS. COORDINATIV. NEUROM. 1 20´	TÉCNICO ANALÍTICO (REMATE) 15´		CIRCUITO FÍS. ESPECÍFICO NEUROM. 2 20´		
	SITUACIÓN STANDARD REG. VEL. 25´	TÉCNICO FUNCIONAL (REMATE) 25´		SITUACIÓN STANDARD REG. VEL. 25´		
	SITUACIÓN COMPETENC 1 VS 1 - 2 VS 2 REG. RES. 30´	JUEGO TÁCTICO 6 VS 6 30´		TÁCTICO COLECTIVA MOVIMIEN. DEFENSA 15´		
	VT: 120´	VT: 100´		VT: 100´		VT: 50´

ACTIVIDADES PRÁCTICAS DE ENTRENAMIENTO FASE INFANTIL III (ILUSTRACIONES)

Fase infantil 3 (10-13 años). Ejercicio 1 - Tipo Ejercicio: circuito técnico-neuromuscular nivel 1

Nombre del ejercicio: Circuito coordinativo + conducción y remate.

Aspecto Técnico Dominante: Remate.

Aspecto Táctico Dominante: -

Aspecto Físico Dominante: Velocidad.

Número de participantes: 15.

Dosificación: 5 estaciones, 6-7 repeticiones por estación, micro pausa 60''.

Desarrollo: Los niños conducen el balón hasta el área grande, de allí vuelven a velocidad al punto de inicio y realizan cuatro ejercicios coordinativos y de saltabilidad simple para finalizar en remate, la estación final realiza un centro que es cabeceado por los cuatro futbolistas que han rematado previamente.

Fase infantil 3 (10-13 años). Ejercicio 2 - Tipo Ejercicio: situación funcional

- Nombre del ejercicio: Situación funcional 2 vs. 1.
- Aspecto Técnico Dominante: Pase y gambeta.
- Aspecto Táctico Dominante: Desdoblamiento ofensivo, diagonales, marcación.
- Aspecto Físico Dominante: Velocidad especial.
- Número de participantes: 12.

- Dosificación: Bloques de 6'-7'.
- Desarrollo: Se produce una situación de ataque 2 contra 1, la misma debe ser definida en un tiempo límite (7''-8'').

Fase infantil 3 (10-13 años). Ejercicio 3 - Tipo Ejercicio: situación funcional

- Nombre del ejercicio: Situación funcional 3 vs. 2.
- Aspecto Técnico Dominante: Pase y gambeta.
- Aspecto Táctico Dominante: Desdoblamiento ofensivo, diagonales, marcación.
- Aspecto Físico Dominante: Velocidad especial.
- Número de participantes: 12.
- Dosificación: Bloques de 6'-7'.
- Desarrollo: Se produce una situación de ataque 3 contra 2, la misma debe ser definida en un tiempo límite (10'').

Fase infantil 4 (10-13 años). Ejercicio 4 - Tipo Ejercicio: situación standard

- Nombre del ejercicio: Técnico-mixto.
- Aspecto Técnico Dominante: Remate.
- Aspecto Táctico Dominante: Creación espacio de ataque.
- Aspecto Físico Dominante: Velocidad.
- Número de participantes: 12-14.
- Dosificación: Bloques de 5'-6.'
- Desarrollo: En el área se realizan diversos ejercicios de remate de manera analítica con ambos perfiles, luego en el campo de juego de 25 x 25 m se producen situaciones 2 vs. 1 en régimen de velocidad terminando con gesto de remate una vez sorteado la mitad del campo.

Fase Infantil 3 (10-13 años). Ejercicio 5 - Tipo Ejercicio: situación competencia

- Nombre del ejercicio: Juego 7 contra 7 en 50 x 70.
- Aspecto Técnico Dominante: Pase y recepción.
- Aspecto Táctico Dominante: Acciones tácticas generales.
- Aspecto Físico Dominante: Resistencia especial.
- Número de participantes: 32.
- Dosificación: Bloques de 8'-10'.
- Desarrollo: En dos campos transversales se realizan dos juegos de 7 vs. 7, el mismo es un excelente método por sus dimensiones para la introducción al 11 vs. 11 ya que se adapta en espacios y contacto con el balón a los niños de esta etapa.

Campusvirtual
ATFA

CAPÍTULO 7

EL PROCESO DE EVALUACIÓN DEL NIÑO

ASPECTOS FISIOLÓGICOS Y MÉDICOS DEL ENTRENAMIENTO EN NIÑOS

EL NIÑO EN CRECIMIENTO

En primer lugar, definamos algunos términos que aparecen ciertas veces como sinónimos, pero que en realidad no lo son y se refieren a situaciones diferentes.

Cuando hablamos de crecimiento nos referimos al aumento de tamaño cor-poral o de una parte del cuerpo, cuando nos referimos a desarrollo se describe el proceso progresivo natural entre la vida prenatal hasta alcanzar la edad adulta y, como maduración entendemos el proceso por el cual una persona se llega a hacer madura y completamente funcional.

Un aspecto fundamental es determinar la diferencia entre edad cronológica y biológica. Debido a la considerable variabilidad en la velocidad de crecimiento y desarrollo no es preciso definir un estado madurativo con la edad en años o meses (edad cronológica). Existen marcadas diferencias interindividuales en el desarrollo físico a una edad determinada, la pubertad es un período crítico para magnificar esta circunstancia, un niño de 14 años puede ser 20 cm más alto y 18 kg más pesado que otro de la misma edad. Si tomamos como referencia la edad biológica para planificar el entrenamiento, seguramente se cometerán errores que pueden resultar en lesiones o sobreentrenamiento con el riesgo que esto implica.

Para evitar esto es necesario conocer la edad biológica (verdadero estado de maduración y desarrollo del individuo), esta se puede definir en términos de edad ósea, maduración sexual y maduración somática.

La edad ósea se puede valorar de manera incruenta mediante la medición de los diámetros óseos de húmero y fémur.

También se pueden utilizar exámenes complementarios como la radiografía de muñeca visualizando el estado de osificación de los huesos del carpo, o la resonancia magnética en el mismo sentido. Además permite valorar los cartílagos de crecimiento de los huesos largos.

La maduración sexual se puede monitorear de forma sencilla mediante el método de Tanner (descripto en 1962), basado en el desarrollo de los caracteres sexuales mamas y vello púbico en niñas, y tamaño de los órganos genitales y desarrollo de vello en los niños.

EL TEST TANNER DE MADURACIÓN BIOLÓGICA

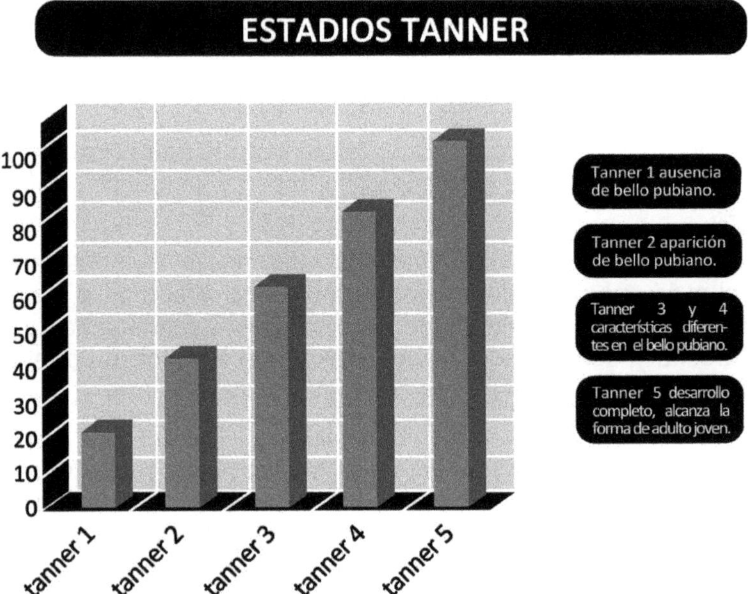

Es la clasificación de la maduración de acuerdo al desarrollo de las características sexuales secundarias en donde el desarrollo del bello pubiano aporta una idea del punto en que se encuentra el niño camino a la edad adulta.

Valorar estos aspectos es fundamental a la hora de planificar el entrenamiento de los niños y jóvenes, tomando en cuenta que el diferente grado de maduración condiciona una diferente respuesta neuromotora y muscular.

Con respecto a la evaluación de los parámetros de antropometría el Doctor Sergio Mauro señala que en niños pre púberes el control antropométrico se basa en control de peso, talla, índice de masa corporal, pliegues tricipital y subescapular y los diámetros humeral y femoral.

La valoración antropométrica completa como se describe en adultos es útil a partir de la pubertad.

TESTOSTERONA Y SISTEMA NEURAL

Es sabido que hasta que los niños no ingresan al estadio de Tanner 5, no se producen modificaciones hormonales (incremento de testosterona) la cual actúa como agente de metabolización proteica y es la responsable del crecimiento muscular y de la recuperación plástica postejercicio.

Tanto el crecimiento muscular como la respuesta hormonal son importantes para el desarrollo de la fuerza, pero también es de suma importancia el sistema neural.

El cuadro siguiente muestra la concentración plasmática de testosterona en las diferentes etapas evolutivas.

Este tipo de investigaciones combinado con el test Tanner de maduración bio-lógica otorga a los entrenadores información vital para la programación de las actividades de fuerza en la etapa pre y post puberal.

EVOLUCIÓN DE LA FUERZA

Concentración plasmática de testosterona

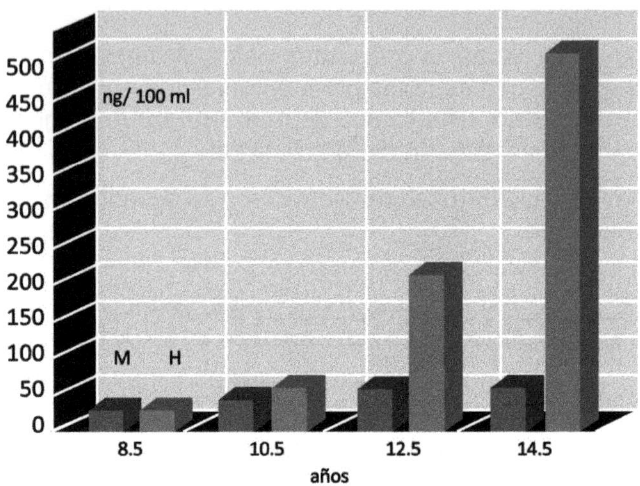

Representación de la concentración sérica de testosterona en función de la edad en jóvenes de ambos sexos.
M = Mujeres, H = Hombres

Aplicaciones prácticas del test Tanner:

Tanner 1: limitado para ejercitaciones de fuerza, enseñanza de técnicas.

Tanner 4: aquí se da el pico máximo de crecimiento, aproximación a la maduración completa, tomas de peso y talla periódicos.

Tanner 5: maduración biológica completa, aparición de la hormona testosterona, aumento de fuerza (epífisis selladas por completo) posibilidad de aumento de la carga.

Para respetar el principio de maduración biológica se realizará en tres categorías de la estructura infantojuvenil: 8°, 9° y pre-9° división (rango de edad 15-12 años). La diferenciación de grupos de trabajo de fuerza según la división de los 5 estadíos proporcionado por el médico pediatra o deportólogo.

A continuación exponemos un ejemplo de test Tanner realizado a una categoría de 12-13 años del Club Atlético Independiente realizado en la mitad de la temporada deportiva.

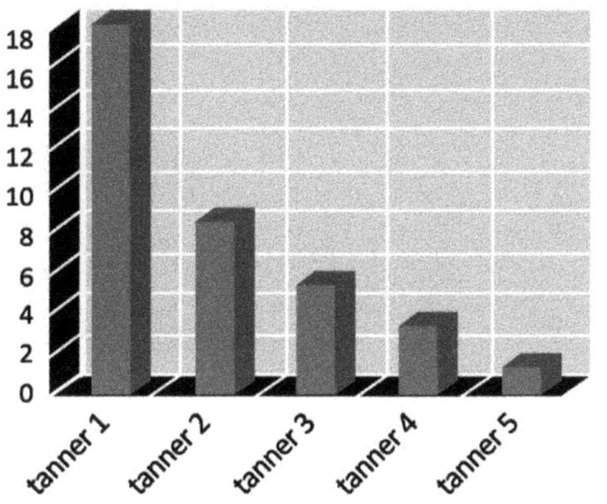

Categoría
12 -13 años
35 futbolistas

Aplicaciones prácticas del test Tanner:

Tanner 1: limitado para ejercitaciones de fuerza, enseñanza de técnicas.

Tanner 4: aquí se da el pico máximo de crecimiento, aproximación a la maduración completa, tomas de peso y talla periódicos.

Tanner 5: maduración biológica completa, aparición de la hormona testosterona, aumento de fuerza (epífisis selladas por completo) posibilidad de aumento de la carga.

Para respetar el principio de maduración biológica se realizará en tres categorías de la estructura infantojuvenil: 8°, 9° y pre-9° división (rango de edad 15-12 años). La diferenciación de grupos de trabajo de fuerza según la división de los 5 estadíos proporcionado por el médico pediatra o deportólogo.

A continuación exponemos un ejemplo de test Tanner realizado a una categoría de 12-13 años del Club Atlético Independiente realizado en la mitad de la temporada deportiva.

TANNER OCTAVA DIVISIÓN

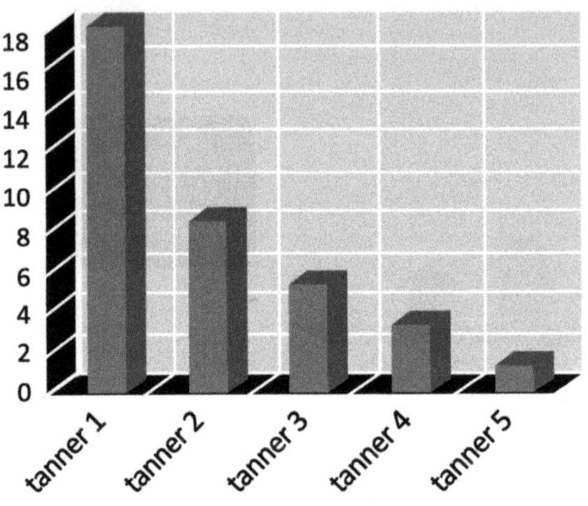

Categoría
12 -13 años
35 futbolistas

En el cuadro se observa un gran porcentaje de niños aún en etapa pre-puberal (Tanner 1 y 2), estos chicos deben experimentar un entrenamiento físico diferente en volumen e intensidad a los niños de Tanner más evolucionados, sobre todo en la cualidad física de fuerza.

En la foto que exponemos a continuación podemos observar la diferencia en talla y peso entre dos niños de 13 años de la pre 9° división (12-13 años) del club Independiente. En el caso del niño de la izquierda se trata de un estadío nivel 5 y el niño de la derecha se encuentra en nivel madurativo 1.

La realización del Test de maduración biológica se realiza hasta con futbolistas de 8va división (14-15 años) sobre todo en el primer semestre de esta categoría, hemos decidido ejecutarlo hasta estas etapas ya que hemos tenido experiencias de deportistas con maduraciones tardías.

TEST TANNER OCTAVA DIVISIÓN

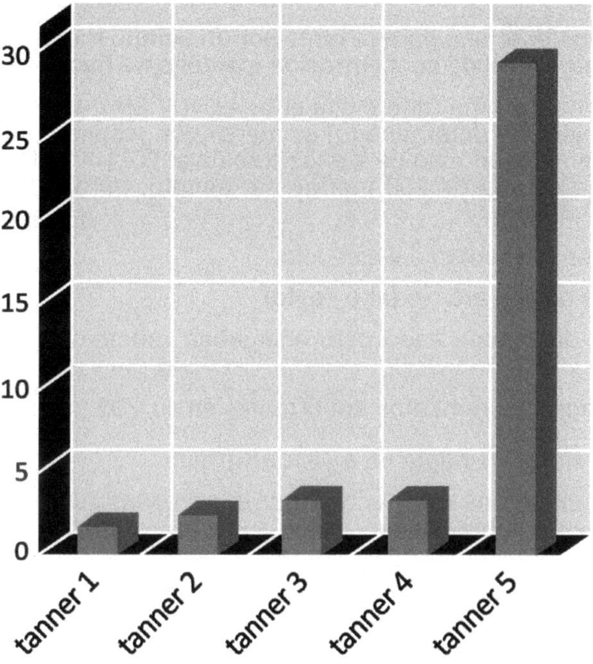

Categoría
14 -15 años
35 futbolistas

Estos datos pueden ser de mucha utilidad para la definición del futuro de un futbolista ya que en muchas ocasiones se realiza una apreciación errónea de jugadores de estas etapas debido a que se los compara con la mayoría de sus compañeros de equipo quienes han traspasado ese período prepuberal y se notan muchas diferencias en lo físico y en rendimientos tanto en entrenamientos y competencias.

Observemos en el cuadro como en estas edades ya existe un alto porcentaje de desarrollo madurativo a nivel biológico, pero también notemos como un mínimo porcentaje del equipo se encuentra en un estadío aún no evolucionado.

Es muy común escuchar hablar de futbolistas de gran capacidad técnica quienes han sido dejado libre en 8° o 7° división de los clubes porque eran "chiquitos o flaquitos" y luego han triunfado en otros clubes, esto pasa por una explosión hormonal tardía a la cual debemos estar muy atentos.

SISTEMA AERÓBICO Y ANAERÓBICO EN NIÑOS (ESTUDIOS REALIZADOS POR EL DR. ROBERTO PEIDRÓ)

EL SISTEMA AERÓBICO

- Los niños pueden sostener una carrera lenta por un tiempo moderado a alto (pero tienen bajo nivel de concentración mental para hacerlo).
- La reserva metabólica del niño (diferencia entre el VO2 Max. y el VO2 necesario para un ejercicio determinado) es menor con respecto a un adolescente. Por ejemplo: un niño de 9 años trabaja al 90-100% de su VO2 máximo en una corrida de 200 metros por minuto. Un adulto lo hace al 75% del VO2 máximo.
- A menor edad, mayor es el costo del ejercicio.
- Existe alto VO2 para cada ejercicio (alto costo).
- El ejercicio regular disminuye ese costo energético (aumento de la eficiencia).
- Los niños pueden lograr incrementos importantes en su VO2 máximo.
- Se han observado valores de hasta 65 a 70 ml/Kg/min.
- Sin embargo, los rendimientos son menores que en personas adultas ya que tienen menor hemoglobina, menor volumen sistólico (ineficiencia cardíaca), menor masa muscular y estructura más pequeña.
- El VO2 máximo aumenta con la edad sin grandes diferencias entre ambos sexos hasta los 12 años aproximadamente. A partir de aquí, los varones marcan un aumento comparativamente mayor que en las niñas.
- Las enzimas del metabolismo aeróbico trabajan mejor que las glucolíticas.
- Tienen excelente reclutamiento de fibras tipo I.
- Volumen mitocondrial elevado.

METABOLISMO ANAERÓBICO

- La capacidad anaeróbica de los niños es inferior a la de los adolescentes y a la de los adultos.
- Causas: menor nivel de reservas de glucógeno.
- Menor capacidad de enzimas glucolíticas.
- El niño puede realizar esfuerzos de breve duración y alta intensidad.

- La potencia alactácida es similar a la de los adultos y con una alta posibilidad de ser entrenada.
- La capacidad de trabajo intenso y prolongado es muy limitada.
- La estimulación precoz de la glucólisis anaeróbica no es útil ya que existe escasa predisposición metabólico-enzimática (demostrada por la baja capacidad de producir lactato).

EVALUACIONES DE LOS PARÁMETROS FÍSICOS EN EL FÚTBOL INFANTIL

Llevar un control de los aspectos físicos del niño es interesante sin que esto represente una batería inmensa de evaluaciones, no olvidemos que los aspectos físicos forman parte de una gran cantidad de contenidos en el proceso de entrenamiento.

En nuestra metodología de evaluación del niño consideramos una serie de testeos que abarcan las tres cualidades físicas velocidad, fuerza con sus subtipos y resistencia.

En la realización del test de velocidad de 20 metros con fotocélula estamos testeando la velocidad de reacción y aceleración del niño.

Esta cualidad de velocidad posee directa relación con las valencias de fuerza que son valoradas a través de la batería de Bosco en tres tipos de saltos los cuales continuarán siendo evaluados en la etapa siguiente (fútbol juvenil):

1. *Squat jump*: fuerza explosiva.
2. *Counter movement jump*: fuerza explosiva y elástica.
3. *Counter movement jump*: brazos libre o Abalakov: fuerza explosiva y elástica + aspecto coordinativo por uso de brazos.

Estas mediciones de fuerza se analizan conjuntamente con las ya mencionadas evaluaciones madurativas (test Tanner) ya que poseen estrecha relación dependiendo del período madurativo en el cual se encuentra en niño.

Hemos encontrado gran diferencia entre la toma de una evaluación de saltos entre períodos evaluativos de 3-4 meses. Cuando se produce un valor de salto en squat jump o CMJ con mucha diferencia en tan poco tiempo en estas edades de crecimiento el test está significando que hay una gran ganancia de fuerza debido a un desarrollo importante de testosterona lo cual se correlaciona con la maduración biológica (Tanner).

Es importante conjugar estas herramientas para llevar un control del grupo y poder diagramar entrenamientos según las realidades madurativas que presentan grupos tan heterogéneos en estas fases evolutivas.

Los aspectos de fuerza elástica e índice coordinativo que surgen de la diferencia entre CMJ a brazos libre y CMJ tradicional también nos brindan información vital en esta etapa de tantos cambios en lo madurativo y corporal.

Por último, realizamos el Yo-Yo test de recuperación intermitente nivel 1 para tener un parámetro sobre los aspectos de la resistencia del niño.

La elección de este test se justifica desde dos fundamentos que consideramos importantes, la correlación indirecta con el consuma máximo de oxígeno y su especificidad con referencia al fútbol debido al arranque y freno cada 20 metros.

Con esto no estamos desvalorizando otro tipo de evaluaciones como lo son el test de 1000 metros o Test de Cooper por citar algunos ejemplos, sino que consideramos que un test es suficiente para llevar un control de la capacidad de resistencia del niño y no quitar tiempo a otros aspectos fundamentales como el desarrollo de las habilidades técnicas.

Además, desde lo metodológico, la utilización de este test en el fútbol infantil guarda una relación directa con el Yo-Yo test recovery nivel 2 que luego experimentarán en etapas juveniles futuras.

La periodización de este tipo de testeos se realiza cada 3-4 meses, es decir, en tres distintas etapas del año (principio, medio y final de la temporada).

Detalle de las evaluaciones recomendadas para el seguimiento del proceso infantil:

1. Test Tanner (maduración biológica sólo para pre-9°).
2. Índice madurativo por fórmula.
3. Datos antropométricos: peso-talla-toma de tres pliegues cutáneos.
4. Test de Velocidad 20 m (Fotocélula).
5. Yo-Yo test recuperación intermitente nivel 1.
6. Batería test de Bosco:
    - Counter movement jump test (CMJ).
    - Abalakov test (CMJL).
    - Índice cordinativo (Abalakov - CMJ).

A continuación presentamos una planilla de evaluación-tipo para las fases de edades 11-12 años:

FASE 11-12 AÑOS		DATOS ANTROPOMÉTRICOS				YOYO TEST RECOV. NIVEL 1		TEST SALTOS BOSCO		
PUESTO	EDAD	TALLA	PESO	IMC	TANNER	METROS	VAM km/h	Abalakov	CMJ	IND. COORD.
Mediocampista	11	151,00	36,70	16,10	1	640	14,5	28,80	27,00	1,80
Atacante	11	152,00	42,60	18,44	1	800	15,0	30,30	28,10	2,20
Mediocampista	11	144,40	46,40	22,25	1	640	14,5	29,00	25,90	3,10
Defensor lateral	12	146,40	36,70	17,59	1	480	14,5	33,00	30,70	2,30
Defensor lateral	12	137,80	31,10	16,38	1	920	15,0	31,40	29,10	2,30
Mediocampista	11	152,00	53,70	22,97	1	880	15,0	34,00	28,00	6,00
Mediocampista	11	155,10	44,90	18,66	1	640	14,5	43,90	39,00	4,90
Defensor central	11	156,70	46,70	19,02	1	840	15,0	28,70	23,70	5,00
Portero	11	164,60	60,10	22,18	1	600	14,5	33,90	26,10	7,80
Atacante	11	144,60	35,90	17,17	1	480	14,5	30,00	25,00	5,00
Defensor lateral	11	158,20	44,20	17,66	1	640	14,5	29,30	24,60	4,70
Portero	11	165,90	79,50	28,89	2	280	13,5	22,70	17,30	5,40
Mediocampista	12	149,00	50,70	22,84	1	600	14,5	28,80	25,10	3,70
Mediocampista	11	155,50	38,40	15,88	1	720	14,5	35,50	31,80	3,70
Atacante	11	161,90	49,00	19,04	1	600	14,5	34,60	26,20	8,40
Atacante	12	161,80	47,10	17,99	1	640	14,5	32,90	30,20	2,70
Defensor central	11	164,20	51,20	18,99	1	920	15,0	34,60	28,10	6,50
Portero	12	157,70	49,60	19,94	1	280	13,5	36,60	31,80	4,80
Mediocampista	11	160,30	48,50	18,02	1	640	14,5	33,90	23,90	10,00
Defensor lateral	12	150,10	34,60	15,36	1	840	15,0	33,50	28,10	5,40
Mediocampista	12	152,50	43,90	18,88	1	800	15,0	38,20	31,80	6,40
Defensor central	11	152,70	52,70	19,05	1	680	14,5	29,40	24,80	4,60
Defensor central	12	150,30	44,60	19,74	1	880	15,0	31,60	23,60	8,00
Atacante	11	144,50	56,20	26,52	2	920	15,0	37,50	30,00	7,50
Promedio equipo		153,75	46,88	19,57	1,08	681,67	14,60	32,59	27,50	5,09

A continuación presentamos una planilla de evaluación-tipo para las fases de edades 12-13 años:

FASE 12 - 13 AÑOS		DATOS ANTROPOMÉTRICOS				YOYO TEST RECOV. NIVEL 1		TEST SALTOS BOSCO		
PUESTO	EDAD	TALLA	PESO	IMC	TANNER	METROS	VAM km/h	Abalakov	CMJ	IND. COORD.
Defensor lateral	12	161,00	46,70	17,84	2	840	15,0	31,10	29,70	1,40
Atacante	12	148,50	48,60	18,86	1	600	14,5	33,00	28,00	5,00
Mediocampista	12	154,70	47,90	18,71	1	720	14,5	34,00	28,00	6,00
Portero	12	160,00	46,50	18,16	1	600	14,5	34,00	32,50	1,50
Defensor central	13	156,30	52,00	21,29	1	640	14,5	29,80	25,20	4,60
Mediocampista	12	155,00	44,20	18,40	1	640	14,5	34,20	30,70	3,50
Mediocampista	12	149,00	40,70	18,33	1	840	15,0	33,00	31,50	1,50
Mediocampista	13	166,50	50,00	18,04	1	800	15,0	34,60	29,30	5,30
Portero	12	169,50	66,30	23,08	2	640	14,5	26,30	22,70	3,60
Mediocampista	12	172,40	76,50	19,01	3	800	15,0	32,90	27,90	5,00
Defensor lateral	12	157,00	46,70	18,95	1	640	14,5	34,60	29,30	5,30
Atacante	12	161,40	47,00	18,90	1	600	14,5	33,70	25,70	8,00
Defensor central	13	160,80	61,60	23,82	1	1000	15,5	30,20	25,80	4,40
Portero	13	161,80	48,40	18,49	1	480	14,5	32,00	36,30	-4,30
Atacante	12	165,80	49,40	18,60	1	600	14,5	32,10	26,40	5,70
Atacante	12	159,70	47,50	18,50	1	640	14,5	36,40	30,50	5,90
Portero	12	168,00	64,10	22,71	3	800	15,0	45,80	36,30	9,50
Defensor central	13	157,30	49,20	19,88	1	920	15,0	32,50	29,50	3,00
Mediocampista	12	158,00	57,70	23,11	1	800	15,0	34,00	31,50	2,50
Mediocampista	12	163,40	46,70	18,30	1	640	14,5	34,10	27,90	6,20
Defensor central	13	166,50	68,80	24,82	2	680	14,5	37,80	30,70	7,10
Mediocampista	12	162,70	51,90	19,61	1	1000	15,6	38,30	32,60	5,70
Atacante	13	169,00	68,90	20,62	2	720	14,5	35,90	30,40	5,50
Mediocampista	12	164,20	45,60	17,50	1	720	14,5	34,50	32,50	4,00
Defensor lateral	12	155,20	46,80	19,43	1	680	14,5	36,20	27,60	8,60
Promedio equipo		160,95	52,79	19,80	1,3	721,60	14,72	34,04	29,54	4,58

Algunas consideraciones y conclusiones:

Si comparamos los promedios grupales de las dos fases de edades presentadas en las dos tablas (11-12 y 12-13 años) podremos ver las diferencias lógicas de un año a otro en cuanto a los aspectos antropométricos sobre todo en estas fases. También encontramos diferencias importantes respecto de los rendimientos de las cualidades físicas en testeos de fuerza y resistencia.

Ahora bien, si analizamos el aspecto coordinativo (diferencia salto Abalakov o CMJL y CMJ = índice coordinativo) notamos que los niños de la fase de edad menor (11-12 años) que vienen con un esquema corporal consolidado y con modificaciones progresivas y lentas cuentan con un promedio de índice coordinativo superior al grupo de 12-13 años. Este resultado se debe a que los niños de estas edades (12-13 años) se encuentran en la etapa prepuberal caracterizada por grandes cambios morfológicos y fisiológicos que conllevan constantes ajustes en los niños de esta última etapa infantil.

A lo largo de todos estos años de entrenamiento y evaluaciones de control hemos encontrado crecimientos en altura de seis a nueve centímetros promedio en tan sólo 5-6 meses de diferencia. Con referencia a lo madurativo-sexual, los niveles de Tanner en algunos casos cambian radicalmente desde el comienzo del año deportivo a la reevaluación de mitad o fin de año, en diez meses podemos encontrar diferencias de maduración de 1 a 3 puntos como también casos de maduración tardía que pueden retrasarse hasta los 15 años de edad.

Como ejemplo, tomamos la planilla presentada de evaluaciones de niños de 12-13 años, la misma fue tomada en el mes de febrero (principio de la temporada deportiva). Al evaluar este mismo grupo en el mes de diciembre encontramos cambios notorios con respecto al índice madurativo. Podrán ver muchos chicos Tanner 1, algunos pocos Tanner 2 y 3, con un promedio de índice madurativo bajo. Estos valores cambian notoriamente en la evaluación del mes de diciembre llegando a un promedio de nivel Tanner 2,5 promedio.

Esta realidad que viven los niños debe ser tenida en cuenta incluso al momento de evaluar la actualidad de los niños en su adquisición o pérdida de la técnica. Los cambios bruscos de crecimiento hacen que el niño que se está convirtiendo en joven pierda muchas veces coordinación y técnica y hasta experimente un leve retroceso en la cualidad física de velocidad; todo producto de esta etapa de modificaciones generales. Por ello, es importante que en el proceso de evaluación no solo estén involucrados el médico y el preparador físico, sino también los entrenadores de los chicos quienes a través de las mediciones y el trabajo interdisciplinario, podrán contar con información valiosísima para una mejor comprensión del desarrollo de los niños.

En resumen, consideramos que es importante contar con el apoyo de las evaluaciones para entender aún más el momento evolutivo que están transcurriendo los niños y saber diferenciar la edad cronológica (la de todo el grupo que es la misma) a una edad biológica (muy disímil y heterogénea dentro de la misma categoría o equipo).

EVALUACIONES TÉCNICO-COORDINATIVAS

Tan importante como los testeos de los aspectos físicos son las evaluaciones técnico-coordinativas. Si bien no poseen un nivel de objetividad ciento por ciento ya que es difícil cuantificarlas, creemos que es importante realizar evaluaciones de estos aspectos ya que nos brindan información sobre la evaluación o involución técnica-coordinativa de los niños y además de poner a prueba la metodología utilizada por nosotros como entrenadores.

Estas evaluaciones comprenden la realización de actividades en las cuales se pueda calificar la evolución o involución de los diferentes fundamentos técnicos así como la instrumentación de recorridos coordinativos donde valorar las destrezas corporales de los niños.

- Períodos de evaluación-control (3) (febrero-julio-noviembre).
- Recorridos coordinativos; tipos de carrera frontal, lateral, hacia atrás, apoyos unipodales, bipodales, equilibrio funcional, destrezas, etc.
- Pase y control en diferentes planos.
- Conducción lineal, zig zag, con obstáculos.
- Conducción, gambeta lineal, zig zag.
- Remate con ambos pies.
- Cabezazo.
- Técnica funcional (en situación de juego).

CAPÍTULO 8

FÚTBOL JUVENIL. LA PLANIFICACIÓN DIDÁCTICA Y PRÁCTICA

FÚTBOL JUVENIL: "AMATEUR O PROFESIONALIZADO"

Hasta estos días se suele mencionar el nombre de fútbol amateur cuando se quiere citar el sector de fútbol juvenil de un club. Consideramos que el término es inadecuado ya que en la actualidad todo lo que rodea al futbolista juvenil en la Argentina poco tiene que ver con la palabra amateur tan saludable y necesaria en estos tiempos de mercantilismo deportivo. Pero la realidad nos marca que el contexto del fútbol juvenil de un club posee características que se acercan más a un fútbol juvenil profesionalizado que a un deporte de caracteres amateur.

A diferencia de muchos años atrás, los clubes han ido conformando sus estructuras para brindarle al futbolista en formación un soporte que potencie su preparación hacia el fútbol profesional. Departamentos de: medicina deportiva, fisiología, psicología, neurociencias. Todas herramientas que los clubes incorporan y que deberían trabajar de manera interactuada en post de un futbolista integral y mejor preparado.

Las pensiones o centros de alojamiento donde los futbolistas de los clubes del interior del país pasan largos años entrenando, estudiando y soñando llegar a Primera División también han sufrido mejoras en lo que respecta a sus estructuras y la contención de los jóvenes.

Sabemos que esta realidad no le pertenece a la totalidad de los clubes en Argentina, pero hay una tendencia cada vez más marcada de las instituciones

serias y organizadas de optimizar todos los aspectos referidos al área de fútbol juvenil que desembocará en una formación óptima y por consiguiente, en un capital futuro de los clubes cada vez más necesitados de cubrir sus finanzas con ventas de futbolistas juveniles a otros mercados más poderosos.

Dentro de esta tendencia de los clubes de darle cada vez mayor relevancia al área de fútbol juvenil, se encuentra la organización de staff técnicos con profesionales en un camino de crecimiento con una mayor preparación y constante especialización en el entrenamiento de fútbol juvenil.

De todas maneras, consideramos que las dirigencias de los clubes deben valorizar mucho más a los profesionales que conforman esta gran estructura: entrenadores, preparadores físicos, entrenadores especiales, coordinadores, todos roles que son parte fundamental en el proceso formativo del joven futbolista.

ESTRUCTURAS PLURIANUAL DEL PROCESO DE ENTRENAMIENTO

El proceso total que recorre el niño es conocido como "megaciclo" y compone todos los años o temporadas deportivas que el niño y el adolescente transcurren en un club.

El megaciclo o estructura plurianial es la unidad más grande de trabajo dentro de la periodización del entrenamiento. La continuidad de esta unidad tan importante en el proceso del futbolista en formación muchas veces está ligada al mantenimiento de un mismo grupo técnico en los años, ya que al cambiar las personas generalmente varía la orientación de los objetivos, por ello consideramos que los proyectos deben ser de los clubes y no de las personas que eventualmente están a cargo del área infanto-juvenil.

Los objetivos generales del megaciclo deben ser:

- Tener una filosofía bien determinada sobre el proceso de entrenamiento, que debe ser sostenida y coordinada a través de los años.
- El megaciclo deberá respetar las diferentes fases madurativas de los futbolistas sin prescindir de la metodología de entrenamiento escogida como principios básicos del proceso.
- A través de este período largo se deberá formar una base sólida durante la infancia y la adolescencia para posteriormente alcanzar rendimientos máximos.
- En un proceso exitoso el futbolista debería arribar a la primera división sin carencias en lo físico, técnico, táctico y un aspecto

muy importante en el deporte de alto rendimiento actual: el mental.

- Las planificaciones deben tener una continuidad e integración a lo largo de los años, si bien deben ser expuestas a constantes evaluaciones teóricas, prácticas y debates para ser mejoradas.
- Este proceso largo nos permite recolectar y comparar datos muy valiosos a través de los años que nos permiten controlar el proceso de entrenamiento y optimizarlo.

EL MACROCICLO O PLANIFICACIÓN ANUAL:

En fútbol juvenil contamos con un macrociclo que abarca de 10 a 11 meses de duración dividido en dos grandes bloques. Una primera etapa de preparación pre-campeonato con una duración de dos meses y una segunda fase competitiva con una totalidad de 25 a 30 partidos.

Los períodos desde el punto de vista de la planificación del entrenamiento se pueden dividir en: preparatorio-competitivo de transición en un formato de programación clásica (Matveiev). También podemos dividirlo en acumulación-transformación-realización en lo que sería un modelo ATR o en estructuras más llanas si tomamos como referencia los modelos de planificación integradores.

EL MESOCICLO O PLANIFICACIÓN MENSUAL

Es una estructura intermedia de la programación, con una duración de 3 a 5 semanas, la suma de los mesociclos conforma el macrociclo. En fútbol formativo, en Argentina, por el formato de calendario competencia se organizan generalmente dos mesociclos en la etapa preparatoria previo al campeonato y ocho mesociclos en lo que dura la temporada de competencia.

Dentro de la fase preparatoria los contenidos, volúmenes e intensidades van oscilando en función de una programación progresiva. Ya en la etapa de competencia los mesociclos son más sostenidos en lo que respecta a las cualidades físicas y si van variando los objetivos de aprendizaje técnico-táctico.

EL MICROCICLO

Es la estructura más pequeña de los eslabones de la programación, cuya duración oscila entre 3-4 días hasta 10-15 días, aunque generalmente posee

una duración de siete días o una semana teniendo en cuenta que se organizan en función del objetivo competitivo semanal.

En fútbol juvenil existe la posibilidad de programar la continuidad de cuatro microciclos de manera anticipada con la interacción de los contenidos de cada etapa, en cambio en fútbol profesional esta posibilidad disminuye debido a las constantes variaciones de todos los aspectos que interactúan: resultados, rendimientos, lesiones, cambios de calendario, doble competencia, etc.

Divisiones inferiores: Estructura de entrenamiento plurianual

1. 5-10 años: Megaciclo
2. 6 meses a 1 año: Macrociclo
3. 1 mes: Mesociclo
4. 1 semana: Microciclo

LOS MODELOS DE PLANIFICACIÓN COMO HERRAMIENTA DE ORDENAMIENTO

Paralelamente al desarrollo de los diferentes deportes han ido apareciendo distintas formas o modelos de planificación; las primeras provenientes de los deportes individuales, las cuáles se fueron adaptando a la realidad de los deportes grupales, estos tipos de programación se orientaban más en el perfil del deporte que atendiendo a la realidad del deportista. En los últimos años, los modelos de planificación contemplan de manera más detallada las condiciones y posibilidades del deportista.

Nosotros consideramos que más allá de estas diferencias es importante contar con un modelo de planificación que sea sostenido en el tiempo. Luego de haber probado con distintas formas de programación, creemos que lo importante es contar con una forma de organización que justamente brinde un orden a los sistemas de entrenamiento programados en corto, mediano y largo plazo.

Analizamos algunos de los modelos de planificación más utilizados, los cuales podemos dividir en dos grandes grupos: aquellos que están basados en el perfil del deporte y los que tienen como base de su planificación la realidad del deportista.

En aquellos que abordan la planificación a través de las características del deporte podemos mencionar el modelo tradicional de Matveiev, estructura de planificación utilizada durante décadas en deportes individuales y colectivos con sus tres etapas bien definidas en el período preparatorio: general, específica y precompetitiva.

Dentro del grupo de modelos de planificación basados en las características del deporte podemos incluir al modelo ATR que será analizado detalladamente más adelante.

Como dos reseñas importantes de modelos de programación basados en el perfil del deportista encontramos el modelo integrador de Bondarchuk el cual se direcciona a la preparación de los deportes individuales y por otro lado el modelo cognitivo de Seirul-Lo orientado a los deportes colectivos.

A continuación un recuadro con los modelos de planificación mencionados.

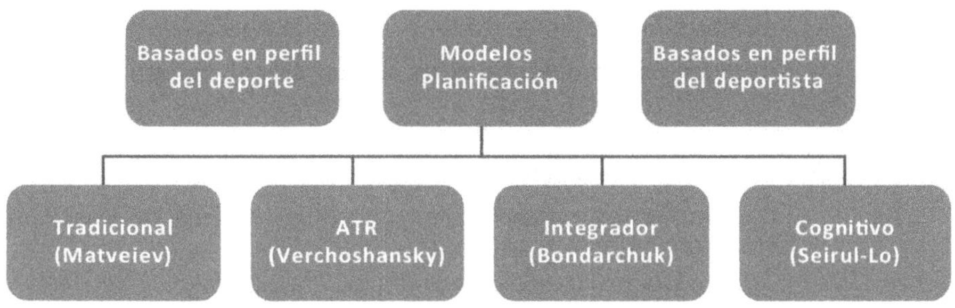

EL MODELO DE PLANIFICACIÓN ATR ADAPTADO A FÚTBOL

En el modelo de entrenamiento ATR los contenidos de entrenamiento se desarrollan concentrados al máximo en menor tiempo .La idea fundamental de este tipo de planificación es focalizar el entrenamiento con mayor énfasis en determinada capacidad motora lo que produce un nivel de optimización más elevado que el entrenamiento tradicional el cual desarrollaba diferentes capacidades físicas al mismo tiempo. Aquí en cambio se realiza una concentración alta de cargas de entrenamiento específico en todos los contenidos técnicos, tácticos y físicos del fútbol. El modelo ATR permite aumentar la eficacia en el control del entrenamiento.

Contenidos etapa I - Acumulación:

- Los ejercicios de adaptación de fuerza son la base del mesociclo.
- El entrenamiento de fuerza es acompañado con entrenamiento aeróbico.
- Periodo de perfeccionamiento técnico básico.
- Entrenamientos con volúmenes relativamente altos e intensidades moderadas para la capacidad de fuerza, resistencia, formación técnica básica.

- Situación predominante: situación simple-estándar.

Contenidos etapa II - Transformación:

- Entrenamientos resistencia fuerza especifica.
- Resistencia glucolítica rápida.
- Cargas elevadas y acumulación de fatiga, que a su vez disminuye los niveles técnicos.
- Entrenamientos con volumen e intensidad alta.
- Entrenamiento técnico-táctico realizado en estado de fatiga.
- Situación predominante: situación funcional-competencia.

Contenidos etapa III - Realización:

- Entrenamientos situacionales con altos niveles de intensidad, velocidad y máxima concentración mental.
- Entrenamientos de velocidad y fuerza explosiva.
- Entrenamientos en estados de recuperación.
- RSA (Repeat Sprint Ability).
- Situación predominante: Situación competencia.

MODELO DE PLANIFICACIÓN ATR APLICADO AL FÚTBOL

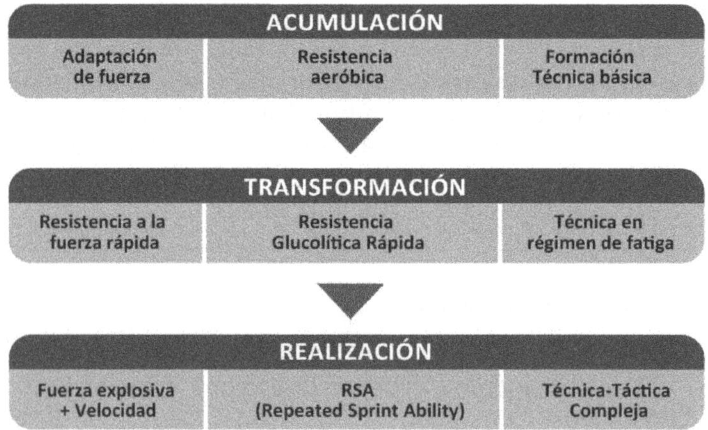

EJEMPLO PRÁCTICO DE PLANIFICACIÓN ATR EN FÚTBOL JUVENIL

Durante varias temporadas deportivas hemos desarrollado este modelo ATR modificado para el fútbol.

El fútbol juvenil a diferencia del profesional brinda la posibilidad de realizar una etapa de preparación extensa (8 a 9 semanas).

Este período preparatorio será muy importante para encarar la temporada deportiva competitiva pero mucho más lo será en la formación integral del joven proyectado al fútbol de elite.

El modelo ATR adaptado al fútbol nos permite desarrollar cualidades tanto físicas como técnico-tácticas en períodos largos y de manera focalizada o concentrada.

En la etapa de acumulación el tipo de fuerza con preponderancia será la fuerza máxima, desde el aspecto metabólico el sistema prioritario a desarrollar será el aeróbico, todo relacionado con aspectos tácticos generales. Es decir, que la capacidad aeróbica será estimulada a través de medios de entrenamientos continuos, intervalados e intermitentes y deberá conservar relación directa con los bloques de entrenamiento táctico, los cuales deberán realizarse también bajo régimen e intensidad aeróbica.

Por último, el aprendizaje técnico debe ejecutarse en estado de no fatiga o bajo régimen aeróbico de baja intensidad.

En la etapa siguiente (trasformación), el tipo de fuerza dominante será la resistencia a la fuerza rápida. Cuando hablamos de fuerza dominante nos referimos a que será la que acapare mayor atención en la planificación del período pero esto no significa que será estimulada de manera exclusiva. En deporte como el fútbol eso es imposible sobre todo en la realización de los entrenamiento circuitados de fuerza y tampoco lo creemos conveniente, ya que el fútbol nos lleva a una combinación constante de manifestaciones de fuerza.

En lo que respecta a lo metabólico, esta etapa será clave para la estimulación de la resistencia glucolítica utilizando métodos puros y específicos.

Estos últimos, los medios de entrenamiento físico específico (ver EFE debajo) deberán tener relación con la programación de las actividades para el desarrollo técnico situacional y táctico complejo de la etapa. Es decir, que es un período propicio para las tareas de *pressing* y situaciones de juego bajo un alto estrés físico.

Para finalizar, la etapa de preparación bajo el modelo ATR desarrollamos la etapa de realización previo al período competitivo. Aquí, las cualidades de fuerza estarán orientadas a la estimulación de la fuerza explosiva y veloci-

dad, mientras que la resistencia especial tendrá preponderancia a través del entrenamiento situacional y trabajos de táctica integral.

ETAPA ACUMULACIÓN	ETAPA TRANSFORMACIÓN	ETAPA REALIZACIÓN
DURACIÓN: 3 SEMANAS	DURACIÓN: 3 SEMANAS	DURACIÓN: 2 SEMANAS
ADAPTACIÓN FUERZA	RESISTENCIA FUERZA RÁPIDA	FUERZA EXPLOSIVA/VELOC.
SISTEMA AERÓBICO	RESISTENCIA GLUCOLITICA	RESISTENCIA ESPECIAL RSA
TÉCNICA BÁSICA	TÉCNICA SITUACIONAL	TÉCNICA FUNCIONAL
TÁCTICO GRAL	TÁCTICO COMPLEJO	TÁCTICO INTEGRAL

Debajo, en el primer cuadro, mostramos un ejemplo de planificación de distribución de la cargas de entrenamiento (intensidad, volumen, tipos de microciclos, entrenamiento situacional) sobre la base de 8 semanas de entrenamiento.

En el segundo cuadro, "Organización y distribución..." observamos cómo organizar los contenidos didácticos del entrenamiento en el modelo ATR, esta organización macro previa será de guía fundamental para la programación práctica.

CUADRO DE DISTRIBUCIÓN DE CARGAS DEL ENTRENAMIENTO MODELO ATR

ATR	ETAPA 1: ACUMULACIÓN			ETAPA 2: TRANSFORMACION			ETAPA 3: REALIZACIÓN		
MICROCICLO	MICRO 1	MICRO 2	MICRO 3	MICRO 4	MICRO 5	MICRO 6	MICRO 7	MICRO 8	
SEMANA	18-ene	25-ene	01-feb	08-feb	15-feb	22-feb	01-mar	08-mar	15-mar
TIPO	adaptacion	carga	carga	carga	choque	carga	carga	descarga	
INTENSIDAD	baja-media	media	media	media alta	alta	alta	media-alta	media	campeonato AFA
VOLUMEN	bajo-medio	medio	alto	alto	medio-alto	medio	medio	bajo-medio	
ENTREN. SITUACIONAL	X	XX	XXX	XXX	XX	XXX	XXX	XX	

ORGANIZACIÓN Y DISTRIBUCIÓN DE LOS CONTENIDOS A DESARROLLAR DURANTE EL ATR

ATR	ETAPA 1: ACUMULACIÓN			ETAPA 2: TRANSFORMACIÓN			ETAPA 3: REALIZACIÓN	
MICROCICLO	MICRO 1	MICRO 2	MICRO 3	MICRO 4	MICRO 5	MICRO 6	MICRO 7	MICRO 8
CONTENIDOS RESISTENCIA	AERÓBICO INTENSIDAD BAJA 50% - 60%	AERÓBICO INTENSIDAD MODERADA 70% - 80%	AERÓBICO INTENSIDAD ALTA 90% - 100%	RESISTENCIA GLUCOLÍTICA RÁPIDA	RESISTENCIA GLUCOLÍTICA RÁPIDA	RESISTENCIA GLUCOLÍTICA RÁPIDA	RESISTENCIA ESPECIAL R.F.R.	RESISTENCIA GLUCOLÍTICA R.F.R.
FUERZA MANIFESTACIÓN NEUROMUSCULAR	CORE BASE PROPIOCEPTIVA DOMINANTE FUERZA-MÁXIMA FUERZA-POTENCIA	CORE BASE PROPIOCEPTIVA DOMINANTE FUERZA-MÁXIMA FUERZA-POTENCIA	CORE BASE PROPIOCEPTIVA DOMINANTE FUERZA-MÁXIMA FUERZA-POTENCIA	CORE PLIOMETRÍA 1-2 DOMINANTE FUERZA R.F.R.	CORE PLIOMETRÍA 2-3 DOMINANTE FUERZA R.F.R.	CORE PLIOMETRÍA 3-4 DOMINANTE FUERZA R.F.R.	CORE PLIOMETRÍA 2-3 DOMINANTE FUERZA EXPLOSIVA	CORE PLIOMETRÍA 3-4 DOMINANTE FUERZA EXPLOSIVA
TÉCNICOS TÁCTICOS ENTRENAMIENTO SITUACIONAL	TÉCNICA BÁSICA TÁCTICA GENERAL DOMINANTE SITUAC. SIMPLE RÉGIMEN AER.	TÉCNICA BÁSICA TÁCTICA GENERAL DOMINANTE SITUACIÓN STANDARD RÉGIMEN AER.	TÉCNICA BÁSICA TÁCTICA GENERAL DOMINANTE SITUACIÓN STANDARD RÉGIMEN AER.	TÉCNICA FUNCIONAL TÁCTICO COMPLEJO DOMINANTE SITUACIÓN FUNCIONAL RÉGIMEN RGR	TÉCNICA FUNCIONAL TÁCTICO COMPLEJO DOMINANTE SITUACIÓN FUNCIONAL RÉGIMEN RGR - RE	TÉCNICA FUNCIONAL TÁCTICO COMPLEJO DOMINANTE SITUACIÓN FUNCIONAL RÉGIMEN RGR - RE	TÉCNICA FUNCIONAL TÁCTICO INTEGRAL DOMINANTE SITUACIÓN COMPETENCIA RÉGIMEN RE	TÉCNICA FUNCIONAL TÁCTICO INTEGRAL DOMINANTE SITUACIÓN STANDARD RÉGIMEN ANAER.

En los cuadros debajo exponemos dos ejemplos de planificación de sesión de entrenamiento concentrado. En el primero, observamos una típica sesión de entrenamiento de sistema de planificación ATR orientado a las cualidades de fuerza, y en el segundo una sesión de entrenamiento focalizada a la optimización de los aspectos metabólicos aeróbicos. Los tres bloques del entrenamiento deben estar relacionados entre sí habiendo un hilo conductor o cualidad física predominante.

SESIÓN ENTRENAMIENTO TIPO ATR NEUROMUSCULAR (LUNES-MIÉRCOLES-VIERNES):

3 BLOQUES DE ENTRENAMIENTO	ACTIVIDADES PRÁCTICAS
BLOQUE 1 – 40' ASPECTO FÍSICO I	MUSC. CORE FUERZA GIMNASIO
BLOQUE 2 – 40' ASPECTO FÍSICO II	FUERZAS CIRCUITO CUESTAS-TRINEO-SPRINTS
BLOQUE 3 – 40' ASPECTO TÉCNICO-TÁCTICO	SITIUACION STANDARD RÉGIMEN DE VELOCIDAD 5"-10" ACCIÓN X 40"-50" PAUSAS

SESIÓN ENTRENAMIENTO TIPO ATR METABÓLICA (MARTES-JUEVES-SÁBADO):

3 BLOQUES DE ENTRENAMIENTO	ACTIVIDADES PRÁCTICAS
BLOQUE 1 – 40' ASPECTO FÍSICO I	RESISTENCIA INTERMITENTE 3-4 BLOQUES X 10' (10" X 20")
BLOQUE 2 – 40' ASPECTO FÍSICO SITUACIONAL	ENTRENAMIENTO SITUACIONAL SITUACIÓN FUNCIONAL RÉGIMEN INTERMITENTE 10" X 20"
BLOQUE 3 – 40' ASPECTO TÉCNICO-TÁCTICO	ENTRENAMIENTO TÁCTICO RÉGIMEN AERÓBICO ALTO INTENSIDADES VARIABLES

Estos tipos de sesiones se realizan de manera intercalada dentro de un microciclo semanal, es decir, una sesión para el desarrollo de los aspectos neuromusculares es seguida en la sesión del día siguiente por un entrenamiento focalizado a las cualidades metabólicas o de resistencia, dentro de la etapa de preparación pre-campeonato o pretemporada.

ENTRENAMIENTO FÍSICO ESPECÍFICO EFE

La importancia del entrenamiento físico específico es cada vez más elocuente en el fútbol internacional y en todas las etapas madurativas del futbolista, es clave interpretar que el entrenamiento de un jugador de fútbol dista mucho de la preparación de un atleta.

En diciembre de 2003, gracias a la entrañable hospitalidad del profesor Stefano D'Ottavio y del profesor Massimo Tell, tuvimos la posibilidad de escuchar una charla maestra de Yuri Verchoyansky sobre metodologías de entrenamiento para deportes colectivos en la Univerisdad de Tor Vergata en Roma. El ya anciano fisiólogo ruso creador del método de impacto, nos dejó unos conceptos en forma de apuntes que aquí detallamos:

"La preparación física especial es fundamental en los deportes de conjunto".

"El peso que debe levantar un deportista para el desarrollo de la fuerza no está en los libros, eso debe medirlo y regularlo el entrenador con su experiencia de entrenamiento".

"Cada deportista tiene su propio límite, de todas maneras se debe formar primero la técnica y luego la parte física".

"En el fútbol los jugadores están bien preparados genéticamente".

"La potencia aeróbica en el fútbol no es muy elevada con respecto a otros deportes, el fútbol es un deporte prevalentemente aeróbico con manifestaciones de fuerza explosiva, por eso hablamos de un deporte mixto desde el punto de vista físico: potencia muscular y capacidad metabóloica".

"En fútbol es oportuno encarar el desarrollo de las capacidades motoras junto al perfeccionamiento de las acciones técnicas y de las habilidades de juego".

Varios autores y entrenadores de relevancia nos dejan su parecer sobre esta idea:

"El fútbol es un deporte de situación, por ello toma trascendencia la comprensión del entorno del juego, las decisiones, las elecciones realizadas y la adaptabilidad de las técnicas utilizadas; subrayando la importancia de los procesos mentales y el dominio de éstos sobre la formación y desarrollo de la técnica específica" (Stefano D'Ottavio, FIGC).

"El entrenamiento aeróbico y anaeróbico deberían ser ejecutados como ejercitaciones técnicas desde el momento que los músculos son entrenados de manera similar al partido y los elementos técnicos y tácticos son entrenados durante condiciones físicas estresantes" (Jens Bansgsbo, Dinamarca).

"El entrenamiento de las capacidades físicas en el niño debería tener carácter competitivo, formas de entrenamiento aplicadas al juego" (Weineck, Alemania).

"El juego del fútbol puede ser definido como un ejercicio intermitente en el cual alternan fases intensas con largo período de recuperación" (Paul Balsom, PF de la Selección de Suecia).

"En el fútbol no podemos aplicar los principios del entrenamiento que caracterizan los otros deportes, el fútbol posee aspectos muy diferentes" (José Luis Arjol, APF de España).

"Las ejercitaciones para mejorar la resistencia de base deberán ser propuestas actuando sobre los espacios de juego, sobre los tiempos de trabajo, sobre el número de jugadores" (Georges Gacon PF del Paris Saint Germain).

"Cuando era jugador me hacían correr por 60' o 70', hoy como DT propongo junto a mi PF juegos que van del 1 vs. 1 al 5 vs. 5" (Claudio Ranieri, Italia).

"En el fútbol el entrenamiento debe ayudar a predecir el rendimiento del equipo en la competición tratando de limitar la influencia de las fuentes de incertidumbre que puede existir. Esto exige a los técnicos elevadas dosis de creatividad para poder plantear tareas que favorezcan el conocimiento del juego por parte de los futbolistas y el desarrollo de un pensamiento autónomo para solventar los problemas que acontecen durante la competencia" (Javi Mallo, España).

EL PERFIL DE PRESTACIÓN FÍSICA DEL FÚTBOL, ¿QUÉ Y CÓMO ENTRENAMOS?

Es importante saber interpretar el perfil fisiológico del fútbol para entender hacia dónde debemos orientar la preparación de los jóvenes futbolistas.

En el fútbol actual los futbolistas recorren entre 9 000 y 12 000 metros en 95' de juego dependiendo del puesto en el campo, datos que se han encontrado en las fases finales de la Champions League 2013 y 2014 y Mundial de la FIFA 2014 disputado en Brasil (debajo estadísticas de esa competencia). Dentro de esos 10 000 metros recorridos promedio los futbolistas realizan muchas actividades con y sin balón en diferentes intensidades de carrera:

- Saltos
- Arranques

- Frenos
- Cambios de direcciones
- Aceleraciones y desaceleraciones
- Carreras intensidad baja
- Carreras intensidad media
- Carreras intensidad alta
- Sprint largos 10 a 20 metros
- Sprint cortos 1 a 10 metros
- Acciones con el balón predominando la acción del pase (como muestra el cuadro)

PARTIDO MUNDIAL FIFA 2014	JUGADOR	POSICIÓN	PASES	BALONES RECUPERADOS	QUITES	REMATES	VEL. MÁX. KM/H	DISTANCIA TOTAL M
Italia-Inglaterra -45'	Pirlo	MC	53	2	1	0	20.2	4517
Italia-Inglaterra -90'	Pirlo	MC	103	4	0	1	19.2	10466
Italia-Inglaterra -45'	De Rossi	MC	68	5	2	0	23.6	5493
Italia-Inglaterra -90'	De Rossi	MC	104	7	3	0	25.2	10618
Italia-Inglaterra -45'	Rooney	ATAC	12	0	1	0	28.5	5590
Italia-Inglaterra -90'	Rooney	ATAC	28	0	1	3	28.3	11192
Italia-Inglaterra -45'	Sturridge	ATAC	10	1	0	1	29.0	4836
Italia-Inglaterra -90'	Sturridge	ATAC	19	1	1	3	29.0	8669

Como surge del análisis de cuatro futbolistas del partido Italia-Inglaterra del Mundial FIFA 2014 observamos que los jugadores recorren entre 8500 y 11000 metros en 95' de partido, no habiendo una diferencia de metros recorridos si se comparan los dos tiempos de juego. Concluimos entonces que la misma cantidad de metros que un futbolista transita en los primeros 45' puede ser sostenida y hasta superada en el segundo tiempo del partido. Donde sí se produce un descenso en el rendimiento es en la cantidad e intensidad de carreras cortas en régimen de alta velocidad de ejecución en esa segunda parte del juego. Seguramente los futbolistas mejor preparados y con una óptima capacidad para repetir sprint (RSA) serán los que puedan prevalecer en el rendimiento físico en la segunda parte del juego.

Las acciones de alta intensidad no superan los 4-5 segundos de actividad, las acciones de máxima intensidad son aún más cortas 2-3 segundos, mientras que los períodos de recuperación oscilan entre 15 a 30 segundos promedio lo que es lo suficientemente extenso para poder ejecutar la capacidad de repetir sprints (piques cortos intensos) y acciones explosivas en cortos períodos de recuperación. La cualidad física de velocidad que es sumamente importante en el fútbol de hoy alcanza mediciones de 29.0 a 30.0 km/h promedio, aspecto que también depende de las características fisiológicas de los deportistas y de la función táctica en el equipo. De todas maneras no llegan a los valores que se manejan en pruebas cortas del atletismo donde atletas como Usain Bolt alcanza velocidades de 45 km/h en su fase de máxima aceleración, entre los 30 y 60 metros de la carrera de 100 metros. El futbolista, en cambio, por el tipo de juego del fútbol, es muy difícil que recorra más de treinta metros a máxima velocidad. Son tramos cortos de cinco a diez metros los que debe accionar a altas velocidades y seguramente en muchos de ellos no llega a tocar su máxima posibilidad de velocidad de aceleración, la cual se logra entre los 30 y 50 metros de carrera lanzada.

Si se analiza desde el punto de vista metabólico, la frecuencia cardíaca durante un partido oscila entre 165 y 180 latidos por minuto, que correspondía a entre el 80% y el 85% de la frecuencia cardíaca máxima. Relacionando la FC con el VO2 máximo a través de estudios de laboratorio se calcula en un 75-80 % del VO2 máximo. Los estudios de lactato arrojan que esta capacidad de producción es muy variable en partidos de fútbol y varían desde valores de 3-4 mmol a 10-11 mmol de acuerdo al nivel de competencia. Aparentemente a medida que el nivel es más desarrollado los niveles de lactato serían más altos, aunque está claro que la cantidad de lactato no solo depende de la producción sino también de la remoción, todo esto hace que este aspecto no sea determinante para evaluar el rendimiento de los futbolistas.

A modo de ejemplo analizamos a continuación algunos rendimientos físico-técnicos durante competencias del campeonato Mundial de la FIFA 2014 en futbolistas que cumplen diferentes roles tácticos en campo.

El caso del mediocampista defensivo de Italia, Daniele De Rossi, en su desempeño físico durante el partido de primera fase Italia-Inglaterra del Mundial 2014. Observamos que en los 97'25" de duración del match el porcentaje de actividades a baja intensidad fue del 81%, en media intensidad el 11%, mientras que las acciones de alta intensidad ocuparon el 8% de su performance en campo. Los metros recorridos se distribuyeron de la siguiente manera: 6206 a baja intensidad, 2087 a una intensidad media y 2087 metros los ejecutó en intensidades altas, completando un volumen total de 10618 metros en casi 98' de juego. La máxima velocidad alcanzada fue de 25.24 km/h y realizó 19 sprints en total durante el partido.

DESEMPEÑO DEL MEDIOCAMPISTA DE ROSSI (ITALIA)	1era. MITAD	2da. MITAD	TOTALES DEL JUGADOR	TOTALES DEL EQUIPO	PROMEDIO DEL EQUIPO
TIEMPO TOTAL JUGADO (MIN)	47'20"	50'05"	97'25"	97'25"	---
ACTIVIDADES DE BAJA INTENSIDAD (%)	78%	83%	81%	84%	---
ACTIVIDADES DE MEDIA INTENSIDAD (%)	13%	11%	11%	8%	---
ACTIVIDADES DE ALTA INTENSIDAD (%)	9%	6%	8%	8%	---
DISTANCIA RECORRIDA (METROS)	5,493	5,125	10,618	110,458	9,363
ACTIVIDADES DE BAJA INTENSIDAD EN METROS RECORRIDOS	3,025	3,181	6,206	66,731	5,627
ACTIVIDADES DE MEDIA INTENSIDAD EN METROS RECORRIDOS	1,272	1,053	2,325	18,807	1,635
ACTIVIDADES DE ALTA INTENSIDAD EN METROS RECORRIDOS	1,196	891	2,087	24,920	2,101
VELOCIDAD MÁXIMA (KM/H)	23.58	25.24	25.24	29.95	27.00
SPRINTS	9	10	19	301	30

En las últimas dos columnas encontramos las estadísticas del equipo donde vemos que la Selección de Italia en los 97'25" de duración del partido equipo entero tuvo una intensidad baja del 84%, en media intensidad el 8%, mientras que las acciones de alta intensidad de los futbolistas de campo fue del 8%.

Los metros totales recorridos por todo el equipo (no se toma en cuenta al portero) fueron 110 458 y se distribuyeron de la siguiente manera: 66 731 a baja intensidad, 18 807 a una intensidad media y 24 920 metros ejecutados en intensidades altas. La máxima velocidad alcanzada por el equipo fue de 29.95 km/h, con un promedio equipo de 27.00 km/h y los jugadores de campo ejecutaron 301 sprints en total durante el partido.

Como aspecto técnico predominante notamos la gran utilización del fundamento del pase, esto también varía según el rol en el campo de juego. Jugadores en posición de mediocampistas centrales como De Rossi y Pirlo llegan a realizar más de cien pases en un partido, vale detallar que estas acciones técnicas tienen una duración de tiempo mínimas, muchas de ellas resueltas en un control y pases (dos tiempos) y otras realizadas con un solo toque de balón. En cambio, los futbolistas ingleses, ambos atacantes, realizaron menos de treinta pases cada uno en todo el partido, ejecutando tres tiros al arco cada uno de ellos por su posición táctica de ataque.

Cuadros de distancias y porcentajes de intensidad (Daniele De Rossi-Italia)

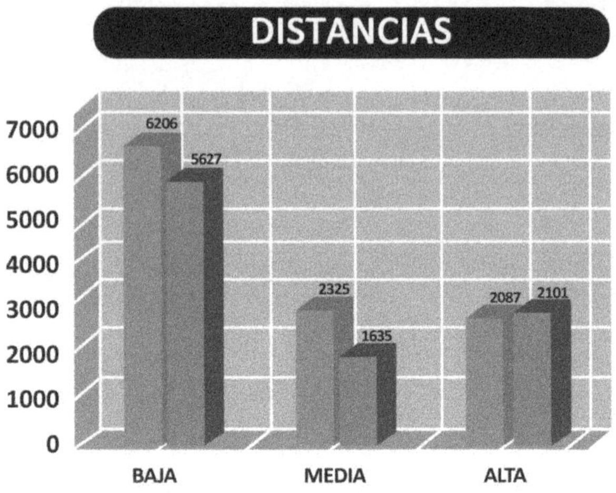

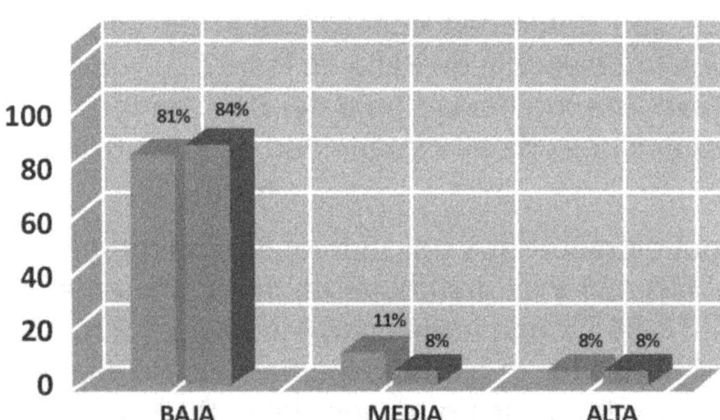

**En las columnas de color negro las distancias e intensidades promedio del equipo y en color gris las distancias e intensidades promedio recorridas por el mediocampista De Rossi en partido Italia-Inglaterra, Mundial FIFA Brasil 2014.*

Ahora bien si analizamos el funcionamiento del atacante de la *Selección de Alemania* en su desempeño físico durante el partido de primera fase Alemania-Portugal del Mundial 2014 observamos que en los 83'15" que estuvo en cancha el porcentaje de actividades a baja intensidad fue del 78%, en media intensidad el 9%, mientras que las acciones de alta intensidad ocuparon el 13% de su *performance* en campo. Los metros recorridos se distribuyeron de la siguiente manera: 5445 a baja intensidad, 1759 a una intensidad media y 3411 metros los ejecutó en intensidades altas, completando un volumen

total de 10 615 metros en los 83' de juego hasta ser reemplazado. La máxima velocidad alcanzada fue de 29.05 km/h y realizó 47 sprints en total durante el partido. Un perfil muy distinto al del mediocampista italiano analizado con anterioridad.

DESEMPEÑO DEL DELANTERO MULLER THOMAS (ALEMANIA)	1era. MITAD	2da. MITAD	TOTALES DEL JUGADOR	TOTALES DEL EQUIPO	PROMEDIO DEL EQUIPO
TIEMPO TOTAL JUGADO (MIN)	47'05"	36'10"	83'15"	94'05"	---
ACTIVIDADES DE BAJA INTENSIDAD (%)	75%	78%	76%	82%	---
ACTIVIDADES DE MEDIA INTENSIDAD (%)	11%	9%	11%	9%	---
ACTIVIDADES DE ALTA INTENSIDAD (%)	14%	13%	13%	9%	---
DISTANCIA RECORRIDA (METROS)	6,195	4,420	10,615	111,651	9,653
ACTIVIDADES DE BAJA INTENSIDAD EN METROS RECORRIDOS	3,094	2,351	5,445	63,200	5,330
ACTIVIDADES DE MEDIA INTENSIDAD EN METROS RECORRIDOS	1,049	710	1,759	19,146	1,719
ACTIVIDADES DE ALTA INTENSIDAD EN METROS RECORRIDOS	2,052	1,359	3,411	29,305	2,604
VELOCIDAD MÁXIMA (KM/H)	29.05	26.50	29.05	32.29	27.65
SPRINTS	28	19	47	318	31

Cuadros de distancias y porcentajes de intensidad (Thomas Müller – Alemania)

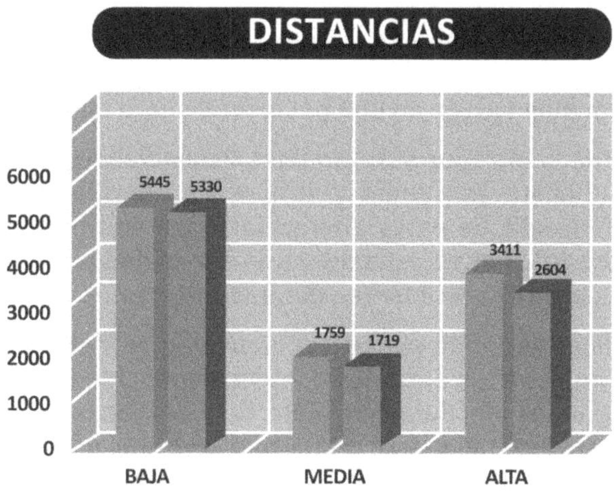

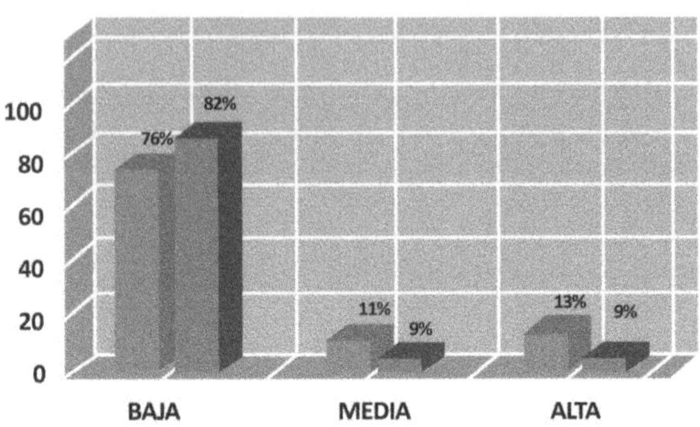

**En las columnas de color negro las distancias e intensidades promedio del equipo y en color gris las distancias e intensidades promedio recorridas por el atacante Thomas Mûller en el partido Alemania-Portugal, Mundial FIFA Brasil 2014.*

Por último, si analizamos al futbolista holandés Robben durante el partido contra España de la primera fase del Mundial 2014 encontramos un perfil de actividad muy diferente al de un mediocampista o de un atacante centro. El futbolista recorrió 10283 metros ya que es un jugador integral y con gran compromiso de equipo, por momentos llegando hasta posiciones de defensa. Realizó veinte pases correctos, tres tiros al arco y dos balones recuperados alcanzando una velocidad máxima de 31.03 km/h y un total de 64 sprints ejecutados a alta velocidad (33 sprints en el primer tiempo y 31 sprints en el segundo). Un índice que marca la gran capacidad de ejecutar acciones de alta intensidad durante todo el juego, mucho más que los realizados por el italiano De Rossi quién juega en una posición distinta como ya estudiamos.

Todos los datos analizados son variables dependiendo de: tipo del partido, posición del futbolista en campo y el nivel de los diferentes jugadores y equipos, pero más allá de estas diferenciaciones nos brindan información interesante sobre volúmenes, variaciones de intensidades y acciones técnicas que futbolistas de elite experimentan durante una competencia de este nivel.[2]

Para ejemplificar aún más el perfil de actividad del futbolista exponemos un gráfico que muestra las acciones e intensidades que un futbolista realiza durante 90 segundos de duración. Este tipo de acciones y movimientos reiteradas durante la totalidad de un partido de fútbol completo hace que el fútbol tenga las demandas fisiológicas arriba descriptas:

---

2 Datos e información extraída de la web oficial de la Federación Internacional de Fútbol Asociado (FIFA).

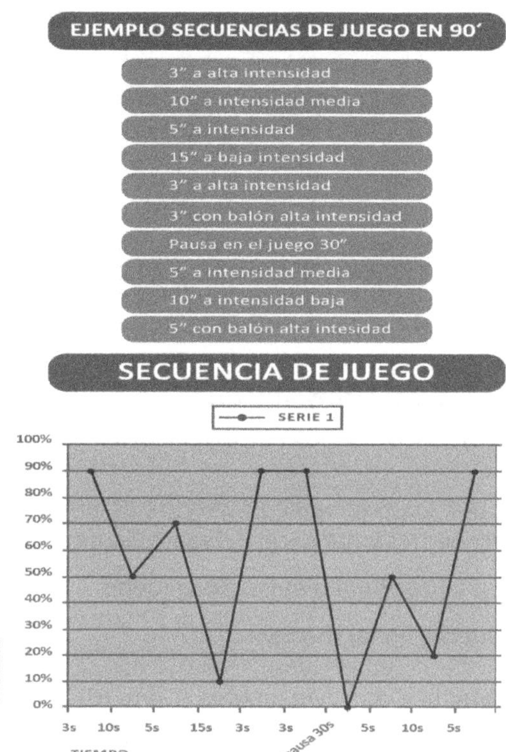

METODOLOGÍAS DE ENTRENAMIENTO PARA LA ETAPA JUVENIL Y PROFESIONAL

En relación a todo lo expresado debemos decir que los diferentes aspectos físicos del futbolista pueden y deben desarrollarse a través de una gran diversidad de métodos de entrenamiento.

En toda la duración de la etapa juvenil hasta el fútbol profesional es importante que los jóvenes experimenten la mayor cantidad de medios de entrenamiento para las diferentes cualidades físicas y técnico-tácticas, esto ayudará al desarrollo multifacético del joven futbolista.

La elección de los mismos así como la dosificación depende de algunos factores como la edad del futbolista y el momento de la etapa del año (preparación o competencia).

Métodos Entren. / Fases Juvenil	Situación Standard	Situación Funcional	Situación Competencia	Entren. Táctico	Fuerza Velocidad Circuitos Niveles 1 A 8	Resistencia Métodos RSA Intermitentes Otros
Fase Juvenil 1 (13-14 años)	XX	XX	X	X	XX	X
Fase Juvenil 2 (15-16 años)	XX	XX	XX	XX	XXX	XX
Fase Juvenil 3 (17-20 años)	X	XX	XXX	XXX	XXX	XXX

MÉTODOLOGÍA DE ENTRENAMIENTO DE LA RESISTENCIA EN EL FÚTBOL

Debajo presentamos los principales métodos de entrenamiento utilizados en el proceso juvenil-profesional para el desarrollo de la resistencia:

- Método situacional o aplicado al juego.
- Intermitente lineal (Bangsbo).
- Intermitente a dos velocidades (Cometti).
- Intermintente variado (5'' - 10'' - 15'' - 20'').
- Intermintente específico técnico-táctico (Bangsbo).
- Intermitente secuencial (Cometti).
- Intermitente de fuerza (Cometti).
- Continuos, CCVV (Bosco), Intervalado.
- RSA: Repeated Sprint Ability.

EL MÉTODO INTERMITENTE

El método intermitente, por las características del esfuerzo, es el tipo de entrenamiento de la resistencia que más relación posee con el perfil del fútbol. Por supuesto, es a través de los juegos y entrenamientos situacionales la manera más específica de desarrollar la resistencia, pero si hablamos de medios de entrenamiento tradicionales o puros, este tipo de trabajo tiene puntos de contacto directos sobre todo con la relaciones: trabajo-pausas-esfuerzos-intensidades las cuales se pueden organizar de manera tal recreando el modelo de prestación del fútbol en parámetros cuantitativos.

El ejercicio intermitente representa tiempos cortos de esfuerzo y pausas que oscilan en una proporción de 1:1, 1:2 y 1:3 con respecto a los tiempos de acción, por ejemplo 10" de trabajo x 20" de pausa. Justamente una de las ventajas del método es que los tiempos de recuperación entre cada esfuerzo podemos implementar diferentes tipos de pausas: pasiva o activa. Dentro de las pausas activas podemos programar pausas caminando, con ejercicios de elongación, trotes lentos, ejercicios de fuerza preventiva, acciones técnicas con balón de baja intensidad, etc.

Con referencia a los momentos de esfuerzo, también el método intermitente nos ofrece grandes ventajas ya que podemos programar gran variedad de actividades tales como: carreras lineales, en slalom, con cambios de dirección, recorridos con acciones coordinativas de baja complejidad, ejercicios de fuerza y diferentes acciones técnicas con el balón.

Desde el punto de vista fisiológico las ventajas del método también son varias, por ejemplo: permite desarrollar diferentes niveles de capacidad aeróbica (Bangsbo habla de trabajo aeróbico bajo, medio y alto) dependiendo de la intensidad, volumen y dosificación de la carga y además por el tipo de esfuerzo los futbolistas alcanzan tensiones musculares superiores y un mayor reclutamiento de fibras rápidas.

El Doctor Roberto Peidró afirma en uno de sus trabajos que la frecuencia cardíaca es un excelente indicador de esfuerzo para el control del ejercicio intermitente.

ESFUERZO INTERMITENTE ESPECÍFICO O SITUACIONAL

Una posibilidad que nos permite el método en formato intermitente es realizar driles físico-técnico-tácticos recreando situaciones de juego en régimen de trabajo y pausa muy similar al juego (ver tipos de situación estándar y funcional).

Por medio de estas situaciones de juego en régimen de intermitencia los músculos son entrenados en modo similar al juego. Los elementos técnico-tácticos son entrenados durante condición física estresante, además de un desarrollo paralelo de las capacidades técnico-tácticas tan importantes en este deporte debido a que los futbolistas ejecutan acciones y movimientos específicos típicos de cada puesto.

Debajo brindamos dos ejemplos de entrenamiento situacional para la aplicación de esta práctica intermitente:

1. ***Protocolo intermitente situacional 1:***
    - Ejercicio situación funcional: defensores (2) vs. mediocampistas ofensivos y atacantes (3).
    - Número de secuencias: 2.
    - Secuencia 1: situación de ataque-defensa 2 vs. 1 + arquero desde mitad de campo.
    - Duración secuencia 1: 7"situación + 5" regreso a ritmo alto a punto de inicio.
    - Fase de recuperación: 10" a 20".
    - Secuencia 2: situación de ataque-defensa 3 vs. 2 + arquero desde mitad de campo (se suman dos futbolistas, uno por rol).
    - Duración secuencia 2: 10" situación + 5" regreso a ritmo alto a punto de inicio.
    - Fase de recuperación: 10" a 20".
2. ***Protocolo intermitente situacional 2:***
    - Ejercicios situación funcional: defensores (3) vs. mediocampistas ofensivos y atacantes (4).
    - Número de secuencias: 2.
    - Secuencia 1: situación de ataque-defensa 2 vs. 1 + arquero desde mitad de campo.
    - Duración secuencia 1: 10" situación + 5" regreso a ritmo alto a punto de inicio.
    - Fase de recuperación: 15" a 30".
    - Secuencia 2: situación de ataque-defensa 4 vs. 3 + arquero desde mitad de campo (se suman dos futbolistas, uno por rol).
    - Duración secuencia 2: 12" situación + 5" regreso a ritmo alto a punto de inicio.
    - Fase de recuperación: 10" a 30".

Los tiempos de acción y tiempos de pausa dependen de la orientación física que busquemos en cada entrenamiento. A menor tiempo de pausa mayor exigencia tendrá el ejercicio intermitente-situacional.

Un buen controlador del esfuerzo físico de este tipo de ejercitaciones técnico-tácticas en régimen intermitente es la frecuencia cardíaca.

Otra de las bondades del método intermitente es que nos permite realizar diferentes tipos de organización e inclusión de actividades diversas dentro del entrenamiento con obetivos y efectos fisiológicos distintos tanto desde lo aeróbico o metabóico como desde el punto de vista neuromuscular. Debajo algunos ejemplos de protocolos utilizados del método intermitente y sus variantes:

MÉTODO INTERMITENTE LINEAL CLÁSICO

- Diversos tipos: 15'' x 15'' / 20''x 20'' / 10''x 20'' / 15''x 30''.
- Duración bloque: 6' a 15'.
- Velocidad de carrera: superior a la máxima aeróbica.
- Número de bloques: de 2 a 6.
- Recuperación entre bloques: 2' a 4-5'.

MÉTODO INTERMITENTE VARIADO

- Se intercalan tiempos variados de carrera. Ej: (5"x 5"+ 10"x 10"+ 15"x 15"+ 20"x 20")
- Bloques de 6' a 12'.

MÉTODO INTERMITENTE DE FUERZA

- Se realizan tiempos de trabajo similares al intermitente con ejercicios de fuerza (saltos, coordinación, squats + carrera).

MÉTODO INTERMITENTE A DOS VELOCIDADES

- Se realizan esfuerzos de 10-15'' x 15-20'' de pausa, descompuestos en dos fases. Ej: 20 metros a velocidad máxima + 40 metros de carrera al 60-70% + 15'' de pausa.

MÉTODO INTERMITENTE SECUENCIAL

- Resistencia especial, potencia, velocidad.
- Duración: 4-6 bloques x 2-3'.
- Intensidad variada: 100% x 30-40% (140-170 FC).
- Períodos cortos de alta x recuperación baja.
- Efecto fisiológico: utilización de fibras explosivas, mejora de la resistencia a la fuerza rápida.

MÉTODO DE ENTRENAMIENTO RSA (*REPEAT SPRINT ABILITY*)

El método RSA se puede definir como la capacidad de repetir sprints a máxima intensidad durante todo el partido. El fútbol es un deporte de perfil intermitente donde se alternan fases de alta intensidad con tiempos de recuperación variables.

El futbolista que sea capaz de mantener un alto rendimiento de carreras y acciones de alta intensidad en una mayor cantidad de tiempo tendrá más posibilidades de reaccionar a estímulos dentro del partido y de tener una participación óptima en cada intervención técnica y táctica.

Este medio de entrenamiento posee características mixtas ya que combinan ejercicios de intensidad de alto reclutamiento muscular y esfuerzos con perfil metabólico. Desde el punto de vista neuromuscular, este tipo de metodología desarrolla la potencia muscular y la velocidad dentro de un régimen de resistencia.

Podemos definirla como la habilidad para repetir sprints o piques máximos de forma intermitente. Esta situación se repite continuamente durante un partido de futbol, en las acciones explosivas de máxima intensidad siendo diferente la exigencia en función del nivel y puesto de juego.

Diversos estudios han demostrado la influencia determinante del metabolismo aeróbico en estas prestaciones. La valoración de esta capacidad permite discriminar jugadores amateurs de profesionales, pudiendo encontrar similitud en la velocidad de desplazamiento pero no en la resistencia a la velocidad.

Consideraciones metodológicas: En función del marco teórico descripto desde el punto de vista metodológico al momento de programar la RSA debemos considerar lo siguiente.

Volumen total: se propone no superar los 300 - 400 m totales, divididos en 6 a 8 repeticiones, para evitar fatiga excesiva que desvirtúe el entrenamiento y también impedir que el jugador dosifique su esfuerzo, con una prestación submáxima para cumplir con la totalidad del recorrido.

Duración de las repeticiones: se debe permitir que las repeticiones tengan intensidad máxima buscando la mayor especificidad posible en la naturaleza del esfuerzo, la problemática en el fútbol se produce que no se deberían incluir distancias mayores a 10 a 20 m, pero estas distancias incrementarían significativamente el número de sprints necesarios para alcanzar el volumen total de metros, con los inconvenientes descriptos en el punto anterior. Por ello, se recomienda usar distancias de 20 a 40 m, que si bien no son específicas del fútbol con una duración de 4.5 a 6 segundos. Una duración mayor a 7 no es conveniente debido que a partir de allí hay preponderancia del metabolismo anaeróbico láctico.

Duración de la pausa: la misma no debe permitir la recuperación total de los sustratos involucrados en el esfuerzo, se propone una relación trabajo/esfuerzo de 1:4, 1:5 o 1:6, lo que equivale a 5'' a 6'' de trabajo, con 20'' a 35'' de recuperación. Lo que permite que transcurra la fase rápida de recuperación de la creatina.

Un ejemplo de entrenamiento RSA:

- Una serie de 10 aceleraciones para una distancia de diez metros con tres metros de freno y arranque y con una micro pausa entre las repeticiones de aproximadamente 30 segundos.
- Después de una pausa macro de 2-3 minutos, introducimos 15 aceleraciones para una distancia de 15 metros con 3 metros de *stop* y con un micro durante unos 45 segundos.
- Después de una pausa macro de 3 minutos, otros 10 aceleraciones para una distancia de 20 metros, con alrededor 4 metros de freno y con una micropausa durante unos 60 segundos.
- Vale aclarar que el protocolo de entrenamiento mostrado es un ejemplo pero no debe ser utilizado de manera standard sino que los aspectos cuantitativos dependen del nivel del entrenamiento y edad de los futbolistas.

Una de las ventajas del método RSA, además de su especificidad, es que pode-mos programar diferentes tipos de entrenamientos dependiendo de la orientación fisiológica que busquemos como objetivo, debajo detallamos tres formas distintas de sesión de entrenamiento RSA.

TIPOS DE ENTRENAMIENTO *REPEAT SPRINT ABILITY* (RSA)

Método RSA corto:

- Número de bloques: 3-4.
- Duración del bloque: 3'-5'.
- Número de repeticiones: 5 a 10.
- Intensidad: máxima.
- Acciones: sprint-freno-sprint.
- Fases de acción: 3"-4".
- Pausas micro: 20" a 30".
- Relación: 1-6.

Método RSA predominante neuromuscular:

- Número de bloques: 5-6.
- Duración del bloque: 5'-6'.
- Número de repeticiones: 10 a 15.
- Intensidad: máxima.
- Acciones: sprint-freno-sprint + saltos-frenos-coordinación.
- Fases de acción: 4"-5".
- Pausas micro: 20"-25".
- Relación: 1-4.

Método RSA predominante aeróbico:

- Número de bloques: 5-6.
- Duración del bloque: 7''-10'.
- Número de repeticiones: 15 a 20.
- Intensidad: máxima.
- Acciones: sprint-freno-sprint-carreras.
- Fases de acción: 4"- 5".
- Pausas micro: 30" - 50".
- Relación: 1-10.

MÉTODOS CONTINUOS E INTERVALADOS

Los métodos continuos y los intervalados o fraccionados forman parte de la programación didáctica de contenidos del proceso juvenil, sólo que el porcentaje de utilización será menor debido a que se trata de metodologías poco específicas para este deporte que se focalizan más en la capacidad y potencia aeróbica y no en los aspectos neuromusculares, además de la imposibilidad por su formato de ser combinados con actividades técnico-tácticas.

Pero esto no significa que se los deba denostar o archivar como medios de entrenamiento pasados o anticuados, de ninguna manera ya que en determinados momentos de la temporada deportiva son muy útiles para conseguir ciertas adaptaciones, conseguir elevar el nivel de VO2 y/o como tareas de regeneración.

Además, como ya mencionamos con antelación, es importante que el futbolista experimente todos los tipos de métodos existentes en su etapa formativa.

Cuando hablamos de método continuo podemos detallar sus subtipos:

- Continuo extensivo (8 a 10 km)
- Continuo medio (5 a 8 km)
- Continuo corto (2-3 a 5 km)
- Continuo variable (2-5 km recorridos con variaciones de velocidades)

Otro método ejecutado en manera continua por bloques de trabajo es la conocida Carrera con Variación de la Velocidad (CCVV) de Carmelo Bosco, un ejercicio que conjuga estímulo aeróbico con acciones de máxima velocidad.

Si nos referimos al método intervalado encontramos los siguientes subtipos:

- Intervalado largo (salidas x 800 a 1000 metros).
- Intervalado medio (salidas x 500 a 700 metros).
- Intervalado corto o intenso (salidas x 100 a 400 metros).

MÉTODOS PARA EL DESARROLLO DE LOS DIFERENTES TIPOS DE FUERZA EN EL FÚTBOL

METODOLOGÍA DE ENTRENAMIENTO DE LA FUERZA (8 NIVELES DE COMPLEJIDAD)

A lo largo de estos años de experiencia de entrenamiento en fútbol infantil y juvenil hemos desarrollado una metodología de prácticas de los aspectos neuromusculares y diferentes tipos de fuerza que deben entrenarse en el fútbol en sus distintas etapas.

Se trata de un sistema de entrenamiento que cuenta con ocho niveles de complejidad progresivo posible de utilizar desde los diez hasta los veinte años, incluso en fútbol profesional. A cada fase evolutiva le corresponden

diferentes niveles de complejidad. Los niveles están determinados por los tipos de acciones (diferentes saltos, sprints, frenos, ejercicios coordinativos, etc) y por el número de secuencias que componen cada circuito.

Esta programación sistemática a través de las diferentes fases evolutivas fue desarrollada y experimentada mediante un período de investigación en campo de más de siete años en el cual hemos estudiado las ejercitaciones adecuadas para cada edad con la dosificación de las mismas.

Los niveles de complejidad son distribuidos en tres etapas bien marcadas del desarrollo infantojuvenil.

Esta forma de organizar la progresión de las tareas de fuerza por diversos niveles no es completamente rígida sino que brinda una posibilidad de insertar todo tipo de ejercicios relacionados a las distintas manifestaciones de fuerza y sus subtipos: fuerza-explosiva, fuerza-rápida, fuerza-resistencia, fuerza-potencia, fuerza-máxima, fuerza-preventiva, fuerza zona core.

La complejidad viene marcada por la utilización o no de las actividades esco-gidas dentro de los diferentes niveles de dificultad, así como su dosificación (X = Estímulo bajo, XX = Estímulo medio, XXX = Estímulo alto).

Para la confección de los diferentes niveles de fuerza hemos elegido 16 parámetros de entrenamiento que se combinan en los circuitos y que, como ya mencionamos, no son los únicos dentro de la metodología de fuerza.

Los 16 parámetros utilizados son:

1. Saltos frontales.
2. Saltos laterales.
3. Altura de salto baja < 20 cm.
4. Altura de salto media < 40 cm.
5. Altura de salto alta < 60 cm.
6. Saltos con carga.
7. Salto unipodal.
8. Salto bipodal.
9. Sprint < 10 metros.
10. Acciones de freno (stop) y cambios de dirección.
11. Coordinación/Frecuencia.
12. Propiocepción + zona core.
13. Ejercicios de potencia.
14. Trineo – cuestas.
15. Acciones técnicas.
16. Número de secuencias del circuito (1 a 5).

Es difícil en este tipo de metodología mixta, donde se combinan ejercicios con diferentes orientaciones, que se produzca el estímulo de un solo tipo de fuerza. Pero consideramos que ese es un aspecto positivo dentro del entrenamiento y desarrollo de la fuerza bajo este formato de organización.

El fútbol es un deporte donde interactúan dentro del mismo juego diferentes manifestaciones de fuerza; por ello, es muy difícil "aislar", con este método de trabajo por circuitos, el entrenamiento de una cualidad. Pero además consideramos que es beneficioso que en toda práctica de fuerza se programe una dominante de la sesión de entrenamiento sin prescindir de pequeños estímulos de otros tipos de fuerza emergentes que aparecen de manera natural y potencian y optimizan el circuito.

La elección en la programación de: intensidades, cargas, tipos de ejercicios, tipos de saltos, número de secuencias, tiempos de acción, tiempos de micro y macro pausa, y cantidad de repeticiones y series por circuito determinarán el tipo de fuerza dominante de la sesión del entrenamiento. La cual estará condicionada por la edad, el nivel de los futbolistas, las diferentes etapas de la temporada deportiva y sus subfases: fase de preparación pre-campeonato (ATR) y etapa competitiva.

NIVELES COMPLEJ.	SALTO FRONTAL	SALTO LATERAL	ALT. BAJA	ALT. MEDIA	ALT. ALTA	SALTO C/CARGA	SALTO UNIP	SALTO BIPOD.	SPINT <10MTS.	FRENO STOP	COORD. FREC.	PROP. CORE	EJERC. POT.	TRINEO CUESTAS.	ACC. TECN.	N° SEC.
Nivel I	x	x	xxx	-	-	-	x	x	x	x	x	x	-	-	x	2
Nivel II	xx	x	xx	x	-	-	x	xx	x	x	xx	xx	-	-	xx	2
Nivel III	xxx	xx	xx	xx	-	-	xx	xx	xx	xx	xx	xx	-	-	xxx	2
Nivel IV	xx	xx	xx	xxx	x	-	xx	xx	xx	xx	xxx	xxx	x	x	x	3
Nivel V	xx	xxx	xx	xxx	xx	x	xx	xxx	xx	xx	xxx	xxx	xx	xx	xx	3
Nivel VI	xxx	xxx	xx	xxx	xx	xx	xxx	xx	xxx	xxx	xx	xxx	xx	xx	xxx	4
Nivel VII	xxx	xxx	xx	xx	xxx	xx	xxx	xx	xxx	xxx	xxx	xxx	xxx	xx	xxx	4
Nivel VIII	xx	xxx	xx	xx	xxx	xxx	xxx	xxx	xxx	xxx	xxx	xxx	xxx	xxx	xxx	5

Debajo presentamos un cuadro con el entrenamiento de los diferentes tipos de fuerza en el fútbol según las diferentes fases madurativas:

FASES MADURATIVAS	FUERZA EXPLOSIVA	FUERZA POTENCIA	FUERZA RESISTENCIA	RESISTENCIA FUERZA RÁPIDA	FUERZA MÁXIMA	FUERZA PREVENTIVA
FASE INFANTIL 3 (10-13 AÑOS)	x	-	x	-	-	x
FASE JUVENIL 1 (13-14 AÑOS)	xx	x	x	x	-	xx
FASE JUVENIL 2 (15-16 AÑOS)	xxx	xx	xx	xx	x	xxx
FASE JUVENIL 3 (17-20 AÑOS)	xxx	xxx	x	xxx	xx	xxx

Destacamos que cuando mencionamos la fuerza-máxima nos estamos refi-riendo a un desarrollo moderado de esta cualidad, ya que en el fútbol no son necesarios niveles de fuerza altos.

En este deporte son más importantes (como detallamos en el cuadro) desarrollar los niveles de fuerza explosiva (muy relacionada a la cualidad de velocidad), resistencia a la fuerza rápida y fuerza potencia; además de un constante estímulo de todos los aspectos del entrenamiento que conforman la fuerza preventiva (core training, propiocepción y equilibrio funcional).

EJEMPLO DE PROGRAMACIÓN Y COMBINACIÓN DE ACTIVIDADES, ACCIONES, SALTOS Y EJERCICIOS EN LOS CIRCUITOS SEGÚN EL NÚMERO DE SECUENCIAS

Debajo presentamos, a modo de ejemplo, dos formas de planificar los circuitos. Dependiendo del número de secuencias las posibilidades que nos permite la metodología son varias.

Formato de organización 1:

CIRCUITOS Y N° SECUENCIAS	ACCIONES-ACTIVIDADES-EJERCICIOS DE FUERZA
CIRCUTO DE 1 SECUENCIA	EJERCICIOS DE COORDINACIÓN Y FRECUENCIA
CIRCUITO DE 2 SECUENCIAS	EJERCICIOS DE COORDINACIÓN + SPRINT < 10 M
CIRCUITO DE 3 SECUENCIAS	COORDINACIÓN + SPRINT < 10 MTS. + ACCIONES TÉCNICAS
CIRCUITO DE 4 SECUENCIAS	COORDINACIÓN + SPRINT + ACCIONES TÉCNICAS + CORE
CIRCUITO DE 5 SECUENCIAS	EJ. POTENCIA + COORDINACIÓN + SPRINT + ACCIONES TÉCNICAS + CORE

Formato de organización 2:

CIRCUITOS Y N° SECUENCIAS	ACCIONES-ACTIVIDADES-EJERCICIOS DE FUERZA
CIRCUTO DE 1 SECUENCIA	EJERCICIOS DE COORDINACIÓN Y FRECUENCIA
CIRCUITO DE 2 SECUENCIAS	EJERCICIOS DE COORDINACIÓN + SALTOS BAJOS BIPODALES
CIRCUITO DE 3 SECUENCIAS	COORDINACIÓN + SALTOS BAJOS + SPRINT < 10 M
CIRCUITO DE 4 SECUENCIAS	TRINEO + COORDINACIÓN + CORE + SALTOS MEDIOS UNIPODAL
CIRCUITO DE 5 SECUENCIAS	EJ. POTENCIA + TRINEO + CORE + SPRINT + ACCIONES TÉCNICAS

Existen otras formas de combinar este tipo de metodología. Con la elección de ejercicios y medios de entrenamiento que ofrece toda la metodología del desarrollo de fuerza, solo mostramos dos.

Aclaramos que es complicado insertar el valioso método de cuestas dentro de la estructura organizativa de un circuito de 3 o 5 secuencias, pero por la importancia que posee el método de fuerza en pendientes de 15° a 20° aconsejamos combinar estímulos de cuestas (200-300 metros) con estímulos subsiguientes de circuitos de fuerza en la misma sesión de entrenamiento neuromuscular. Es decir, que luego de un trabajo de cuestas que puede conllevar una duración de 20'-25', es muy productivo introducir un trabajo de fuerza en formato de circuito con todas las variantes de acciones y ejercicios estudiados.

ENTRENAMIENTO CORE Y PROPICOCEPCIÓN COMO BASE DEL TRABAJO DE FUERZA

Desarrollo de la musculatura core: Los futbolistas ejecutan una inmensa cantidad de movimientos en diferentes planos de acción durante un partido. Esto hace que tenga una gran importancia la construcción de la zona media del cuerpo como base del entrenamiento de la fuerza y otras cualidades. El término 'core' se refiere a la zona media del cuerpo, el tronco y sus relaciones con la pelvis y la cintura escapular.

Las articulaciones de la columna pueden rotar y moverse alrededor de los 3 ejes de los 3 planos frontal, sagital y horizontal. En entrenamiento de la zona core focaliza su objetivo en fortalecer y darle movilidad a todas las articulaciones del tronco para ello debemos realizar ejercicios que activen los músculos espinales profundos y los de la pared abdominal.

La función principal de los abdominales es estabilizar la columna lumbar e iniciar el movimiento en el tronco, regulando el movimiento relativo a la pelvis y al tórax. El fortalecimiento de los extensores de la columna es otro de los objetivos del método core.

Para una correcta sesión de entrenamiento, Mc. Gill recomienda comenzar todo programa de core training o estabilidad con una serie de movimientos de calentamiento de flexión y extensión de columna. Esto se realiza como un ejercicio de movilidad general, para aliviar las tensiones en la columna vertebral, tipo ejercicio de rolidos. También se recomienda realizar movilidad general de columna, con movimientos en todos los planos: flexiones, extensiones, inclinaciones laterales y rotaciones en forma acostada.

Algunos ejercicios para el fortalecimiento de la zona core:

Las planchas son ejercicios que se realizan con el propio cuerpo sobre colcho-netas, en césped natural o superficies blandas donde se mantiene una posición estática de plancha o puente en todo el cuerpo, tronco y extremidades, y con la contracción isométrica de todos los músculos implicados. Estos movimientos estimulan al máximo el cuadrado lumbar y los oblicuos con contracción del grupo espinal y el transverso abdominal. Para sostener la posición correctamente, los músculos intrínsecos de la columna deberán contraerse rodeando el tronco para sostener la columna como una unidad, desde la cintura escapular hasta los pies.

Plancha abdominal: posición inicial de rodillas, con apoyo de codos. El ejercicio consiste en ir extendiendo las rodillas y con apoyo de pies, bajar la pelvis a la altura de los hombros formando una línea recta entre la cabeza, la pelvis y los pies. Sostener aproximadamente 10 segundos y repetir. La posición se sostiene por contracción isométrica de los abdominales.

Plancha lateral: posición inicial decúbito lateral, con las rodillas flexionadas a 90º. Manteniendo un total control del tronco, el ejercicio consiste en empujar desde el codo, levantando el tronco en plancha desde el piso. La otra mano se apoya en el tronco. Sostener alrededor de 10 segundos. Se sostiene la posición lateral del tronco y piernas, por contracción de los músculos laterales del tronco, especialmente el cuadrado lumbar, los abductores de cadera y también hay una gran participación de los músculos del hombro. Se puede realizar con apoyo de codos o de manos. También podemos variar el apoyo de pie aumentando la intensidad del ejercicio.

En la foto debajo, el futbolista del centro realiza un ejercicio de plancha con apoyo de antebrazos y un solo pie para fortalecimiento de zona media, mientras los jugadores de ambos costados ejecutan tareas de propiocepción y equilibrio funcional.

Glúteo en plancha: posición inicial decúbito dorsal, con apoyo hombros y pies, con rodillas flexionadas y los talones cerca de la cola. Se eleva la pelvis por contracción de espinales y glúteos. Se puede mantener la plancha o buscar el arco, logrando así mayor amplitud. Sostener por diez segundos y repetir.

Plancha espinal: es similar al glúteo en plancha, pero el apoyo está en los pies, manteniendo las rodillas extendidas. Se puede realizar apoyando los codos o las manos, para mayor intensidad. El sostén del tronco lo realizan los espinales y glúteos.

Debajo el grupo de músculos que participan en la musculatura core:

Músculos estabilizadores locales: Interespinal, Intertransverso, Multífido, Iliocostal lumbar, Transverso abdominal, Oblicuo interno, Cuadrado lumbar.

Músculos estabilizadores generales: Recto abdominal, Oblicuo interno, Oblicuo externo, Cuadrado lumbar, Intercostal, Longisismo del tórax.

Además de los ejercicios de planchas descriptos para el fortalecimiento de la zona media, también podemos entrenar con algunos elementos de fácil traslado al campo como lo son las bandas elásticas, el fitball y el dispositivo TRX el cual puede utilizarse tanto para el apoyo de manos y pies, aparte de desarrollar la musculatura del tren superior en general.

EL ENTRENAMIENTO DE LA PROPIOCEPCIÓN

El desarrollo de la propiocepción y el control neuromuscular está relacionado a la mejora del rendimiento deportivo y también a la prevención de lesiones. Los ligamentos tienen propiedades sensoriales dadas en gran parte por mecano-receptores y terminales nerviosas que responden a diferentes vectores de fuerza transmitiendo información a estructuras estabilizadoras de las articulaciones.

Los objetivos del entrenamiento propioceptivo:

- El desarrollo neuroperceptivo.
- La educación neuro-psicomotora funcional.
- Optimizar la coordinación óculo-manual.
- Mejorar la estimulación de los mecanorecptores.
- Optimizar la estabilización dinámica.

Debajo en la foto un entrenamiento en circuito con ejercicios de propioccepción y fortalecimiento de la zona media (core training).

MÉTODOS PARA EL DESARROLLO DE LA FUERZA-POTENCIA

El entrenamiento de la fuerza y los subtipos conocidos (explosiva, rápida, resistencia, potencia, máxima) son relevantes en la formación física del joven futbolista. Cada una de las cualidades de fuerza mencionados tendrán un

lugar dentro de la planificación de la etapa juvenil dependiendo de la fase madurativa que se encuentre el joven. Pero es importante remarcar que el futbolista en formación debe experimentar la mayor cantidad de métodos de entrenamiento de la fuerza para alcanzar los objetivos planificados.

Ejercicios en gimnasio de fuerza general, ejercicios dinámicos, ejercicios de saltos (pliometría), cuestas, trineos, ejercicios funcionales con la herramienta TRX, tensores de potencia, circuitos combinados (ver tabla de metodología de la fuerza) deben ser utilizados durante todo el período juvenil dosificando: cargas, volúmenes e intensidades en relación a las tres fases de maduración de este período.

Objetivos en el entrenamiento de fuerza en la etapa juvenil:

- Desarrollo de una masa muscular óptima.
- El exceso de masa muscular puede perjudicar la velocidad de desplazamiento del futbolista.
- Potenciar la fuerza necesaria para el deporte.
- A través del trabajo de fuerza evitar desequilibrios musculares, Ej.: Isquiotibiales-cuádriceps.
- Que el futbolista experimente de manera práctica todas las metodologías del entrenamiento de los diferentes tipos de fuerza en el fútbol.

ENSEÑANZA Y CONSOLIDACIÓN DE LOS EJERCICIOS GENERALES Y DINÁMICOS (EDLP)

Objetivos específicos:

- Dominar las técnicas de manera correcta.
- Técnica depurada para evitar lesiones graves.
- Estimular la potencia y velocidad.

Ejercicios generales a desarrollar:

- Sentadillas.
- Subidas al banco.
- Estocadas.
- Press pecho.
- Press homrbo.
- Dominadas (dorsal).

Ejercicios dinámicos a desarrollar:

- Arranque arriba rodilla.
- Envión.
- Segundo tiempo tras nuca.
- Segundo tiempo por delante en tijeras.
- Cargada de potencia.
- ¼ Sentadilla con salto.
- Metidas de arranque.
- Fuerza con impulso.

SESIÓN FUERZA INTERMITENTE

Este tipo de entrenamiento mixto tiene como objetivo entrenar con estímulos de fuerza explosiva dentro de un régimen intermitente alcanzando un estímulo tanto metabólico como neuromuscular. Además, la organización del mismo permite combinarlo dentro del gimnasio o en un espacio exterior con acciones de saltos y ejercicios de coordinación a máxima velocidad de ejecución.

Construcción del entrenamiento:

- Manifestaciones de fuerza explosiva (EDLP con pesos bajos) combinadas con ejercicios coordinativos y mini saltos en forma circuitada en dúos o tercetos, en régimen intermitente. EJ: 10" Arranque + 15" Pausa + 10" Coordinación c/step + 15" Pausa + 10" Sentadillas. C/salto + 15" Pausa + 10" frecuencia a un banco + 15" Pausa + 10" 2° Tiempo + 15" Pausa + 10" Skipping alto + 15" Pausa + 10" Cargadas potencia + 15" Pausa.
- 2-3 Bloques de 6'-8' Trabajo x 3'-4' Pausa.

CIRCUITOS DE FUERZA ESPECÍFICA (PLIOMETRÍA)

- Objetivos circuito reactivo (ver circuitos niveles de fuerza).
- Estímulo del sistema neuromuscular.
- Activación fibras II.
- Mejora elasticidad muscular.
- Estímulos nerviosos+altos.
- Potencia el reflejo miotático.
- Optimiza el ciclo estiramiento-acortamiento del músculo.

CIRCUITOS DE 5-6 ESTACIONES (COMBINACIÓN CON ACCIONES EXPLOSIVAS)

- Saltos (todas las variantes).
- Ejercicios de coordinación.
- Cambios de dirección.
- Sprints cortos.
- Velocidad de freno, giros.
- Sobrecarga (barras, bolsas).
- Gestos técnicos.

En este tipo de entrenamiento se programan acciones de saltos laterales a dos pies, saltos con caída (pliometría), ejercicios de frecuencia, saltos bajos a aros, ejercicios de coordinación y saltos unipodales a minivallas. Este tipo de ejercicios se pueden combinar en secuencias siguientes con ejercicios de fuerza-potencia, equilibrio funcional, core training, sprint y acciones técnicas, todo dentro de un régimen de velocidad.

FUERZA-POTENCIA EN CUESTAS

- La carrera en cuestas representa un medio muy eficaz para el incremento de la fuerza.
- Las tensiones musculares desarrolladas en cuestas son más elevadas que las carreras en planos.
- Es conveniente trabajar cuestas cortas 10-20 metros (volumen 250-300 metros fraccionados).
- Ángulo de la pendiente 10°-20°.
- La intervención del componente elástico es irrelevante ya que no se produce un ciclo acortamiento-estiramiento adecuado (no hay fase de vuelo).
- Por eso es conveniente combinarlos con ejercicios elásticos- reactivos (circuito Cometti).

ENTRENAMIENTO DE LA FUERZA CON TRINEO A CARGA VARIABLE:

Objetivos:

- Mejora de la fuerza-potencia a través de un método específico.

- Variando las cargas de trabajo entrenar en los rangos de:
  - Fuerza-resistencia.
  - Fuerza-máxima.
  - Fuerza-explosiva.
- Las cargas de arrastre no superan los 30 kg.
- En etapa competitiva es conveniente realizar una combinación de métodos con circuitos reactivos-pliométricos.

NEUROCIENCIAS APLICADAS AL APRENDIZAJE DEL FÚTBOL

En los últimos tiempos han aparecido en escena las Neurociencias y su aplicación en diversos campos de trabajo y estudio. Para abordar el tema de manera profesional citamos a un especialista en la materia, el Doctor Facundo Manes, neurólogo y neurocientífico creador del INECO (Instituto de Neurología Cognitiva) y autor de varios libros sobre esta temática.

En su libro *Usar el cerebro* el Doctor Manes explica en qué consisten las Neurociencias: "Las neurociencias estudian la organización y el funcionamiento del sistema nervioso y cómo los diferentes elementos del cerebro interactúan y dan origen a la conducta de los seres humanos, es así que las neurociencias estudian los fundamentos de nuestra individualidad: las emociones, la conciencia, la toma de decisiones y nuestras acciones sociopsicológicas...".

"Como todo lo hacemos con el cerebro, es lógico que el impacto de las neurociencias se proyecte en múltiples áreas de relevancia social y en dominios tan disímiles. Por ejemplo la neuroeducación tiene como objetivo el desarrollo de nuevos métodos de enseñanza y aprendizaje, al combinar la pedagogía y los hallazgos de la neurobiología y las ciencias cognitivas. Se trata así de la suma de esfuerzos entre científicos y educadores, haciendo hincapié en las modificaciones que se producen en el cerebro a edad temprana para el desarrollo de las capacidades de aprendizaje y conducta que luego nos caracterizan como adultos (...) Al tratarse de un área fundamental para el conocimiento humano, resulta comprensible y necesario que los procesos de las neurociencias no queden solamente en los laboratorios, sino que sean absorbidos y debatidos por la sociedad en general. Si nos hicieran un transplante de riñón o de pulmón seguiríamos siendo nosotros mismos. Pero si nos cambiaran el cerebro, nos convertiríamos en personas distintas".

En el capítulo uno de su libro *Usar el cerebro* el doctor Manes realiza un breve pero interesante apartado sobre el Alto Rendimiento y las capacidades

mentales, en un pensamiento que nos representa: "En los Juegos Olímpicos, por ejemplo, todo el mundo es talentoso y entrena duro. Entre los atletas de elite, las diferencias físicas son muy pequeñas. Lo que influiría para separar a los medallistas de oro de los medallistas de plata sería, en gran parte, la motivación, la atención, el mantenerse focalizado y el control mental entre otros aspectos cognitivos... Al estudiar los factores fundamentales que influyen en el rendimiento de los atletas, uno de los aspectos clave tiene que ver con la práctica. Repetir decena de veces una rutina o una secuencia permite que el cerebro produzca una representación mental de los movimientos y que esta facilite la corrección de errores, que se anticipe a los próximos pasos de una secuencia y que promueva el aprendizaje de nuevos pasos".

Para finalizar con los conceptos del neurólogo Facundo Manes, citamos una idea suya sobre la interrelación músculo-cerebro: "La falsa idea de que nuestros músculos tienen memoria en realidad revela el importantísimo rol que nuestro cerebro cumple a la hora de ejecutar movimientos sin tener que pensar cada paso dentro de una secuencia. Estudios recientes han demostrado que esta fluidez del movimiento depende de que la corteza prefrontal disminuya su actividad y logre aplacar, así, una de sus funciones principales: el control ejecutivo de las funciones mentales superiores... El propio cerebro promueve la inhibición de su automonitoreo porque el control excesivo de los pensamientos y su evaluación constante de cada detalle consumen recursos cerebrales. Estos recursos pueden así destinarse a alcanzar objetivos que requieran una mayor actividad de las áreas motoras y sensoriales que son las que permiten dirigir nuestros movimientos...".

"Se suma a todo esto una capacidad para la práctica deportiva que distingue al deportista de alto rendimiento: la atención. En estos atletas, la capacidad para mantenerse alerta parece estar aumentada. La práctica constante que caracteriza a los atletas de competición tiene efectos más allá del cerebro, pues estudios en endocrinología han demostrado que deportista de elite tienen un control distinto de hormonas ligadas al estrés y producen cambios en órganos tales como el corazón, riñón y el tejido graso. Pero estas hormonas también impactan sobre el cerebro y afectan el modo en que los atletas lidian con el estrés asociado a la competición deportiva", subraya Manes.

Luego de los conceptos esclarecedores de Facundo Manes sobre la importancia de usar y desarrollar el cerebro a través de las neurociencias resta saber cómo aplicar actividades de neurociencias dentro de la planificación semanal o sesión de entrenamiento del fútbol, es decir cómo llevarlo a la práctica del entrenamiento.

En primera instancia debemos marcar los objetivos que buscamos en la implementación de actividades de neurociencias aplicadas al fútbol, en ese sentido detallamos un grupo de capacidades a optimizar que son muy útiles en la práctica de este deporte:

- Concentración.
- Atención.
- Toma de decisiones.
- Anticipación mental de la acción o situación.
- Visión periférica del campo de acción (rivales, compañeros, balón).
- Memoria visual.
- Reacción ante diferentes estímulos sensoriales.
- Control del stress competitivo.

Si bien un futbolista de alto nivel ya trae incorporado todas estas cualidades y capacidades mentales, también se puede trabajar y entrenar en la mejora de cada una de ellas con el entrenamiento tradicional como habitualmente hacemos y además aplicando actividades neurocognitivas de manera más específica.

En el entrenamiento del fútbol conviven: el desarrollo de las diferentes cualidades físicas (fuerza, resistencia, velocidad, flexibilidad y todos sus subtipos), el aprendizaje de los fundamentos técnicos, los diferentes conceptos y nociones tácticas y también los aspectos mentales.

Como ya hemos mencionado en capítulos anteriores del presente libro, todas las capacidades y contenidos que hacen a la planificación del entrenamiento del fútbol deberían desarrollarse tanto de manera aislada como combinada o integrada. Por ejemplo: la resistencia debe ser entrenada tanto con métodos puros (aislada) como con ejercitaciones situacionales, dentro de un contexto técnico-táctico. En este último caso de entrenamiento complejo, donde interactúan diferentes aspectos, como puede ser un juego de 4 versus 2 con alto contenido técnico-táctico y físico aparecen naturalmente elementos relacionados a las neurociencias como son la toma de decisiones y la atención, la focalización y el manejo de las emociones, tanto de satisfacción o frustración en función del rendimiento que tenga el futbolista en esa tarea, ejercicio o competencia.

Es decir que, dentro del microciclo de entrenamiento, todos los aspectos o gran parte de ellos que tienen relación con lo mental están dentro de la planificación del entrenador casi en una manera natural. Consideramos que como entrenamiento extra es importante introducir dentro de la misma sesión de entrenamiento uno o dos estímulos semanales de ejercitaciones individuales que optimicen todos los aspectos detallados como objetivos: control de las emociones, focalización, atención deportiva, desarrollo de la visión periférica, mejoramiento de la toma de decisiones.

Esta dinámica puede realizarse dentro del mismo campo de entrenamiento a través del formato organizativo de estaciones de trabajo o bien como tareas personalizadas pre y postentrenamiento. Con respecto a esto último creemos importante realizar actividades de neurociencias tanto antes como después de la sesión de entrenamiento para desarrollar los aspectos mentales sin fatiga y en estado de fatiga ya que el futbolista, a medida que transcurre el partido va experimentando diferentes niveles de cansancio físico.

Un ejemplo práctico de inclusión de este tipo de actividades dentro de la sesión de entrenamiento de 120' sería: en un plantel de 24 futbolistas se programan tres bloques de trabajo de manera rotativa.

- Calentamiento general y específico 20' (todo el equipo).
- Luego se divide el grupo en dos.
- Bloque 1 con 12 futbolistas: juego 6 contra 6 para la mejora de la resistencia especial (aspecto físico), el pase y control (aspecto técnico) y (aspecto táctico). Volumen total bloque 1: 40' distribuidos en 4 bloques de 8' de juego x 2' micro pausa.
- Bloque 2 con 10 futbolistas: circuito de cinco estaciones nivel 4 de fuerza explosiva y velocidad.
- Bloque 3 con 2 futbolistas: actividades neurocognitivas con el profesor especialista en neurociencias.
- Volumen total bloques 2 y 3: 40'.
- Final: estiramientos, elongación: 10'.

Los futbolistas del bloque 2 y 3 van realizando una rotación cada 10 minutos, es decir, que el circuito de fuerza nivel 4 (bloque 2) interactúa con el área neuro-cognitiva (bloque 3).

Otra forma de entrenar estas capacidades en el fútbol juvenil o profesional es realizarlas a manera de doble turno ya que el futbolista posee el tiempo para hacerlo.

CAPÍTULO 9

FÚTBOL JUVENIL. FASE I: 13-14 AÑOS

CARACTERÍSTICAS GENERALES DE LOS JÓVENES DE 13-14 AÑOS

Este período es una continuación de la fase infantil III. Todavía existen dentro de un mismo grupo de edad cronológica muchas diferencias desde lo madurativo. El aumento en el peso corporal, el alargamiento de las extremidades, la madurez sexual son manifestaciones relevantes de la complejidad de los cambios orgánicos de los niños. Los adolescentes experimentan muchos cambios que influencian el estado de ánimo y la ansiedad típica de los cambios morfológicos, mentales y físicos que acompañan su camino hacia la madurez.

Para el futbolista joven, la pubertad y la adolescencia son la fase más delicada de su historia evolutiva.

Desde los aspectos motorices durante la etapa anterior de la infancia hubo un equilibrio marcado de altura en relación al peso. Este equilibrio tiende a cambiar durante la pubertad. Entre los 13 y 14 años, el crecimiento marca el cambio más notorio del esquema corporal del joven. Esto se traduce en falta de armonía y coordinación, la relación músculo-ósea no es la adecuada y afecta directamente a las tareas técnico-coordinativas.

Es una etapa sensible en este punto ya que debemos realizar una evaluación constante del niño contemplando las fases de crecimiento que está transcurriendo y brindándole siempre apoyo emocional, haciéndole saber los cambios que el niño-joven está transitando y que se trata de procesos naturales en una etapa pasajera de su crecimiento.

El desarrollo intelectual del adolescente, lentamente adquiere la capacidad de pensar en términos abstractos. El pensamiento concreto es sustituido por un pensamiento más estructurado, más lógico, lo que le permite pensar y sacar conclusiones más elaboradas. La inserción en la escuela secundaria optimiza este desarrollo intelectual.

En lo deportivo, los futbolistas de estas etapas viven un período de transición ya que provienen del fútbol infantil para insertarse en el mundo del fútbol juvenil donde encontrarán una mayor exigencia tanto en entrenamientos como en competencias. La cantidad de prácticas se incrementa en una sesión semanal con respecto a la etapa infantil.

LAS CUALIDADES FÍSICO-MOTORAS EN EL PROCESO DE ENTRENAMIENTO

Es de fundamental importancia que se comience en esta etapa con desarrollo de diversas y variadas metodologías de movimiento con el fin de desarrollar una mejor adaptación al posterior trabajo de sobrecarga.

Para ello, se realiza un examen biológico a cargo del médico pediatra o deportólogo con el objetivo de realizar grupos de trabajo de acuerdo a su crecimiento y maduración sexual, de la misma manera que realizamos con los niños del período infantil III. Como mencionamos en la última parte de la etapa infantil las edades cronológicas generalmente no coinciden con la edad biológica, por lo tanto se los agrupará de acuerdo a los distintos estadios Tanner encontrados.

Es sabido que hasta que los niños no ingresan al estadio de Tanner 5, no se producen modificaciones hormonales como el incremento de la testosterona, la cual actúa como agente de metabolización proteica y es la responsable del crecimiento muscular y de la recuperación plástica postejercicio.

Tanto el crecimiento muscular como la respuesta hormonal son importantes para el desarrollo de la fuerza, pero también es de suma importancia el sistema neural.

En niños con estadios de Tanner 2, 3 y 4 que serán los que predominen en estas etapas, como respuesta al entrenamiento, las principales adaptaciones van a estar dadas por una adaptación más neural que muscular.

De esta forma, los niños mejoraran principalmente el reclutamiento de fibras y la frecuencia de disparo de las motoneuronas (frecuencia de estímulo nervioso) incrementando así los niveles de fuerza.

Los objetivos generales de este período son:

- Desarrollo de la musculatura de la zona media (ver entrenamiento zona core).
- Correcto uso de las máquinas del gimnasio.
- Enseñanza metodológica de ejercicios básicos y dinámicos.
- Desarrollo de la flexibilidad, producto del estiramiento óseo acelerado.
- Enseñanza de normas de seguridad y concientización de posiciones adecuadas, e inadecuadas en los distintos ejercicios.

Los métodos complementarios del entrenamiento de la fuerza en esta etapa serán:

- Circuitos coordinativos, polimétricos, propioceptivos.
- Ejercicios y juegos de arrastre.
- Juegos de tracción de tren superior.
- Cuestas con ángulo de no más de 10°-15°.
- Ejercicios de técnica de carrera (pre-atletismo).
- Ejercitaciones en arenero.

El entrenamiento en circuito nos permite la combinación de métodos y actividades, nos referimos a ejercicios y acciones que deben estar presentes en todo entrenamiento de fuerza, por ejemplo:

> *Circuitos de 5-6 estaciones:* saltos (todas las variantes), ejercicios de coor-dinación, ejercicios propiocepción, cambios de dirección, sprints cortos, velocidad de freno, giros, tracciones, gestos técnicos.

El entrenamiento de la saltabilidad más conocido como "pliometría", en niños requiere de una "Progresión metodológica" (ver cuadro de entrenamiento de la fuerza por niveles de complejidad). Para esta etapa recomendamos utilizar los niveles 1, 2 y 3; si bien esta programación depende del momento madurativo de cada joven.

Los ejercicios de impactos repetitivos tales como los saltos tienen chances de producir lesiones si no están dosificados y adecuados a las posibilidades biomecánicas y fisiológicas de los niños.

Es necesario realizar una adaptación progresiva a este tipo de entrenamiento para fortalecer grupos musculares, tendones, ligamentos, masa ósea y mecanoreceptores. No olvidemos que los niños están en plena fase de crecimiento y es muy común que experimenten dolores y molestias en las articulaciones de la rodilla. Muchos de estos síntomas responden al período de desarrollo que transcurren y no tanto a lo que pueda producir los entrenamientos si éstos están correctamente programados y dosificados. De todas formas, hay que prestar mucha atención a estas sintomatologías

y recomendamos tener muy presente no entrenar en superficies duras (cemento) y, un dato muy relevante, poseer un calzado que pueda amortiguar esos impactos.

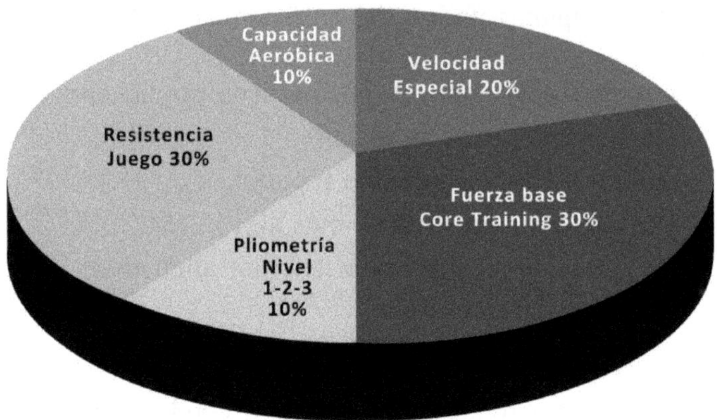

Aplicaciones prácticas en el entrenamiento de sobrecarga en niños, 13-14 años:

- Periodización y planificación.
- La frecuencia del entrenamiento de fuerza debe ser de 2 sesiones x semana (1. campo: saltos, cuestas, juegos, circuitos y 2. gimnasio).
- Estimular todas manifestaciones de fuerza: explosiva, resistencia, rápida.
- La duración de la parte central de la sesión no debe exceder 30'-40'.
- En cada serie (3) el joven deberá poder soportar entre 6-15 repeticiones.
- La sobrecarga será determinada individualmente según la capa-cidad.
- La resistencia debe ser aumentada progresivamente (ejemplo: 1-1.5 kg x vez).
- Y únicamente cuando el niño alcanza las 12-15 repeticiones.
- Las contracciones excéntricas no se aconsejan para estas edades.
- El acento debe estar puesto en contracciones dinámicas concén-tricas.

- Debemos apuntar a un desarrollo equilibrado tren superior-inferior.
- Balancear los ejercicios de músculos protagonistas y antagonistas.
- Desarrollo del aparato de sostén (abdominales-espinales).
- Aprendizaje técnicas de flexibilidad.

Es importante recalcar que estos niños poseen una base de fuerza y técnica ya que provienen de un proceso de entrenamiento anterior en el fútbol infantil.

Aquellos futbolistas que se incorporen al club en estas edades sin una base de fuerza deberán realizar un plan de entrenamiento orientado a una adaptación a este tipo de metodologías previo a la incorporación al grupo.

Esta programación debe ser progresiva y en algunos casos puede durar hasta seis meses. A partir de la mitad del segundo año comienzan a darse valores de Tanner más homogéneos y esto incide en un aumento individual progresivo de carga.

Con referencia a la velocidad en esta etapa, debido a los cambios hormonales, tales como aumento de la testosterona los jóvenes experimentan períodos de mejora significativa en esta cualidad física. Se trata de un período ideal para estimular esta capacidad.

Cuando hablamos de estímulo nos referimos a todas sus formas: velocidad de reacción, de desplazamiento, aceleración, decisión, percepción.

Es importante utilizar una metodología de entrenamiento combinada entre ejercicios sin el balón a través de circuitos y por otro lado la utilización driles y juegos con componentes de diferentes tipos de velocidad.

La resistencia está fuertemente influenciada por la funcionalidad de los procesos metabólicos. Es importante tomar en cuenta los cambios que experimentan en el curso de esta etapa con el fin de satisfacer su natural desarrollo. En este sentido, podemos decir que en los jóvenes hay un aumento continuo y casi lineal en los valores máximos de resistencia aeróbica y anaeróbica o específica lo cual alcanza un óptimo rendimiento en fase madurativa siguiente, alrededor de 15/16 años.

Para estas etapas serán los juegos y las actividades situacionales mencionadas en nuestra metodología las que se encarguen del desarrollo de la resistencia, pero incluyendo en un pequeño porcentaje del entrenamiento metodologías puras tales como los métodos continuos e intermitentes.

CONTENIDOS TÉCNICO-TÁCTICOS DE LA ETAPA 13-14 AÑOS

En este primer período juvenil es fundamental consolidar todo el aprendizaje técnico general realizado en la etapa infantil. Todavía no se ha producido una confirmación sobre el puesto en campo que desempeñará el niño/joven en el futuro. Es decir, que debe desarrollar todo el bagaje de fundamentos técnicos del fútbol sin caer en especificaciones que serán para una etapa posterior (la etapa de la especialización táctica) en la cual podrá comenzar a entrenar aspectos técnicos específicos por puesto.

Utilizaremos la metodología de entrenamiento técnico mixto recorriendo todas las acciones técnicas entrenadas en la gran etapa infantil. Como aspecto más saliente marcamos que en este período ya podemos desarrollar de manera más sistemática el gesto técnico del cabezazo que en la etapa anterior se desarrollaba de manera más lúdica y sin tantas correcciones técnicas debido a una falta de maduración en las capacidades de fuerza y coordinación general. En esta fase el golpe de cabeza debe entrenarse con sus diferentes variantes de manera programada.

Con referencia a la acción del pase y control tanto las ejercitaciones sin oposición como aquellas funcionales deben tener una participación importante dentro de la programación anual.

En la programación del megaciclo y de la temporada deportiva anual o macrociclo el joven debe ir experimentando el aprendizaje de los conceptos técnicos y tácticos paralelamente al desarrollo físico-motor. Este aprendizaje debe ser progresivo y ordenado por contenidos de nivel de complejidad baja, media y alta dependiendo de las capacidades físicas e intelectuales para incorporar conocimientos tácticos los cuales están relacionados a un proceso de inteligencia de juego.

Como ya detallamos en la etapa infantil la técnica es la base de la táctica y estrategia, entendiendo la táctica como todas las acciones de defensa y ataque que se desarrollan durante el partido para sorprender y neutralizar al equipo adversario; en cambio, por estrategia entendemos todas aquellas acciones que se pueden desarrollar previo al partido usufructuando los errores del equipo rival e intentando bloquear sus virtudes.

Cuando hablamos de táctica podemos diferenciar cuatro conceptos:

1. *Táctica individual*: son las acciones individuales teniendo en cuenta los mecanismos del acto motor (percepción y toma de decisión).
2. *Táctica colectiva*: son las acciones del jugador en sus interacciones con sus compañeros y adversarios, ya sea en ataque o defensa en busca del logro del objetivo.

3. *Táctica estática:* todas las acciones de inicio de juego. Ejemplos: tiros de esquina, tiro libre, laterales, saque del medio campo, saque de arco, penal.
4. *Sistema de juego*: es la posición de un equipo, dentro del terreno de juego, una vez definida la posición de partida de los jugadores y antes de sus movimientos ofensivos y defensivos. Esta disposición de los jugadores se observa normalmente después de un repliegue, un saque de meta, una ocupación racional, al inicio del partido y en otras situaciones similares.

El entrenamiento de la táctica durante el proceso de enseñanza-aprendizaje juvenil lo dividimos en tres grandes módulos.

Nos referimos a principios defensivos, principios ofensivos y sistemas tácticos. Cada uno de estos contenidos son distribuidos en la programación del megaciclo en relación a la maduración psicofísica y cognitiva de cada fase madurativa en una progresión metodológica progresiva.

PRINCIPIOS TÁCTICOS DEFENSIVOS	PRINCIPIOS TÁCTICOS OFENSIVOS	SISTEMA TÁCTICO
DE TEMPORIZACIÓN: repliegue basculación	DE CONTROL: posesión del balón control del juego	MOVIMIENTOS TÁCTICOS COMPLEJIDAD ALTA EJERCICIOS BALÓN PARADO
DE EQUILIBRIO: marcaje cobertura permuta relevo	DE PROGRESIÓN: cambios de ritmo superioridad numérica cambios de orientación	ENTRENAMIENTO TÁCTICO-SITUACIONAL STANDARD 20% FUNCIONAL: 30% COMPETENCIA: 50%
DE RECUPERACIÓN: intercepción doblaje anticipación	DE DEFINCIÓN: juego asociado diagonales desdoblamiento ofensivo	SISTEMA TÁCTICO 4-4-2 SISTEMA TÁCTICO 4-3-2-1 SISTEMA TÁCTICO 4-3-1-2 SISTEMA TÁCTICO 4-3-3 SISTEMA TÁCTICO 3-5-2 SISTEMA TÁCTICO 3-4-3

Como "principio defensivo" referimos a todos aquellos movimientos tácticos y estratégicos que puede desarrollar un equipo cuando no se encuentra en posesión de balón: temporización, equilibrio y recuperación.

Como "principio ofensivo" entendemos a todos aquellos movimientos tácticos y estratégicos que puede desarrollar un equipo cuando está en situación de posesión de balón: control, progresión y definición.

DISTRIBUCIÓN PORCENTUAL DE LOS CONTENIDOS DEL PROCESO DE ENSEÑANZA APRENDIZAJE

DISTRIBUCIÓN CONTENIDOS
DE ENTRENAMIENTO 13-14 AÑOS

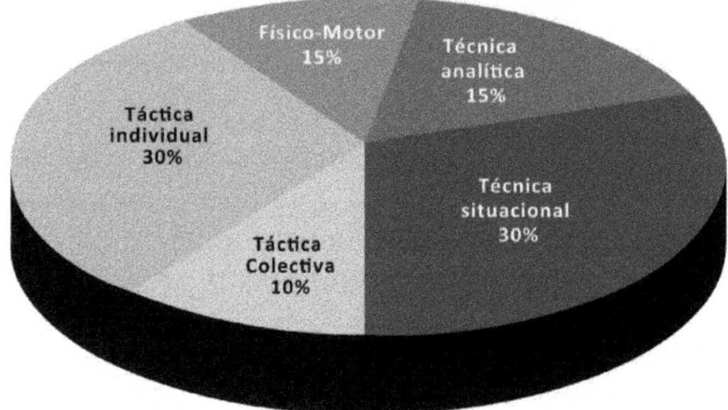

PLANIFICACIÓN PRÁCTICA SEMANAL EN ETAPA PREPARATORIA

PLANIFICACIÓN MICROCICLO ACUMULACIÓN 13-14 AÑOS

CAI TEMPORADA DEPORTIVA 2007						
ETAPA DE PREPARACIÓN - PERÍODO DE ACUMULACIÓN				JUVENILES MENORES		13-14 AÑOS
MICROCICLO DE ADAPTACIÓN		MICROCICLO Nº 1 (21/01 AL 27/01)				
LUNES 21	MARTES 22	MIÉRCOLES 23	JUEVES 24	VIERNES 25	SA 26	DOM 27
SESIÓN 1	SESIÓN 2	SESIÓN 3	SESIÓN 4	SESIÓN 5	S. 6	SESIÓN 7
Turno Tarde Santo Domingo EC MOVILIDAD ARTICULAR EJERCICIOS ELONGACIÓN EJERCICIOS ZONA MEDIA EJERCICIOS POPIOCEPTIVOS 20 RESISTENCIA AERÓBICA CONTINUO EXTENSIVO 2 x 3,5 KM: 20´ F.C. 140-150 VT: 7KM	Turno Tarde Santo Domingo ENTRENAMIENTO FUERZA BASE ETAPA DE APRENDIZAJE CONOCIMIENTO EJERCICIOS BASICOS DLP ZONA MEDIA MÁQUINAS *Pesos Standard Bajos 2. PLIOMETRÍA NIVEL 0-1 PROPIOCEPCIÓN CIRCUITO (150 SALTOS) 6 X 8 3. ENTRETENIMIENTO PERFECCIONAMIENTO TÉCNICO SITUACIÓN ANALÍTICA 1. Centro y cabezazo ofensivo 2. Pase, control y remate 40´	Turno Mañana Santo Domingo EC MOVILIDAD ARTICULAR EJERCICIOS ELONGACIÓN EJERCICIOS ZONA MEDIA 20 RESISTENCIA AERÓBICA CONTINUO EXTENSIVO 3,5 KM: 20´ F.C. 140-150 RESISTENCIA AERÓBICA CONTINUO EXTENSIVO 2 x 3 KM F.C. 150-160 VT: 9.5 KM	Turno Tarde Santo Domingo ENTRENAMIENTO FUERZA BASE ETAPA DE APRENDIZAJE CONOCIMIENTO EJERCICIOS BÁSICOS DLP ZONA MEDIA MÁQUINAS *Pesos Standard Bajos 2. PLIOMETRÍA NIVEL 0-1 PROPIOCEPCIÓN CIRCUITO (150 SALTOS) 6 X 8 3. ENTRETENIMIENTO TÉCNICO TÁCTICO SITUACIÓN STANDAR 1. Drill ofensivo 3vs2 2. Drill mov. def. 4-4-2 40´	Turno Mañana Santo Domingo EC MOVILIDAD ARTICULAR EJERCICIOS ELONGACIÓN EJERCICIOS ZONA MEDIA 20 RESISTENCIA AERÓBICA CONTINUO EXTENSIVO 3,5 KM: 20´ F.C. 140-150 RESISTENCIA AERÓBICA CONTINUO LARGO 3 BLOQUES X 3KM BLOQUE (1´TRX2´PA) BLOQUE (1´TRX3´PA) BLOQUE (1´TRX4´PA) F.C. 150-170 MOVILIDAD ARTICULAR EJERCICIOS ELONGACIÓN 15´ VT: 12,5		Descanso

PLANIFICACIÓN MICROCICLO REALIZACIÓN 13-14 AÑOS

C.A.I. TEMPORADA DEPORTIVA 2007

ETAPA DE PREPARACIÓN - PERIODO DE TRANSFORMACIÓN — JUVENILES MENORES — 13-14 AÑOS

MICROCICLO DE CARGA — MICROCICLO Nº 7 (05/03 AL 11/03)

LUNES 5	MARTES 6	MIÉRCOLES 7	JUEVES 8	VIERNES 9	SÁBADO 10	DOM 11
SESIÓN 35	SESIÓN 36	SESIÓN 37	SESIÓN 38	SESIÓN 39	SESIÓN 46	
OBJETIVOS TÉCNICO - TÁCTICO ORIENTACIÓN FÍSICA DEL ENTRENAMIENTO A. ENTENAMIENTO ANAERÓBICO-ALACTICO B. ENTRENAMIENTO PERFECTO TÉCNICO - ANALÍTICO (EJERCICIO ANALÍTICO) C. ENTRENAMIENTO ESP. SITUACIONAL EN RÉGIMEN DE VELOCIDAD (SITUACIONAL STANDARD)	OBJETIVOS TÉCNICO - TÁCTICO ORIENTACIÓN FÍSICA DEL ENTRENAMIENTO A. ENTENAMIENTO RESISTENCA INTERMITENTE B. ENTRENAMIENTO REGIMEN DE RESIST. INT (SITUACION FUNCIONAL) C. ENTRENAMIENTO TÁCTICO EN SITUACIÓN DE JUEGO RÉGIMEN RESISITENCIA ESPECIAL (SITUACIÓN COMPETENCIA)	ORIENTACIÓN FÍSICA DEL ENTRENAMIENTO A. ENTRENAMIENTO FUERZA-POTENCIA CONSTRUCCION MUSCULAR TREN SUPERIOR FZA. EXPLOSIVA EJ. D.LP. B. ENTRENAMIENTO ANAERÓBICO ALACTICO CIRCUITO PROPIOCEPTIVO (VELOCIDAD)	OBJETIVO TÉCNICO-TÁCTICO A. EC ESPECÍFICA TÉCNICA ANALÍTICA TÉCNICA ESPECIFICA (CENTRO-CABEZAZO REMATE) 30´ B. ACTIVIDADES TÉCNICO - RECREATIVAS 40´ FLEXIBILIDAD ELONGACIÓN PRÁCTICA DE FÚTBOL	ORIENTACIÓN FÍSICA DEL ENTRENAMIENTO RESISTENCIA ESPECIAL MÉTODO DE JUEGO 4 > 4; 3 > 3 MÉTODO INTERMITENTE SECUENCIAL 4 - 5 BLOQUES X 3´- 4´ (Grupo de fútbolistas no citados)	PARTIDO AMISTOSO CAI VS SAN LORENZO	Descanso
Metodología práctica A. CIRCUITO COORDINATIVO ENSEÑANZA METODOLOGÍA VELOCIDAD PLIOMETRÍA NIVEL 1-2 PROPIOCEPCIÓN EQ. FUNCIONAL 6 Est. x 4-5 (80 SALTOS) B. EJERCICIO ANALÍTICO TÉCNICA ESPECÍFICA (CENTRO - CABEZAZO REMATE) C. DRILL SITUACIONAL RÉGIMEN DE VELOCIDAD 2X12´(10" X 60")	**Metodología práctica** A. MÉTODO INTERMITENTE RESISITENCIA GLUCOSA RÁPIDA 3 BLOQUES X 8´ (10X20 - 10X15 - 10X10) MACROPAUSA: 3´ B. DRILL ATAQUE VS DEFENSA PASE-RECEPCIÓN-CENTRO Raport: 10"-15" Tx30" 40" R 2>1; 4>2 (2BLOQUEX10´) VT: 40´ C. JUEGO PRESSING 2>2; 4,2 6>6 RÉGIMEN RESISTENCIA ESP. VT: 40´	**OBJETIVO TÉCNICO TÁCTICO** EC. ESPECÍFICA TÉCNICA ANALÍTICA DE BASE 20´ PRÁCTICA DE FÚTBOL 11vs 11 50´ C. ACTIVIDADES TÁCTICAS DE CONJUNTO (PELOTA PARADA)	11 vs 11 50´ (Grupo de fútbolistas no citados)			

PLANIFICACIÓN PRÁCTICA SEMANAL EN ETAPA COMPETITIVA

PLANIFICACIÓN MICROCICLO COMPETITIVO 13-14 AÑOS

CAI. TEMPORADA DEPORTIVA 2007

ETAPA DE PREPARACIÓN - PERÍODO DE TRANSFORMACIÓN | JUVENILES MENORES | 13-14 AÑOS

MICROCICLO DE CARGA | MICROCICLO Nº 1 (12/03 AL 18/03)

LUNES 12	MARTES 13	MIÉRCOLES 14	JUEVES 15	VIERNES 16	SÁBADO 17	DOM 18
SESIÓN 1	SESIÓN 2	SESIÓN 3	SESIÓN 4	SESIÓN 5	SESIÓN 6	
OBJETIVOS TÉCNICO - TÁCTICO ORIENTACIÓN FÍSICA DEL ENTRENAMIENTO A. ENTENAMIENTO ANAERÓBICO-ALACTICO B. ENTRENAMIENTO PERFECTO TÉCNICO - ANALÍTICO (EJERCICIO ANALÍTICO) C. ENTRENAMIENTO ESP. SITUACIONAL EN RÉGIMEN DE VELOCIDAD (SITUACIONAL STANDARD)	OBJETIVOS TÉCNICO - TÁCTICO ORIENTACIÓN FÍSICA DEL ENTRENAMIENTO A. ENTENAMIENTO RESISTENCA INTERMITENTE B. ENTRENAMIENTO REGIMEN DE RESIST. INT (SITUACION FUNCIONAL) C. ENTRENAMIENTO TÁCTICO EN SITUACIÓN DE JUEGO RÉGIMEN RESISTENCIA ESPECIAL (SITUACIÓN COMPETENCIA)	ORIENTACIÓN FÍSICA DEL ENTRENAMIENTO A. ENTRENAMIENTO FUERZA-POTENCIA CONSTRUCCIÓN MUSCULAR TREN SUPERIOR FZA. EXPLOSIVA EJ. D.LP. B. ENTRENAMIENTO ANAERÓBICO ALACTICO CIRCUITO PROPIOCEPTIVO (VELOCIDAD)	OBJETIVO TÉCNICO-TÁCTICO A. EC ESPECÍFICA TÉCNICA ANALÍTICA TÉCNICA ESPECIFICA (CENTRO-CABEZAZO REMATE) 30´ ACTIVIDADES TÉCNICO - RECREATIVAS JUEGOS COMPETENCIA 40´ FLEXIBILIDAD ELONGACIÓN PRÁCTICA DE FÚTBOL 11 vs 11 40´ (Grupo de fútbolistas no citados)	Descanso	1ra. FECHA CAI VS VELEZ S.	Descanso
Metodología práctica	Metodología práctica	OBJETIVO TÉCNICO TÁCTICO				
A. CIRCUITO COORDINATIVO ENSEÑANZA METODOLOGÍA VELOCIDAD PLIOMETRÍA NIVEL 1-2 PROPIOCEPCIÓN EQ. FUNCIONAL 6 Est. x 4-5 (80 SALTOS) B. EJERCICIO ANALÍTICO TÉCNICA ESPECÍFICA (CENTRO - CABEZAZO REMATE) C. DRILL SITUACIONAL RÉGIMEN DE VELOCIDAD 2X12´(10" X 60")	A. MÉTODO INTERMITENTE RESISITENCIA GLUCOSA RAPIDA 2 BLOQUES X 10´ (10" X 15" - 10" X 20") MACROPAUSA: 3´ B. DRILL ATAQUE VS DEFENSA PASE-RECEPCIÓN-CENTRO Raport: 10"-15" Tx30" 40" R 2>1; 4>2 (2 BLOQUEX10´) VT: 30´ C. JUEGO PRESSING 2>2; 4,2 6>6 RÉGIMEN RESISTENCIA ESP. VT: 30´	EC. ESPECÍFICA TÉCNICA ANALÍTICA DE BASE 20´ PRÁCTICA DE FÚTBOL 11vs 11 50´ FLEXIBILIDAD ELONGACIÓN				

ACTIVIDADES PRÁCTICAS DE ENTRENAMIENTO PARA JUVENILES DE 13 A 14 AÑOS

Fase Juvenil 1 (13-14 años). Ejercicio 1 - Tipo Ejercicio: circuito neuromuscular nivel complejidad 3

- Nombre del ejercicio: Circuito fuerza explosiva a 2 secuencia.s
- Aspecto Técnico Dominante: -
- Aspecto Táctico Dominante: -
- Aspecto Físico Dominante: Fuerza explosiva - Velocidad.
- Número de participantes: 20.
- Dosificación: En cada estación se realizan entre 5-6 repeticiones. Micropausa: 1' / Macropausa: 3'.
- Desarrollo: Estación 1: saltos laterales a cinco aros, estación 2: cuatro saltos bipodales de 30cm, estación 3: slalom rápido a 5 estacas, estación 4: *skipping* corto, estación 5: coordinación unipodal en cuadrilátero. Todas las estaciones finalizan con un sprint final y 10 metros con balón (segunda secuencia).

Fase Juvenil 1 (13-14 años). Ejercicio 2 - Tipo Ejercicio: intermitente en conducción

- Nombre del ejercicio: Recorrido resistencia intermitente.
- Aspecto Técnico Dominante: Conducción.
- Aspecto Táctico Dominante: -

- Aspecto Físico Dominante: Resistencia aeróbica.
- Número de participantes: 12.
- Dosificación: Bloques de 6´-10´(10-12´´esfuerzo por 10-24'' pausa).
- Desarrollo: Los futbolistas realizan carreras en conducción de 50 metros por los callejones, al finalizar cada callejón pasan al siguiente, al llegar al último vuelven a insertarse al primero.

Fase Juvenil 1 (13-14 años). Ejercicio 3 - Tipo Ejercicio: situación funcional

- Nombre del ejercicio: Situación funcional a dos secuencias.
- Aspecto Técnico Dominante: Pase y recepción.
- Aspecto Táctico Dominante: Ataque-defensa y desmarque-marcación en juego aéreo.
- Aspecto Físico Dominante: Resistencia específica.
- Número de participantes: 16-20.
- Dosificación: Bloques de 8'-10.
- Desarrollo: En la primera secuencia se produce una acción de 3 vs. 2 + portero, una vez finalizada esa acción los futbolistas de ataue deben salir a la altura del área grande y entrar a buscar el centro que ejecuta el atacante externo derecho.

Fase Juvenil 1 (13-14 años). Ejercicio 4 - Tipo Ejercicio: situación competencia

- Nombre del ejercicio: Juego 5 vs. 5 + postes dinámicos.
- Aspecto Técnico Dominante: Pase y recepción.
- Aspecto Táctico Dominante: Creación de superioridad numérica - Ampliación del espacio en fase ofensiva.
- Aspecto Físico Dominante: Resistencia especial.
- Número de participantes: 14 + 2 porteros.
- Dosificación: Bloques de 5'-6'.
- Desarrollo: Se realiza un juego de 5 contra 5 pudiendo pasar el balón a uno de los dos postes dinámicos en fase de ataque, éstos al recibir el balón ingresan al campo produciendo superioridad numérica en ataque.

Fase Juvenil 1 (13-14 años). Ejercicio 5 - Tipo Ejercicio: situación competencia

- Nombre del ejercicio: Juego 3 vs. 3 en dos mitades.
- Aspecto Técnico Dominante: Remate y cabezazo.
- Aspecto Táctico Dominante: Juego aéreo y apertura de juego en ataque.
- Aspecto Físico Dominante: Resistencia especial.
- Número de participantes: 16 + 2 porteros.
- Dosificación: Bloques de 5'.
- Desarrollo: En cada mitad se encuentran tres futbolistas de ataque y tres defensores, al recuperar el balón los defensores deben pasar el mismo a zona de ataque. Los atacantes pueden definir con remate o abrir a los postes fijos y esperar el centro.

CAPÍTULO 10

FÚTBOL JUVENIL. FASE II: 15-16 AÑOS

CARACTERÍSTICAS GENERALES DE LOS JÓVENES DE 15-16 AÑOS

El período que transcurre entre los 15 y 16 años es una etapa de consolidación de muchos aspectos relacionados a la personalidad y el acervo motor del joven. En este momento de la maduración del juvenil encontramos deportistas con un desarrollo sexual completo, lo que desemboca en tener grupos de rendimiento mucho más homogéneos desde el aspecto físico, gran diferencia con la etapa anterior. Los niveles de fuerza general sufren un aumento considerable; si bien el aparato motor no está capacitado para el desarrollo de la fuerza máxima con cargas altas, si lo esta para el estímulo de tipos de fuerza tales como: fuerza-explosiva y fuerza-resistencia. La cualidad de resistencia ocupa un lugar de privilegio en la programación debido a la gran capacidad para soportar cargas aeróbicas y anaeróbicas altas tanto desde lo muscular como desde lo metabólico.

Este desarrollo biológico se ve acompañado de una conformación de esquema corporal que vuelve a encontrar la coordinación perdida en la transición pre y postpuberal, lo cual optimiza el desarrollo técnico y economía de movimientos. Desde lo intelectual los jóvenes logran captar rápidamente los conceptos técnicos y tácticos de aprendizaje.

LAS CUALIDADES FÍSICO-MOTORAS EN EL PROCESO DE ENTRENAMIENTO

La fuerza máxima y la potencia serán desarrolladas de manera controlada y acorde a las capacidades de estos jóvenes que aún están en etapa de crecimiento, entendiendo que no es un tipo de fuerza que se deba desarrollar con índices altos ya que el fútbol no requiere de altos valores fuerza máxima. Los ejercicios de fortalecimiento de la zona media serán vitales para formar una óptima base para tareas de fuerza futuras. Otros tipos de fuerza como la explosiva, a través de ejercicios de saltos y circuitos de niveles 1 a 5 (ver tabla de niveles de complejidad) son muy recomendables para este período de la adolescencia.

La velocidad deberá ser estimulada por medio de circuitos y dentro de la metodología situacional a través de situación estándar y funcional (ver metodología situacional). Los tipos de velocidad a trabajar en esta etapa serán: velocidad de reacción, de desplazamiento con y sin balón, de decisión, de percepción, de anticipación y aceleración.

Con respecto al entrenamiento de la resistencia los juegos y situaciones competencia predominan en el desarrollo de esta cualidad y es una etapa en la cual elevamos, con respecto al período juvenil I, la programación de los métodos continuos, intervalados, intermitentes (en un mayor porcentaje) para también comenzar a entrenar con el método RSA con predominancia aeróbica, no siendo tan aconsejables los esfuerzos RSA en régimen neuromuscular que pueden resultar muy exigentes para el aparato articular y muscular de los jóvenes.

CUALIDADES FÍSICO - MOTORAS A DESARROLLAR EN LA ETAPA 15 -16 AÑOS

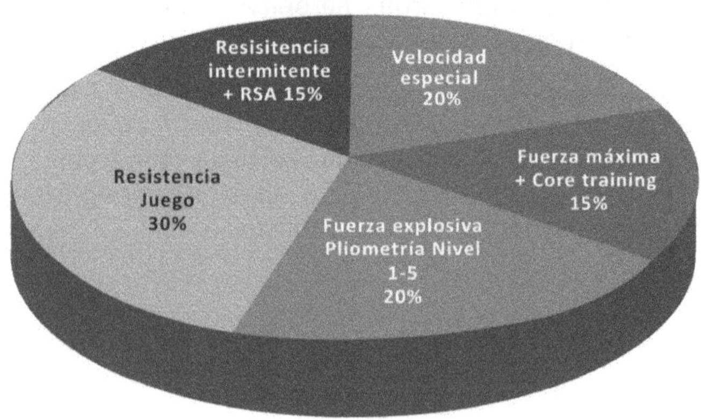

CONTENIDOS TÉCNICO-TÁCTICOS DE LA ETAPA 15-16 AÑOS

El aprendizaje de los principios tácticos defensivos y ofensivos debe desarrollarse en este período de manera más específica ya que en este período es cuando se produce lo que nosotros llamamos "la etapa de la consolidación táctica". Es decir, que los jóvenes comienzan a definir su rol o puesto específico dentro de un equipo. Comienzan a afianzarse las posiciones dentro del campo de juego de manera más precisa por ello es en esta etapa donde el entrenador debe comenzar a entrenar con ejercicios diferenciados por puesto. Este objetivo puede lograrse a través de la metodología situacional en la programación de driles respetando los puestos de cada futbolista. Las situaciones estándar (sin oposición) o los driles funcionales (con oposición) son muy interesantes para desarrollar esta especificidad táctica, siempre con preponderancia de actividades globales.

Los principios tácticos deben ser entrenados de manera especial por puesto, más allá de que todavía en esta etapa puede haber algún cambio posicional a futuro, pero en general es aquí donde comienza a consolidarse el "perfil táctico" del futbolista. Por ello la importancia de volcar en la planificación anual los contenidos de cada uno de los principios tácticos defensivos y ofensivos en función del puesto o rol de cada joven y de esa manera acentuar la preparación específica del puesto en el que se desempeña sin perder tiempo en movimientos o acciones que poco tienen que ver con su actividad táctica en el campo de juego.

Por todo lo mencionado, el entrenamiento de la técnica también sufre una modificación con respecto al período precedente ya que al diferenciar más precisamente a los jóvenes por puesto desde lo táctico también debemos comenzar a desarrollar los gestos técnicos específicos por puesto. Esto se refleja en la sesión de entrenamiento de la siguiente manera. Por ejemplo, si tenemos un grupo-equipo de quince años, debemos acentuar con los defensores el gesto técnico del quite y el cabezazo defensivo; con los mediocampistas el gesto técnico del pase y control y con los atacantes el remate y juego aéreo ofensivo. No todas las sesiones deben tener un carácter diferenciado, pero sí alguna de ellas y sobre todo distinguir este tipo de especificaciones en el armado y organización de los entrenamientos situacionales (driles o juegos).

Para concluir sobre la importancia de desarrollar los aspectos tácticos del entrenamiento a través de la metodología situacional-funcional reflejamos una frase del profesor Marco Lucarelli: "Solicitaciones de pocas repeticiones (insuficiente ejercicios funcionales) y estímulos demasiado bajos (como por ejemplo ejercitaciones continuas siempre en ausencia de adversarios)

conducen a una disminución de la automatización y a resoluciones tácticas lentas".

Con respecto a los sistemas de juego en este período se produce la consolidación del sistema 4-3-1-2 que los jóvenes vienen experimentando desde la etapa infantil para en una segundo fase pasar al aprendizaje del sistema 4-4-2 y 4-3-2-1.

PRINCIPIOS TÁCTICOS DEFENSIVOS	PRINCIPIOS TÁCTICOS OFENSIVOS	SISTEMA TÁCTICO
DE TEMPORIZACIÓN: repliegue basculacion	DE CONTROL: posesión del balón control del juego	MOVIMIENTOS TÁCTICOS COLECTIVOS COMPLEJIDAD MEDIA
DE EQUILIBRIO: marcaje cobertura permuta relevo	DE PROGRESIÓN: cambios de ritmo superioridad numérica cambios de orientación	ENTRENAMIENTO SITUACIONAL standard 40% funcional: 30% competencia: 30%
DE RECUPERACIÓN: intercepción doblaje anticipación	DE DEFINCIÓN: juego asociado diagonales desdoblamiento ofensivo	INTRODUCCIÓN sistema táctico 4-4-2 sistema táctico 4-3-2-1 CONSOLIDACIÓN sistema táctico 4-3-1-2

Distribución porcentual de los contenidos del proceso de enseñanza aprendizaje

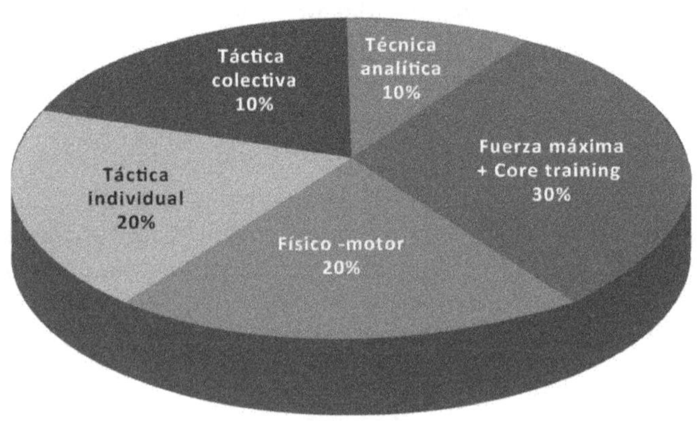

PLANIFICACIÓN PRÁCTICA SEMANAL EN ETAPA PREPARATORIA ATR

PLANIFICACIÓN MICROCICLO ACUMULACIÓN 15 - 16 AÑOS

CAI TEMPORADA DEPORTIVA 2008

ETAPA DE PREPARACIÓN - PERIODO DE ACUMULACIÓN — JUVENILES MENORES — 15-16 AÑOS

MICROCICLO DE CARGA — MICROCICLO Nº 2 (28/01 AL 03/02)

LUNES 28	MARTES 29	MIÉRCOLES 30	JUEVES 31	VIERNES 01	SAÁADO 02	DOM 03
SESIÓN 7	SESIÓN 8	SESIÓN 9	SESIÓN 10	SESIÓN 11		
EJERCICIOS PROPIOCEPTIVOS EC MOVILIDAD ARTICULAR EJERCICIOS ELONGACIÓN EJERCICIOS ZONA MEDIA 20´ RESISTENCIA AERÓBICA CONTINUO EXTENSIVO 3,5KM: 20´ F.C. 140 - 150 RESISTENCIA AERÓBICA CONTINUO VARIABLE CORTO 3 X 2 KM 1. 5x100 x 300 20" x 1´40" 2. 4x200 x 300 40" x 1´40" 3. 5x200 x 200 40" x 1´20"	1. SOBRECARGA Adaptación Fuerza Máxima 3 x 8 x 8 Estaciones 40´ Sentadilla Adelante Press Pecho Isquiotibiales Press Hombro Fuerza c/impulso Dorsal Arranque Potencial Abdominales * Pesos Standar Bajos 2.PLIOMETRÍA NIVEL 0-1 PROPIOCEPCIÓN CIRCUITO EN ARENA (150 SALTOS) 7 X 8 3. ENTRENAMIENTO PERFECCIONAMIENTO TÉCNICO Situación Analítica 1. Centro y Cabezazo ofensivo 2. Pase, Control y Remate 40´	EJERCICIOS PROPIOCEPTIVOS EC MOVILIDAD ARTICULAR EJERCICIOS ELONGACIÓN EJERCICIOS ZONA MEDIA 20´ RESISTENCIA AERÓBICA CONTINUO EXTENSIVO 3,5KM: 20´ F.C. 140 - 150 RESISTENCIA AERÓBICA CONTINUO VARIABLE CORTO 3 X 2 KM 1. 5x100 x 300 20" x 1´40" 2. 4x200 x 300 40" x 1´40" 3. 5x200 x 200 40" x 1´20"	1. SOBRECARGA Adaptación Fuerza Máxima 3 x 8 Estaciones 40´ Sentadilla Adelante Press Pecho Isquiotibiales Press Hombro Fuerza c/impulso Dorsal Arranque Potencial Abdominales * Pesos Standar Bajos 2.PLIOMETRÍA NIVEL 0-1 PROPIOCEPCIÓN CIRCUITO (180 SALTOS) 7 X 8 3. ENTRENAMIENTO TÉCNICO TÁCTICO Situación Standard 1. Drill Ofensivo 4 vs 2 2. Drill mov. Def. 4-4-2 40´	EC MOVILIDAD ARTICULAR EJERCICIOS ELONGACIÓN EJERCICIOS ZONA MEDIA 20´ RESISTENCIA AERÓBICA CONTINUO EXTENSIVO 3,5KM: 20´ F.C. 140 - 150 RESISTENCIA AERÓBICA CONTINUO FARTLEK CORTO 3 X 2 KM estación 1: Multisaltos 10" estación 2: Slalom 20" estación 3: 100m: 20" estación 4: circuito coordinativo 4 RESISTENCIA AERÓBICA CONTINUO EXTENSIVO 3 KM: 20´ F.C. 140 - 150 VT: 12,5 KM	COMPETENCIA AMISTOSO	LIBRE

PLANIFICACIÓN MICROCICLO TRANSFORMACIÓN 15 - 16 AÑOS

CAI TEMPORADA DEPORTIVA 2007

ETAPA DE PREPARACIÓN - PERIODO DE TRANSFORMACIÓN — JUVENILES MENORES — 15-16 AÑOS

MICROCICLO DE CARGA — MICROCICLO Nº 6 (19/02 AL 25/02)

LUNES 19	MARTES 20	MIÉRCOLES 21	JUEVES 22	VIERNES 23	SABADO 24	DOM 25
SESIÓN 29	SESIÓN 30	SESIÓN 31	SESIÓN 32	SESIÓN 33	SESIÓN 34	
Turno Mañana Santo Domingo	Turno Mañana Santo Domingo	Turno Mañana Santo Domingo	Turno Mañana Santo Domingo	Turno Mañana Santo Domingo	Turno Mañana Santo Domingo	Descanso
ENTRENAMIENTO RESISTENCIA ESPECIAL EN BLOQUES 1. INTERMITENTE C/ CAMBIOS DE DIRECCIÓN 2 BLOQUES X 10´ (10" X 20") 2. MÉTODO DE JUEGO 8 vs 8 en 70 x 50 PRESSING - CONTROL ATAQUE CAMBIO DE ORIENTACIÓN 3 BLOQUES X 6´ 3. DRILL INTERMITENTE SITUACIONAL 2 BLOQUES X 10´ (15" X 30") VT X BLOQUE: 30´	1. SOBRECARGA Adaptación Fuerza Máxima 3 x 4-6 x 7-8 Estaciones 40´ Sentadilla Adelante Press Pecho Isquiotibiales 2do Tiempos Potencia Fuerza c/Impulso Dorsal Arranque Potencia 1/4 Sentadilla c/salto * (Cargo 80-90%) 2.PLIOMETRÍA NIVEL 2-3 PROPIOCEPCIÓN CIRCUITO (140 SALTOS) 6 X 8 3. ENTRENAMIENTO TÉCNICO - TÁCTICO Tiempo: 6" - 10" Sit. Analítica/Situacional 1. Centrol y cabezazo ofensivo 2. 1 vs , 2 vs 2 40´	PARTIDO AMISTOSO CAI VS BANFIELD (50´) Grupo no citado Entrenamiento Resistencia Intermitente Secuencial 5-6 Bloques x 3´-4´ (5" - 12" T x 20"- 40"P) Intermitente Lineal 2 x 10 x (10" x 20")	1. SOBRECARGA Adaptación Fuerza Máxima 3 x 4-6 x 7-8 Estaciones 40´ Sentadilla Adelante Press Pecho Isquiotibiales 2do Tiempos Potencia Fuerza c/Impulso Dorsal Arranque Potencia 1/4 Sentadilla c/salto * (Cargo 80-90%) 2.PLIOMETRIA NIVEL 2-3 PROPIOCEPCION CIRCUITO (140 SALTOS) 6 X 8 3. ENTRENAMIENTO TÉCNICO - TÁCTICO Tiempo: 6" - 10" Sit. Analítica/Situacional 1. Centrol y cabezazo ofensivo 2. 1 vs , 2 vs 2 40´	ENTRENAMIENTO TÁCTICO (60´) Grupo no citado Entrenamiento Resistencia Especial (60´)	PARTIDO AMISTOSO CAI VS RIVER PLATE Grupo no citado Entrenamiento Resistencia Intermitente Secuencial	

PLANIFICACIÓN MICROCICLO REALIZACIÓN 15 - 16 AÑOS

CAI TEMPORADA DEPORTIVA 2007

ETAPA DE PREPARACIÓN - PERIODO DE REALIZACIÓN — JUVENILES MENORES — 15-16 AÑOS

MICROCICLO DE CARGA — MICROCICLO Nº 8 (05/03 AL 11/03)

LUNES 5	MARTES 6	MIÉRCOLES 7	JUEVES 8	VIERNES 9	SÁBADO 10	DOM 11
SESIÓN 41	SESIÓN 42	SESIÓN 43	SESIÓN 44	SESIÓN 45	SESIÓN 46	
OBJETIVOS TECNICOS TÁCTICO ORIENTACIÓN FÍSICA DEL ENTRENAMIENTO A. ENTERNAMIENTO ANAERÓBICO-ALÁCTICO B. ENTERNAMIENTO PERFECC. TÉCNICO-ANALÍTICO C. ENTERNAMIENTO ESP. SITUACIONAL EN RÉGIMEN DE VELOCIDAD (SITUACIÓN STANDARD)	OBJETIVOS TECNICOS TÁCTICO ORIENTACIÓN FÍSICA DEL ENTRENAMIENTO A. ENTERNAMIENTO RESISITENCIA INTERMITENTE B. ENTERNAMIENTO REGIMEN DE RESIST. INT. (SITUACIÓN FUNCIONAL) C. ENTERNAMIENTO TÁCTICO EN SITUACIÓN DE JUEGO RÉGIMEN RESISTENCIA ESPECIAL (SITUACIÓN COMPETENCIA)	ORIENTACIÓN FÍSICA DEL ENTRENAMIENTO A. ENTERNAMIENTO FUERZA-POTENCIA CONSTRUCCIÓN MUSCULAR TREN SUPERIOR FZA EXPLOSIVA EJ. DLP B. ENTERNAMIENTO ANAERÓBICO-ALÁCTICO CIRCUITO PROPIOCEPTIVO (VELOCIDAD) OBJETIVO TÉCNICO-TÁCTICO EC ESPECÍFICA TÉCNICA ANALÍTICA DE BASE (20") PRÁCTICA DE FÚTBOL 11 VS 11 (50´) FLEXIBILIDAD ELONGACIÓN	OBJETIVOS TÉCNICOS TÁCTICO A. EC ESPECIFICA TÉCNICA ANALÍTICA TÉCNICA ESPECÍFICA (CENTRO-CABEZAZO-REMATE) (25´) B. ACTIVIDADES TÁCTICAS POR LINEAS C. ACTIVIDADES TÁCTICAS DE CONJUNTO (PELOTA PARADA) FLEXIBILIDAD ELONGACIÓN	PARTIDO AMISTOSO CAI VS SAN LORENZO ORIENTACIÓN FÍSICA DEL ENTRENAMIENTO RESISITENCIA ESPECIAL MÉTODO DE JUEGO 4 > 4 ; 3 > 3 MÉTODO INTERMITENTE SECUENCIAL 4 - 5 BLOQUES X 3´- 4´ (Grupo de futbolistas no citados)	TAREAS AERÓBICAS DE RECUPERACIÓN	Descanso
Metodología práctica	**Metodología práctica**					
A. CIRCUITO COORDINATIVO FUERZA EXPLOSIVA VELOCIDAD PLIOMETRÍA NIVEL 2-3 PROPIOCEPCIÓN EQ. FUNCIONAL 7 Est. x 4-5 (120 SALTOS) B. EJERCICIO ANALITICO TÉCNICA ESPECÍFICA (CENTRO-CABEZAZO-REMATE) C. DRILL SITUACIONAL RÉGIMEN DE VELOCIDAD 2X12´ (10"X60") *FÚTBOL 11 vs 11 (grupo que no compite)	A. MÉTODO INTERMITENTE RESISITENCIA GLUCOLITICA RÁPIDA 3 BLOQUES X 8´ (10X20-10X15-10X10) MACROPAUSA: 3´ B. DRILL ATAQUE VS DEFENSA PASE-RECEPCIÓN-CENTRO Raport: 10"-15" Tx30" - 40"R 2>1;4>2 (2 bloquesx10´) VT: 40´ C. JUEGO PRESSING 2>2: 4,2; 6>6 RÉGIMEN RESISTENCIA ESP. VT: 40´					

PLANIFICACIÓN PRÁCTICA SEMANAL EN ETAPA COMPETITIVA

PLANIFICACIÓN MICROCICLO COMPETITIVO 15 - 16 AÑOS

CAI TEMPORADA DEPORTIVA 2007				Cat. 91 -92	7º - 8º División	
ETAPA DE COMPETENCIA						
MICROCICLO DE RECUPERACIÓN		MICROCICLO Nº 4 (30/07 AL 05/08)				
LUNES 30	MARTES 31	MIÉRCOLES 1	JUEVES 2	VIERNES 3	SÁBADO 4	DOM 5
SESIÓN 19	SESIÓN 20	SESIÓN 21	SESIÓN 22	SESIÓN 23	SESIÓN 24	
Contenidos didácticos	Contenidos didácticos	Contenidos didácticos	Contenidos didácticos	Contenidos didácticos	COMPETENCIA	
CONTENIDOS TÁCTICO DOMINANTES Táctica Integral CONTENIDOS TÉCNICOS DOMINANTES Pase-Recepción CONTENIDOS FISICO - COORDINATIVOS DOMINANTE Resistencia Especial de Juego Resisitencia Fuerza Rápida Velocidad Especial	CONTENIDOS TÁCTICO DOMINANTES Situación Ataque- Defensa CONTENIDOS TÉCNICOS DOMINANTES Centro-Definicio-Marca CONTENIDOS FISICO - COORDINATIVOS DOMINANTE Resistencia Intermitente Capacidad Aeróbica	CONTENIDOS TÁCTICO DOMINANTES Táctica Integral CONTENIDOS TÉCNICOS DOMINANTES Técnica Aplicada CONTENIDOS FISICO - COORDINATIVOS DOMINANTE Resistencia Especial de Juego Resisitencia Fuerza Rápida Velocidad Especial Fuerza Máxima TS Zona Media	CONTENIDOS TÁCTICO DOMINANTES Movimiento Táctico de defensa CONTENIDOS TÉCNICOS DOMINANTES Remate-cabezazo CONTENIDOS FÍSICO - COORDINATIVOS DOMINANTE Resistencia especial de juego	LIBRE	20º FECHA AFA TORNEO JUVENIL 07 7º - 8º - 9º CAI VS BANFIELD	LIBRE
Metodología Práctica	Metodología Práctica	Metodología Práctica	Metodología Práctica	Metodología Práctica		
EC Ejercicios Técnicos FÚTBOL 11 VS 11 50´ Flexibilidad - Elongación Futbolistas que disputaron 4 partidos en 11 dias un dia más de recuperación	EC Técnica pase y recepción 20´ Situación Funcional 3 secuencias 2 bloques x 15´x 3´pausa Raport: 20" acción x 70" rec. Resistencia intermitente Método intermitente 3 bloques x 10´ Raport x bloque 10´x (25x30) 10´x (20x30) 10´x (10x20)	EC Juego Colectivo 20´ Entrenamiento Fuerza Máxima 6 - 7 estaciones Propioceptivo FÚTBOL 11 VS 11 2 X 25´ 50´	EC Juego-Recreativa 25´ Fútbol - Tenis Táctico Futbolista sin competencia Juego de Pressing 8VS8 Ataque en amplitud Defensa en pressing 4 x 8´ En régimen resistencia especial FC: 160-190		Futbolista sin competencia Resistencia Intermitente Método Intermitente 3 Bloques x 10´ Raport x bloque 10´x (15x30) 10´x (10x20) 10´x (5x30x10x10x15x20) Método de Juego 6 vs 6 4 bloques x 5´	

ACTIVIDADES PRÁCTICAS DE ENTRENAMIENTO PARA JUVENILES DE 15-16 AÑOS

Fase Juvenil 2 (15-16 años). Ejercicio 1 - Tipo Ejercicio: circuito neuromuscular nivel 5

- Nombre del ejercicio: Circuito fuerza explosiva a 3 secuencias.
- Aspecto Técnico Dominante: -
- Aspecto Táctico Dominante: -
- Aspecto Físico Dominante: Fuerza explosiva - Velocidad - Fuerza potencia.
- Número de participantes: 20.
- Dosificación: En cada estación se realizan entre 5-6 repeticiones. Micropausa: 1' / Macropausa: 3'.
- Desarrollo: En la primera secuencia los futbolistas ejecutan diferentes ejercicios de fuerza-potencia con barra. Luego pasan a desarrollar las siguientes estaciones: estación 1: saltos laterales a cinco aros; estación 2: cuatro saltos bipodales de 30cm; estación 3: slalom rápido a 5 estacas; estación 4: skipping corto; estación 5: Coordinación unipodal en cuadrilátero. Todas las estaciones finalizan con un sprint final de 10 metros con balón (tercera secuencia).

Fase Juvenil 2 (15-16 años). Ejercicio 2 - Tipo Ejercicio: situación competencia

- Nombre del ejercicio: Juego 7 vs. 7 + porteros.
- Aspecto Técnico Dominante: Pase - Remate.

- Aspecto Táctico Dominante: Cambio de orientación del juego.
- Aspecto Físico Dominante: -
- Número de participantes: 14 + 3 porteros.
- Dosificación: Bloques de 7' - 8'.
- Desarrollo: Se produce un juego 7 contra 7 con tres arcos, en el arco del medio ambos equipos pueden realizar goles.

Fase Juvenil 2 (15-16 años). Ejercicio 3 - Tipo Ejercicio: situación competencia

- Nombre del ejercicio: Juegos 2 vs. 2 con postes fijos.
- Aspecto Técnico Dominante: Pase y recepción.
- Aspecto Táctico Dominante: Desmarcación y marcaje.
- Aspecto Físico Dominante: Resistencia especial.
- Número de participantes: 16.
- Dosificación: Bloques de 1' esfuerzo x 1' pausa.
- Desarrollo: Juego 2 contra 2 con doble apoyo fijo, objetivo tener el balón la mayor cantidad del minuto de juego.

Fase Juvenil 2 (15-16 años). Ejercicio 4 - Tipo Ejercicio: situación competencia

- Nombre del ejercicio: Juego de duelos en triángulos.
- Aspecto Técnico Dominante: Pase y gambeta.
- Aspecto Táctico Dominante: Duelos 1 vs. 2 y 2 vs. 2.
- Aspecto Físico Dominante: Resistencia especial.
- Número de participantes: 16.
- Dosificación: Bloques de 8'.
- Desarrollo: Se divide la mitad del campo en 4 triángulos, en dos triángulos externos se colocan cuatro mediocampistas externos y en los dos triángulos de las áreas se colocan dos defensores y dos atacantes por cada uno. El juego es libre sin poder salir de las áreas demarcadas.

Fase Juvenil 2 (15-16 años). Ejercicio 5 - Tipo Ejercicio: situación competencia + método intermitente

- Nombre del ejercicio: Resistencia mixta juego 2 vs. 2.
- Aspecto Técnico Dominante: Pase y recepción.
- Aspecto Táctico Dominante: Desmarcación.
- Aspecto Físico Dominante: Resistencia especial.
- Número de participantes: 16.
- Dosificación: Bloques de 8' (10-15'' esfuerzo x 20-30'' pausa).
- Desarrollo: Se combinan acciones de juegos de 2 vs. 2 en cuadrados con esfuerzos intermitentes de 50 y 70 metros.

CAPÍTULO 11

FÚTBOL JUVENIL. FASE III: 17-20 AÑOS

CARACTERÍSTICAS GENERALES DE LOS JÓVENES DE 17-20 AÑOS

El período final de la etapa juvenil es una fase que abarca 3 años desde los 16 hasta los 20 años del joven. Los aspectos físicos ya están desarrollados de manera sólida, sobre todo en aquellos deportistas que tuvieron la posibilidad de trascurrir todo el proceso de entrenamiento infantojuvenil en un club profesional.

Durante tantos años de entrenar edades juveniles encontramos notorias diferencias en las cualidades físicas y motrices entre futbolistas que recorren todo el proceso formativo con aquellos que se incorporan en etapas posteriores y saltean parte del proceso de formación plurianual. Estas diferencias no pueden emparejarse en un proceso corto de entrenamiento acelerado sino que debe realizarse mediante un plan de entrenamiento acorde y progresivo con aquellos jóvenes que se insertan en estas etapas tan cercanas al fútbol profesional. Las mejoras en estos casos debe focalizarse a los aspectos de fuerza de base y resistencia específica, en referencia a los valores de capacidad aeróbica y VO2 es más fácil lograr un nivel de igualdad con el grupo competencia.

Los futbolistas de estas edades experimentan entrenamientos en cantidad y exigencia similares a la Primera División. Las competencias son muy exigentes y muchos de estos futbolistas, los más destacados, participan de la división reserva o del plantel profesional.

LAS CUALIDADES FÍSICO-MOTORAS EN EL PROCESO DE ENTRENAMIENTO

La fuerza máxima puede ser desarrollada de manera más elevada a la etapa anterior y en forma controlada a través de evaluaciones de esta capacidad. Recordemos que la fuerza máxima no es prioridad en el fútbol pero sí necesitamos de valores de base que funcionarán como soporte de otros tipos de fuerza. La consolidación de la zona media por medio de toda la batería de ejercicios de zona core es fundamental en esta etapa ya tan elevada.

La fuerza-explosiva como base de la velocidad deberá ser estimulada con los circuitos de niveles 1 hasta 8 dependiendo del nivel de los futbolistas y período de la temporada deportiva.

La velocidad deberá ser estimulada por medio de circuitos y dentro de la metodología situacional por medio de situación standard (ver metodología situacional). Los tipos de velocidad a desarrollar en esta etapa serán: velocidad de reacción, de desplazamiento con y sin balón, de decisión, de percepción de anticipación.

En el largo período de dos meses precampeonato es una etapa ideal para que los jóvenes desarrollen la resistencia baja, media y alta realizando todos los tipos de resistencia mencionados en la metodología. Durante esta etapa es interesante la programación de métodos continuos, intervalados, intermitentes, carreras con variación velocidad y método RSA con orientación aeróbica y neuromuscular.

Con referencia al entrenamiento de la resistencia especial los juegos y situa-ciones competencia predominan en el desarrollo de esta cualidad con altas intensidades y entrenamiento técnico de altísima calidad en régimen de fatiga.

CUALIDADES FÍSICO-MOTORAS A DESARROLLAR EN LA ETAPA 17 - 20 AÑOS

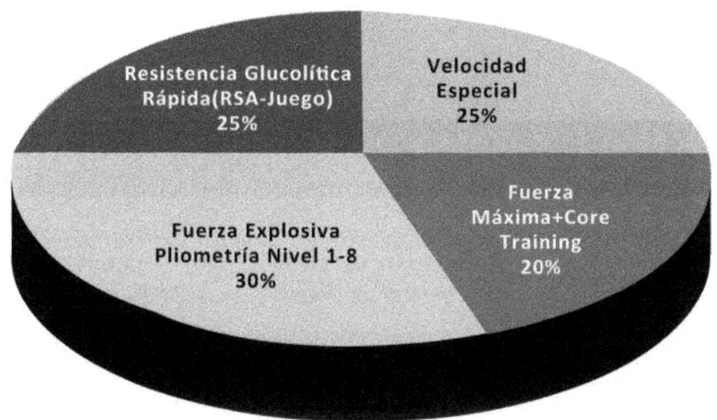

CONTENIDOS TÉCNICO-TÁCTICOS DE LA ETAPA 17-20 AÑOS

En la etapa juvenil III, los principios tácticos defensivos y ofensivos deben estar totalmente consolidados. En un proceso de desarrollo táctico ideal el joven futbolista debería experimentar todos los sistemas tácticos respetando en forma general su posición o rol dentro del campo. Estamos convencidos que este aprendizaje multifacético enriquece el bagaje táctico y estratégico del jugador, no debemos olvidar que debemos entrenar futbolistas para que estén preparados a responder en el más alto nivel de rendimiento deportivo a las requisitorias de diferentes entrenadores que poseen diversas ideas y formas de juego.

Como dijo Louis Van Gaal, técnico de reconocida trayectoria: "El entrenador debe saber utilizar diferentes sistemas tácticos según la circunstancia del momento, el rival de turno y los futbolistas con los que cuenta".

En estas etapas donde los futbolistas son casi profesionales "es oportuno que el entrenamiento deba orientarse hacia una especificidad técnico-táctica en relación a las capacidades individuales" como destaca el profesor Marco Lucarelli en su libro *Lavorare e programmare ad alto livello.*

El sistema de entrenamiento técnico mixto debe utilizarse de manera súper específica, puliendo los detalles técnicos que puedan aparecer en cada futbolista y respetando al máximo su rol en campo a la hora de programar una sesión de entrenamiento técnico y táctico.

Las acciones de pelota parada también deben formar parte fundamental del proceso de enseñanza táctica en este período ya que este aspecto del juego es fundamental en el fútbol actual y estos jóvenes se encuentran muy cerca del fútbol profesional. Por tal motivo, es vital que experimenten diferentes formas de marcaje a balón parado como por ejemplo marcación en zona, marca personal o mixta.

PRINCIPIOS TÁCTICOS DEFENSIVOS	PRINCIPIOS TÁCTICOS OFENSIVOS	SISTEMA TÁCTICO
DE TEMPORIZACIÓN: repliegue basculación	DE CONTROL: posesión del balón control del juego	MOVIMIENTOS TÁCTICOS COMPLEJIDAD ALTA EJERCICIOS BALÓN PARADO
DE EQUILIBRIO: marcaje cobertura permuta relevo	DE PROGRESIÓN: cambios de ritmo superioridad numérica cambios de orientación	ENTRENAMIENTO TÁCTICO-SITUACIONAL STANDARD 20% FUNCIONAL: 30% COMPETENCIA: 50%
DE RECUPERACIÓN: intercepción doblaje anticipación	DE DEFINCIÓN: juego asociado diagonales desdoblamiento ofensivo	SISTEMA TÁCTICO 4-4-2 SISTEMA TÁCTICO 4-3-2-1 SISTEMA TÁCTICO 4-3-1-2 SISTEMA TÁCTICO 4-3-3 SISTEMA TÁCTICO 3-5-2 SISTEMA TÁCTICO 3-4-3

DISTRIBUCIÓN PORCENTUAL DE LOS CONTENIDOS DEL PROCESO DE ENSEÑANZA APRENDIZAJE

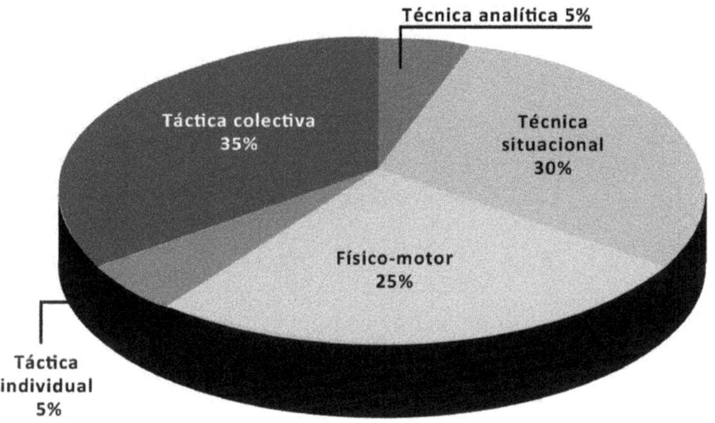

PLANIFICACIÓN PRÁCTICA SEMANAL EN ETAPA PREPARATORIA ATR

PLANIFICACIÓN MICROCICLO ACUMULACIÓN 17 - 20 AÑOS

CAI TEMPORADA DEPORTIVA 2007						
ETAPA DE PREPARACIÓN - PERIODO DE ACUMULACIÓN			JUVENILES MAYORES			
MICROCICLO DE ADAPTACIÓN		MICROCICLO Nº 1 (15/01 AL 21/01)				
LUNES 15	MARTES 16	MIÉRCOLES 17	JUEVES 18	VIERNES 19	SÁBADO 20	DOM 21
SESIÓN 1	SESIÓN 2	SESIÓN 3	SESIÓN 4	SESIÓN 5	SESIÓN 6	SESIÓN 7
Turno Mañana Santo Domingo EC MOVILIDAD ARTICULAR EJERCICIOS ELONGACIÓN EJERCICIOS ZONA MEDIA 20´ RESISTENCIA AEROBICA CONTINUO EXTENSIVO 2 x 3,5 KM: 20´ F.C. 140-150	Turno Mañana Santo Domingo 1. SOBRECARGA Adaptación Fuerza Max. 3 x 8 x 8 Estaciones 40´ Sentadilla Adelante Press Pecho Isquiotibiales Press Hombro Fuerza c /impulso Dorsal Arranque Potencia Abdominales *Pesos Standard Bajos 2. PLIOMETRIA NIVEL 0-1 PROPIOCEPCION CIRCUITO (150 SALTOS) 6 X 8 3. ENTRETENIMIENTO PERFECCIONAMIENTO TÉCNICO SITUACIÓN ANALÍTICA 1. Centro y cabezazo ofensivo 2. Pase, control	Turno Mañana Reserva Ecológica EC MOVILIDAD ARTICULAR EJERCICIOS ELONGACIÓN EJERCICIOS ZONA MEDIA 20´ RESISTENCIA AEROBICA CONTINUO EXTENSIVO 3,5 KM: 20´ F.C. 140-150 RESISTENCIA AEROBICA CONTINUO EXTENSIVO 2 x 3 KM F.C. 150-160	Turno Mañana Santo Domingo 1. SOBRECARGA Adaptación Fuerza Max. 3 x 8 x 8 Estaciones 40´ Sentadilla Adelante Press Pecho Isquiotibiales Press Hombro Fuerza c /impulso Dorsal Arranque Potencia Abdominales *Pesos Standard Bajos 2. PLIOMETRIA NIVEL 0-1 PROPIOCEPCIÓN CIRCUITO (150 SALTOS) 6 X 8 3. ENTRETENIMIENTO TÉCNICO TÁCTICO Situación Standard 1. Drill Ofensivo 3vs2 2. Drill mov. Def. 4-4-2 40´	Turno Mañana Reserva Ecológica EC MOVILIDAD ARTICULAR EJERCICIOS ELONGACIÓN EJERCICIOS ZONA MEDIA 20 RESISTENCIA AEROBICA CONTINUO EXTENSIVO 3,5 KM: 20´ F.C. 140-150 RESISTENCIA AEROBICA CONTINUO VARIABLE LARGO 3 BLOQUES X 3KM BLOQUE (1´TRX2´PA) BLOQUE (1´TRX3´PA) BLOQUE (1´TRX4´PA) F.C. 150-170 EC MOVILIDAD ARTICULAR EJERCICIOS	Turno Mañana Santo Domingo 1. SOBRECARGA Adaptación Fuerza Max. 3 x 8 Estaciones 40´ Sentadilla Adelante Press Pecho Isquiotibiales Press Hombro Fuerza c /impulso Dorsal Arranque Potencia Abdominales *Pesos Standard Bajos 2. PLIOMETRIA NIVEL 0-1 PROPIOCEPCIÓN CIRCUITO (150 SALTOS) 6 X 8 3. ENTRETENIMIENTO PERFECCIONAMIENTO TÉCNICO Situación analítica 1. Centro y cabezazo ofensivo 2. Pase, control y	Descanso

PLANIFICACIÓN MICROCICLO TRANSFORMACIÓN 17 - 20 AÑOS

CAI TEMPORADA DEPORTIVA 2007						
ETAPA DE PREPARACIÓN - PERIODO DE TRANSFORMACIÓN				JUVENILES MAYORES		
MICROCICLO DE CARGA			MICROCICLO Nº 7 (26/02 AL 04/03)			
LUNES 26	MARTES 27	MIÉRCOLES 28	JUEVES 01	VIERNES 02	SÁBADO 03	DOM 04
SESIÓN 35	SESIÓN 36	SESIÓN 37	SESIÓN 38	SESIÓN 39	SESIÓN 40	SESIÓN 7
Turno Mañana Santo Domingo ENTERNAMIENTO RESISTENCIA ESPECIAL EN BLOQUE 1. INTERMITENTE C/CAMBIOS DE DIRECCION 2 BLOQUES X 10´(10" X 20") 2. MÉTODO DE JUEGO 8 VS 7 EN 70 X 50 PRESSING -CONTROL -ATAQUE CAMBIO DE ORIENTACIÓN 3 BLOQUES X 6´ 3. DRILL INTERMITENTE SITUACIONAL 2 BLOQUES X 10´ (15" X 30") VT X BLOQUE: 30"	Turno Mañana Santo Domingo 1. SOBRECARGA Adaptación Fuerza Max. 3 x 4-6 x 7-8 Estaciones 40´ Sentadilla Adelante Press Pecho Isquiotibiales 2do Tiempo Potencia Fuerza c /impulso Dorsal Arranque Potencia 1/4 Sentadilla c /salto *(carga 80-90%) 2. PLIOMETRÍA NIVEL 2-3 PROPIOCEPCIÓN CIRCUITO (140 SALTOS 6 X 8 3. ENTRETENIMIENTO TÉCNICO-TÁCTICO Tiempo: 6" - 10" Sit. Analítica/Situacional 1. Centro y cabezazo ofensivo 2. 1 vs 1. 2 vs 1 40´	Turno Mañana Santo Domingo PARTIDO AMISTOSO CAI VS VÉLEZ SARSFIELD Grupo no citado Enternamiento Resistencia Intermitente Secuencial 5-6 Bloques x 3´-4´ (5"- 12" T x 20" -40" P)	Turno Mañana Santo Domingo 1. SOBRECARGA Adaptación Fuerza Max. 3 x 4-6 x 7-8 Estaciones 40´ Sentadilla Adelante Press Pecho Isquiotibiales 2do Tiempo Potencia Fuerza c /impulso Dorsal Arranque Potencia 1/4 Sentadilla c /salto *(carga 80-90%) 2. PLIOMETRIA NIVEL 2-3 PROPIOCEPCIÓN CIRCUITO (140 SALTOS) 6 X 8 3. ENTRETENIMIENTO TÉCNICO-TÁCTICO Tiempo: 6" - 10" Sit. Analítica/Situacional 1. Centro y cabezazo ofensivo 2. 1 vs 1. 2 vs 1 40´	Turno Mañana Santo Domingo ENTRENAMIENTO TÁCTICO (60´) Grupo no citado Entrenamiento Resistencia especial (60´)	Turno Mañana Santo Domingo PARTIDO AMISTOSO CAI VS ARGENTINOS JRS. Grupo no citado Enternamiento Resistencia Intermitente Secuencial	Descanso

PLANIFICACIÓN MICROCICLO REALIZACIÓN 17 - 20 AÑOS

CAI TEMPORADA DEPORTIVA 2008						
ETAPA DE REALIZACIÓN						
MICROCICLO DE CARGA MEDIA		MICROCICLO Nº 7 (31/03 AL 06/04)				
LUNES 31	MARTES 1	MIÉRCOLES 2	JUEVES 3	VIERNES 4	SÁBADO 5	DOMINGO 5
SESIÓN 8	SESIÓN 9	SESIÓN 10	SESIÓN 12	SESIÓN 13	SESIÓN 24	
ASPECTO FÍSICO DOMINANTE FUERZA EXPLOSIVA PLIOMETRÍA MUSC. CORE EJERC. POTENCIA VELOCIDAD ESPECIAL ASPECTO TÁCTICO DOMINANTE MOVIMIENTO OFENSIVO CRUCES/DIAGONAL/CENT. SITUACIÓN 1 VS 1	ASPECTO FÍSICO DOMINANTE RESISTENCIA GLUCOLÍTICA RAP. RESISTENCIA ESPECIAL ASPECTO TÁCTICO DOMINANTE MOVIMIENTO OFENSIVO CRUCES/DIAGONAL/CENT. SITUACIÓN 1 VS 2 ACOPLES DEFENSIVOS	ASPECTO FÍSICO DOMINANTE RESISTENCIA ESPECIAL INTEGRADA AL JUEGO ASPECTO TÁCTICO DOMINANTE TÁCTICA INTEGRAL	ASPECTO FÍSICO DOMINANTE VELOCIDAD ESPECIAL GESTOS EXPLOSIVOS MUSC. CORE FLEXIBILIDAD ASPECTO TÁCTICO DOMINANTE 1 VS 1 MOV. OFENSIVO	ASPECTO FÍSICO DOMINANTE VELOCIDAD ESPECIAL GESTOS EXPLOSIVOS MUSC. CORE FLEXIBILIDAD ASPECTO TÁCTICO DOMINANTE PELOTA PARADA MOVIMIENTOS DEFENSIVOS	COMPETENCIA AMISTOSA TORENO VERANO	RECUPERACIÓN
METODOLOGÍA PRÁCTICA	METODOLOGÍA PRÁCTICA	METODOLOGÍA PRÁCTICA	METODOLOGÍA PRÁCTICA	METODOLOGÍA PRÁCTICA		
A. EC JUEGO 4 MINIARCOS 5 VS 5 CIRCUITO PROPIOCEPTIVOS EJERCICIOS CORE 20´ B. CIRCUTO COORDINATIVO FUERZA EXPLOSIVA EJ. FUERZA / VELOCIDAD PLIOMETRÍA NIVEL 2-3 PROPIOCEPCION- EQ. FUNCIONAL Arranque-Envión 1/4 Sent. Salto 5 Est. x 4 (110 SALTOS) 35´	A. EC JUEGO 4 MINIARCOS 6 VS 6 CIRCUITO PROPIOCEPTIVOS EJERCICIOS CORE 20´ B. MÉTODO INTERMITENTE VARIADO 2 BLOQUES X 10´ COMBINADO CON EJERCICIOS DE FUERZA MUSCULATURA CORE (5" - 8" - 10") DOSIFICACIÓN X PUESTOS C. SITUACIÓN FUNCIONAL RÉGIMEN RESISTENCIA ESP. 2 BLOQUES X 10´ 4 SECUENCIAS 1: 1 VS 1 2: 3 VS 2 3: DOBLE CENTRO 4: JUEGO 8" 5 VS 5	A. EC JUEGO TÉCNICO 1 VS 11 VARIANTES CON ARCOS PRÁCTICA DE FÚTBOL 11 VS 11 (2 X 20") FLEXIBILIDAD ELONGACION 15´ SESIÓN 11 FUTBOLISTAS SIN COMPETENCIA MÉTODO INTERMITENTE VARIADO 4 BLOQUES X 8´ SITUACIÓN FUNCIONAL RÉGIMEN RESISITENCIA INT. 2 X 12´	CALENTAMIENTO 3 JUEGOS COMPETITIVOS 4 GRUPOS DE 8 20´ JUEGOS COMPTITIVOS REGIMEN DE VEL. JUEGO 1 COMPETENCIA DE REMATES CONDUCCIÓN EN VEL. 15´ JUEGO 2 DRILL DE DEFINICIÓN 15´ DRILL TÁCTICO 25´	ACTIVIDADES TÁCTICAS COLECTIVAS PELOTA PARADA ACTIVIDADES RECREATIVAS FÚTBOLTENIS FÚTBOL NO CITADOS ORIENTACIÓN FÍSICA DEL ENTERNAMIENTO A. MÉTODO INTERMITENTE LINEAL 3 BLOQUES X 8´ BLOQUE 1 (10"X10") BLOQUE 2 (10"X15") BLOQUE 1-2-3: (4-5m/seg) Intensidad: 100% 105% VAM DOSIFICACION X PUESTOS B. JUEGO 4 VS 4 6 BLOQUES X 30-60"-90"	SESIÓN 14	

PLANIFICACIÓN PRÁCTICA SEMANAL EN ETAPA COMPETITIVA

MICROCICLO ETAPA COMPETITIVA PERIODO 17 - 20 AÑOS

LUNES	MARTES	MIÉRCOLES	JUEVES	VIERNES	SÁBADO	DOMINGO
WARM UP PROPIOCEPCIÓN 20´	WARM UP ACCIONES TÉCNICAS 20´	WARM UP PROPIOCEPCIÓN COORDINACIÓN 20´	WARM UP JUEGO 8 VS 8 20´	WARM UP JUEGO TÉCNICA COORDINACIÓN 20´	PARTIDO OFICIAL 90´ INDEPENDIENTE RIVER PLATE	RECOVERY-DESCANSO
TIPOS DE FUERZA CIRCUITO NIVEL 4-5 40´	DESARROLLO R.G.R INTERMITEN 3 X 8´ (10''x 20'')	PRACTICA FUTBOL 11 vs 11 35´	TIPOS DE FUERZA CIRCUITO NIVEL 2-3 40´	ACCIONES TÁCTICAS 40´	ENTRENAM. LOS QUE NO COMPITEN 120´	
ENTREN EN SITUACIÓN STANDARD REG. SPRINT 2 X 20´	ENTREN EN SITUACIÓN FUNCIONAL REG. RES. ESP. 3´x 7´	ENTRENAM. TÁCTICO X LINEAS	SITUCIÓN STANDARD REMATE RE. VELOC. 2 x 10´	FLEXIBILIDAD MOVILIDAD ARTICULAR 25´		

ACTIVIDADES PRÁCTICAS DE ENTRENAMIENTO PARA JUVENILES DE 17-20 AÑOS

Fase Juvenil 3 (17-20 años). Ejercicio 1 - Tipo Ejercicio: circuito neuromuscular nivel 6

- Nombre del ejercicio: Circuito fuerza explosiva a 4 secuencias.
- Aspecto Técnico Dominante: -
- Aspecto Táctico Dominante: -
- Aspecto Físico Dominante: Fuerza explosiva - Velocidad - Fuerza potencia.
- Número de participantes: 20.
- Dosificación: En cada estación se realizan entre 5-6 repeticiones. Micropausa: 1' / Macropausa: 3.'
- Desarrollo: En la primera secuencia los futbolistas ejecutan diferentes ejercicios de fuerza-potencia con barra. Luego pasan a desarrollar las

siguientes estaciones: estación 1: salto laterales a cinco aros; estación 2: cuatro saltos bipodales de 30 cm; estación 3: slalom rápido a 5 estacas; estación 4: skipping corto; estación 5: coordinación unipodal en cuadrilátero; estación 6: trineo. La tercera secuencia es un sprint de 7 metros sin balón. Todas las estaciones finalizan con un sprint final de 10 metros con balón (cuarta secuencia).

Fase Juvenil 3 (17-20 años). Ejercicio 2 - Tipo Ejercicio: circuito neuromuscular nivel 8

- Nombre del ejercicio: Circuito fuerza explosiva a 5 secuencias.
- Aspecto Técnico Dominante: -
- Aspecto Táctico Dominante: -
- Aspecto Físico Dominante: Fuerza explosiva - Velocidad - Fuerza potencia.
- Número de participantes: 20.
- Dosificación: En cada estación se realizan entre 5-6 repeticiones. Micropausa: 1' / Macropausa: 3'.
- Desarrollo: En la primera secuencia los futbolistas ejecutan diferentes ejercicios de fuerza-potencia con barra. En la segunda secuencia ejecutan tres saltos con caída. La tercera secuencia consiste en realizar acciones coordinativas en apoyo unipodal a las escaleras. La secuencia número cuatro es un sprint de 5 metros, finalizando en una situación de juego a máxima intensidad de 10''. Entre cada secuencia se puede recuperar 5-6''.

Fase Juvenil 3 (17-20 años). Ejercicio 3 - Tipo Ejercicio: sitaución competencia

- Nombre del ejercicio: Juego táctico 8 vs. 8 + portero.
- Aspecto Técnico Dominante: Pase y remate.
- Aspecto Táctico Dominante: Táctica general.
- Aspecto Físico Dominante: Resistencia especial.
- Número de participantes: 16 + 2 porteros.
- Dosificación: Bloques de 10'.
- Desarrollo: Se realiza un juego normal, en la zona central se permiten solo tres toques y en las áreas solo dos.

Fase Juvenil 3 (17-20 años). Ejercicio 4 - Tipo Ejercicio: situación competencia

- Nombre del ejercicio: Juego 4 vs. 4 y duelo 1 vs. 1 en el área.
- Aspecto Técnico Dominante: Pase y remate.
- Aspecto Táctico Dominante: Juego ofensivo en áreas - desdoblamiento.
- Aspecto Físico Dominante: Resistencia especial.
- Número de participantes: 12.
- Dosificación: Bloques de 4'-5'.
- Desarrollo: En la zona central se produce un juego 4 vs. 4 de mediocampistas, estos pasan el balón a la zona del área donde se realiza un duelo 1 vs. 1 entre atacante y defensor.

Fase Juvenil 3 (17-20 años). Ejercicio 5 - Tipo Ejercicio: situación competencia

- Nombre del ejercicio: Juego táctico 8 vs. 8 + portero.
- Aspecto Técnico Dominante: Pase y remate.
- Aspecto Táctico Dominante: Táctica general.
- Aspecto Físico Dominante: Resistencia especial.
- Número de participantes: 16 + 2 porteros.
- Dosificación: Bloques de 10'.
- Desarrollo: Se realiza un juego normal, en la zona central se permiten solo tres toques y en las áreas solo dos.

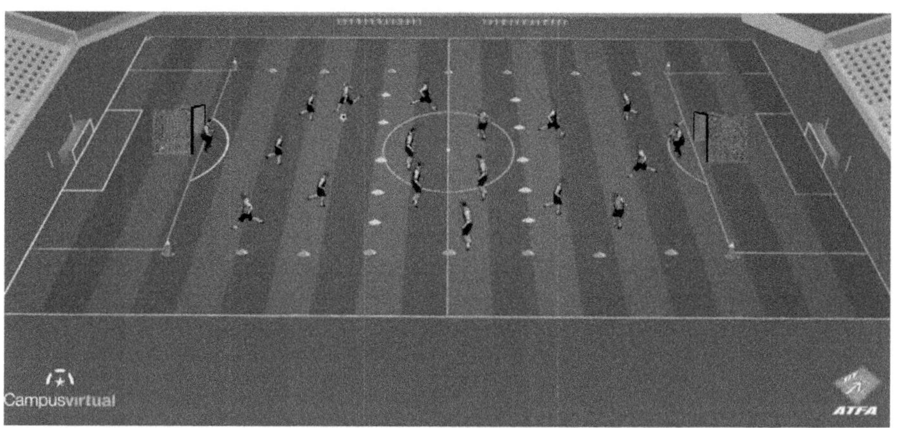

Campusvirtual
ATFA

CAPÍTULO 12

DIVISIÓN RESERVA Y FÚTBOL PROFESIONAL

LA PROBLEMÁTICA DE APURAR PROCESOS DE MADURACIÓN

La necesidad de generar dinero en las instituciones deportivas así como la constante emigración de nuestros futbolistas hacia el exterior hace que el fútbol argentino esté siempre urgido de nuevos valores que formen parte del primer equipo para luego ser vendidos a mercados europeos, asiáticos, países del mundo árabe u otros lugares del continente americano como México y Estados Unidos.

Hoy, a diferencia de 20 o 30 años, se han abierto mercados impensados para recibir a los futbolistas surgidos de la cantera del fútbol argentino. En el año 2010, una estadística arrojó que había más de 1100 futbolistas con nacionalidad argentina dispersos por el mundo. Si pensamos que el campeonato de Primera División argentino se compone por veinte equipos y que cada uno de ellos cuenta con 25-30 futbolistas profesionales caemos en la cuenta que se podría organizar un campeonato paralelo con todos los futbolistas que trabajan fuera de la Argentina alrededor del mundo.

Este éxodo incesante trae diferentes consecuencias a nuestro fútbol y está directamente relacionado a la parte final del proceso madurativo de los jóvenes proyectos.

Cuando en el capítulo inicial hablábamos de las diferentes realidades socio-culturales ésta es una de ellas si nos comparamos con los países de punta del fútbol europeo. En aquel fútbol netamente comprador de talentos (España,

Alemania, Inglaterra, Italia) los jóvenes que se forman en los clubes del Viejo Continente debutan en el fútbol profesional con una edad promedio de 21-22 años, en cambio en Argentina es muy común ver los planteles plagados de chicos de temprana edad que alcanzan el debut a los 17-18 años de edad e incluso antes.

La experiencia nos dicta que, salvo que estemos en presencia de un futbolista de un gran nivel, los jugadores de fútbol que conforman la mayoría deberían pasar un proceso de maduración progresivo y natural hasta llegar al fútbol profesional. Lamentablemente, los clubes no le aportan ese escenario a los juveniles y en muchas ocasiones desperdician proyectos por apurar procesos producto de las necesidades del momento.

Como ejemplo gráfico traemos a colación una situación que se dio con un gran entrenador y excelente persona quién en una oportunidad nos solicitó llevar a un joven de 17 años a la pretemporada para ir incluyéndolo en el primer equipo. El juvenil era muy habilidoso, rápido y encarador, pero estaba en pleno proceso de crecimiento aún. Como existía un gran dialogo entre fútbol juvenil y fútbol profesional le explicamos a este entrenador el proceso que venía llevando el jugador y que a nuestro entender debía continuar un año más en el fútbol juvenil para ganar más masa muscular, fuerza y poder acumular 20 o 25 partidos en reserva. El técnico nos miró y nos respondió "saben lo que pasa muchachos, cada vez que estoy en el banco miro hacia atrás y no encuentro a nadie que pueda romper un esquema y este futbolista lo puede hacer...".

¿Conclusión? Los tiempos del fútbol profesional en Argentina no son los mismos tiempos de los jóvenes futbolistas en desarrollo y en muchas ocasiones se apresuran etapas y esto termina siendo perjudicial para el joven y en definitiva para el club que luego de haber invertido tanto en la formación de ese futbolista pierde un capital con potencialidades por una decisión equivocada.

Al haber estado varios años en clubes importantes hemos comprobado que la edad ideal donde el futbolista encuentra un punto de equilibrio de maduración física y mental se da entre los 21 y 22 años de edad, salvo casos excepcionales como mencionábamos antes.

Es claro que todas las personas no son iguales y las maduraciones físico-motrices y psicológicas no son fórmulas universales, pero es importante que el futbolista transcurra su paso hacia el fútbol profesional sin saltear etapas.

A continuación, un cuadro comparativo sobre las diferencias sustanciales en lo que respecta a las condiciones y contextos del arribo al fútbol profesional entre futbolistas juveniles de Argentina con aquellos del fútbol de Europa.

JOVEN FUTBOLISTA (ARGENTINA)	JOVEN FUTBOLISTA (EUROPA)
- Debut 17-18 años promedio	- Debut 21-22 años promedio
- Contexto hostil	- Proceso natural
- Presión extrema	- Presión por el juego
- Solución de momentos	- Elemento de soporte
- Rendir examen YA.	- Proceso largo
- Educación baja-media	- Educación media-alta

LA DIVISIÓN RESERVA, EL ESLABÓN PREVIO AL GRAN OBJETIVO

Relacionado al tema que acabamos de desarrollar la división reserva es un paso previo al fútbol grande ideal para la conformación final de ese futbolista que comenzó su recorrido en el fútbol infantil.

El formato del campeonato de reserva (paralelo al campeonato de Primera División) hace que los futbolistas que jueguen ese torneo puedan experimentar lo que es competir en estadios de fútbol con el condimento extra del público, además de vivir experiencias de roce deportivo de alto nivel donde se mezclan algunos futbolistas profesionales con gran mayoría de juveniles destacados de entre 17 a 21 años promedio.

Más allá de lo referido a la competencia de la división reserva, es importante que el joven vaya experimentando tanto en el período preparatorio (pretemporada) como en la etapa competitiva situaciones y experiencias muy similares a las que les va a tocar vivir cuando llegue el momento del fútbol profesional, además de estar muy cerca del primer equipo compartiendo prácticas con los jugadores de primera bajo la mirada del cuerpo técnico profesional. Ese período de adaptación termina siendo el eslabón ideal para luego desembarcar en el objetivo final que es jugar en la primera del club donde se ha formado.

Por estadísticas que llevamos durante años consideramos que un futbolista normal debería disputar entre 25-30 partidos en reserva previo a su arribo a la Primera División.

Realizar una o dos pretemporadas fuera del club con las concentraciones, viajes, partidos en estadios con público, enfrentar a rivales de experiencia o pares de gran nivel, todo ese conjunto de experiencias forman parte fundamental de la maduración integral del joven futbolista y es un camino

que debería recorrer sin ser omitido por las exigencias temporales que citábamos antes.

FÚTBOL PROFESIONAL, UN MUNDO DIFÍCIL Y DE PRESIONES

Cuando decimos que el fútbol profesional es un mundo hostil y complicado para los jóvenes nos referimos a todo lo externo que rodea al fútbol en esos niveles. El futbolista que proviene del sector formativo difícilmente experimente problemas en lo que respecta a las cargas de entrenamiento las cuales soportan de manera óptima, incluso rindiendo por sobre los futbolistas experimentados y más veteranos. Si lógicamente es natural que el joven transite un miniproceso de acomodamiento al ritmo futbolístico del fútbol grande al cual se adapta rápidamente incluso con el soporte experimental que otorga las competencias de reserva. El problema central radica en la adaptación a un ambiente que dista mucho del fútbol juvenil: dinero, exposición mediática, los "amigos del campeón", oportunistas que aparecen, los barras bravas, todo bajo un contexto de presión inusual en búsqueda de una transferencia salvadora al fútbol europeo.

Todos los elementos circundantes en ese escenario que es la primera división hacen que la estabilización y consolidación de un joven en el primer equipo no sea una tarea fácil.

Ganar. Ganar. Ganar y volver a ganar. Se leía en todo el estadio Vicente Calderón en un mensaje de los hinchas del Atlético de Madrid a su equipo en ocasión de la semifinal versus Barcelona de la Europa Champios League 2013-2014. Esa es la exigencia que el fútbol profesional actual demanda en todo el mundo. Si bien hay medios como el argentino o el italiano donde la presión es exacerbada, en todo el mundo sucede parecido, pero no podemos cambiar esa realidad con la que deben lidiar los jóvenes, sino preparar futbolistas que se adapten a ese mundo complejo y de grandes presiones.

ASPECTOS GENERALES DEL BIOTIPO Y PERFIL DE RENDIMIENTO FÍSICO DEL FUTBOLISTA ACTUAL

Determinar un biotipo ideal para el fútbol y en qué cualidades físicas debe destacarse no es una tarea fácil. Partimos de la base que no todos los puestos de juego requieren las mismas características antropométricas y condicionales, generalmente se asocia la velocidad a los puestos de ataque y la capacidad de resistencia a los futbolistas con funciones en el mediocampo.

Si hablamos de futbolistas de gran altura rápidamente vamos a pensar en los defensores centrales y en los atacantes de área, en cambio, parece no ser trascendental en puestos como marcadores de punta o mediocampistas externos. De todas maneras, selecciones nacionales como Italia, Brasil y Alemania parecerían desmentir este concepto ya que cuentan con defensores laterales o marcadores de punta con alturas por arriba de 1.85 metros.

La forma de juego también podría estar ligada a la elección de diferentes biotipos de jugadores. Por ejemplo, un equipo que hace de la posesión su lema principal seguramente no necesitará de tantos futbolistas altos. En cambio, un equipo que apuesta al juego aéreo de manera sistemática si los tendría en su plantilla.

La actualidad nos marca que la altura se ha vuelto un aspecto fundamental en todos los deportes colectivos y el fútbol no escapa a esa realidad, sino basta con comparar las alturas promedio de equipos internacionales de hace 30 o 40 años con selecciones actuales (ver tabla "Campeonato Mundial Sudáfrica 2010") y se ve claramente como en líneas generales, ese aspecto se volvió determinante en el fútbol de hoy.

Si tomamos estadísticas de las décadas del 70 y del 80, los arqueros y defensores centrales de nivel elite en general promediaban 1.80 metros. En estos tiempos actuales, los porteros a nivel internacional no bajan de 1.90 metros de la misma manera que es difícil encontrar defensores de elite por debajo del 1.85 metros.

Durante los últimos 15 años hemos trabajado y compartido con más de veinte cuerpos técnicos prestigiosos del futbol profesional, esa experiencia nos ha brindado como conclusión que uno de los aspectos que los entrenadores y preparadores físicos de Primera División valoran a la hora de elegir un jugador juvenil es la altura de los futbolistas más allá del puesto que realiza en campo, siempre hablando a nivel general.

COPA DEL MUNDO SUDAFRICA 2010
PROMEDIO DE ALTURA SELECCIONES NACIONALES

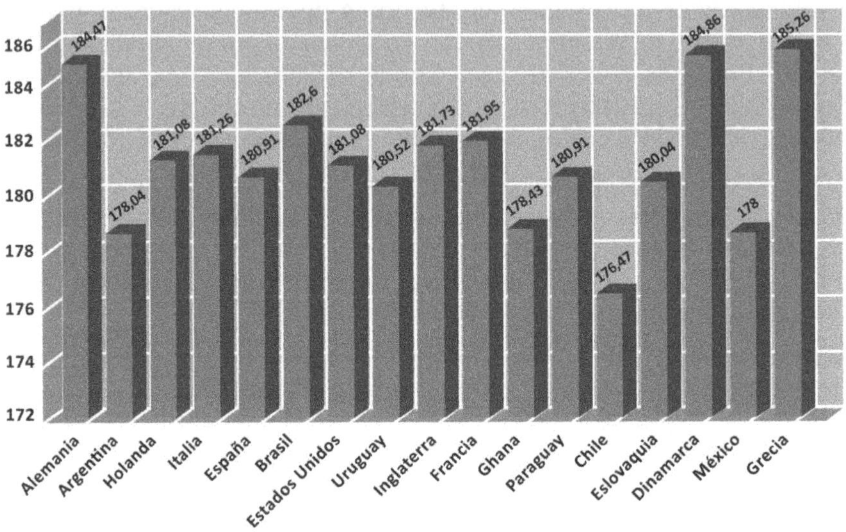

Todo lo expresado no quiere decir que no se valore o desacredite a un futbolista de baja estatura, de ninguna manera, lo que queremos señalar es que hay una marcada tendencia a nivel juvenil, profesional e internacional que dice que el aspecto altura es cada vez más importante. Por supuesto que la técnica es fundamental, pero en este punto estamos refiriéndonos al perfil físico de los futbolistas.

Con referencia a este tema citamos el pensamiento de Francisco "Pancho" Sá, ex defensor con la Selección Argentina en el Mundial de Alemania 1974 y además el futbolista que más Copas Libertadores obtuvo en la historia de ese torneo con seis conquistas. Con su experiencia de más de 30 años como entrenador en fútbol profesional y juvenil nos decía sobre el tema: "La altura es fundamental en el fútbol actual, es difícil pensar un equipo competitivo con un arquero, defensores y atacantes bajos. La influencia del juego aéreo y las pelotas paradas cada vez más elaboradas hacen que la altura sea esencial en un equipo. Como dato indiscutible observemos los últimos diez o quince minutos de cualquier partido de fútbol cuando un equipo va perdiendo y llena de centros el área rival, en esa situación si el equipo que defiende ese resultado no posee jugadores altos y que sepan cabecear hay muchos puntos que se pierden a lo largo de un torneo".

Debajo exponemos un cuadro con las alturas del Atlético Madrid campeón de la Liga de España y subcampeón de la Europa Champions League en la temporada 2013-2014.

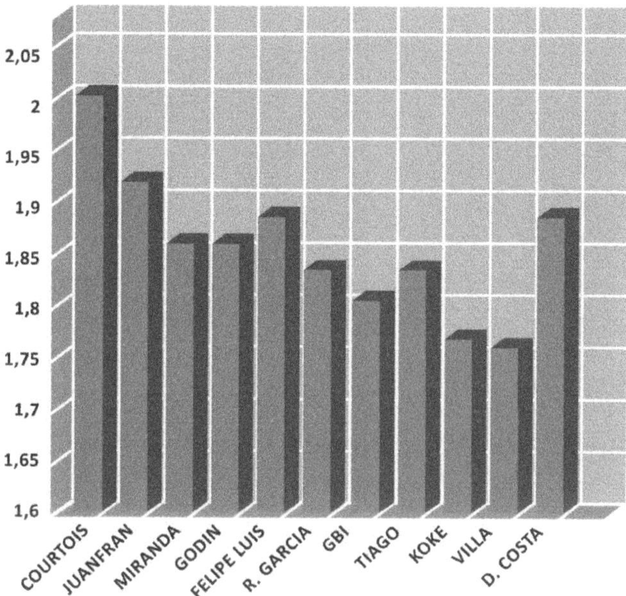

Es notorio que entre el portero belga Courtois y los 4 futbolistas de la defensa conforman un promedio de altura de 1.87 metros, mientras que la línea de cuatro mediocampistas promedian una altura de 1.81 metros, una estadística notable tratándose de jugadores de medio campo.

Siguiendo con los aspectos antropométricos generales, los jugadores actuales deben poseer una fuerza medianamente desarrollada del tren superior (nunca la de un pesista pero si desarrollada de manera óptima) para poder soportar choques, confrontaciones, marcajes, agarres, saltos y todo tipo de forcejeos muy comunes en el fútbol de hoy producto del poco tiempo y espacio en el cual se producen las acciones.

En definitiva, el fútbol actual requiere de un deportista con buenos índices de fuerza general, potencia y fuerza explosiva del tren inferior.

Con referencia a la cualidad física de velocidad el futbolista actual debe ser un jugador rápido y sobre todo reactivo en acciones cortas, de uno a tres metros (vital en puestos de ataque y defensa).

Para finalizar, la capacidad de resistencia a esfuerzos cortos y explosivos y con tiempos de recuperación no muy largos parece ser clave independientemente del puesto que desempeñe sin necesidad de contar con un VO2 máximo elevado, pero si desarrollado de manera suficiente sobre todo en mediocampistas.

PLANIFICACIÓN MESOCICLO ETAPA PREPARATORIA (4 SEMANAS, MODELO ATR) SIGUE EN LA PÁGINA SIGUIENTE.

FÚTBOL PROFESIONAL - MICROCICLO ACUMULACIÓN 1

LUNES 7	MARTES 8	MIÉRCOLES 9	JUEVES 10	VIERNES 11	SÁBADO 12	DOM 13
SESIÓN 1	SESIÓN 2	SESIÓN 5	SESIÓN 8	SESIÓN 11	SESIÓN 14	
08.00 H	08.00 H	08.00 H	08.00 H	08.00 H	08.00 H	08.00 H
ASPECTO FÍSICO DOMINANTE FUERZA C/HIPERTROFIA PROPICEPCIÓN / EQ. FUNC. FUERZA MUSC. CORE BLOQUE 1 (15') CIRC. COORDINTIVO / PROP. BLOQUE 3 (20') EJERCICIOS FUERZA (4) MUSC. CORE MÉTODO INTERMITENTE LINEAL 2 BLOQUES X 10´ BLOQUE 1 (10´X10´) BLOQUE 2 (20´X20´) Veloc. 4 - 5 m/s 90% VAM	ASPECTO FÍSICO DOMINANTE MANIFESTACIONES DE FUERZA BLOQUE 1: FUERZA INT. CARGAS STANDARD 60 % - 70 % 3 SERIES - RAPORT: 10´X20´ ENTRENAMIENTO EN GIMNASIO 7 EJERCICIOS ESPC. (VER CIRCUITO 1 INTEGRAL) BLOQUE 2 CIRCUITO PROPIOCEPTIVO MUSC. CORE ESQUILIBRIO FUNCIONAL FLEXIBILIDAD	ASPECTO FÍSICO DOMINANTE MANIFESTACIÓNES DE FUERZA BLOQUE 1: FUERZA MAX. CARGAS STANDARD 80 % - 90 % 3-4 SERIES REPETICIONES 6-10 ENTRENAMIENTO EN GIMNASIO 6 EJERCICIOS GNRL. T.S. (VER CIRCUITO 2 TREN SUPERIOR) BLOQUE 2 CIRCUITO PROPIOCEPTIVO MUSC. CORE ESQUILIBRIO FUNCIONAL FLEXIBILIDAD	ASPECTO FÍSICO DOMINANTE MANIFESTACIONES DE FUERZA BLOQUE 1: FUERZA INT. CARGAS STANDARD 60 % - 70 % 3 SERIES - RAPORT: 10´X20´ ENTRENAMIENTO EN GIMNASIO 7 EJERCICIOS ESPC. (VER CIRCUITO 1 INTEGRAL) BLOQUE 2 CIRCUITO PROPIOCEPTIVO MUSC. CORE ESQUILIBRIO FUNCIONAL FLEXIBILIDAD	ASPECTO FÍSICO DOMINANTE MANIFESTACIONES DE FUERZA BLOQUE 1: FUERZA MAX. CARGAS STANDARD 80 % - 90 % 3-4 SERIES REPETICIONES 6-10 ENTRENAMIENTO EN GIMNASIO 6 EJERCICIOS GNRL. T.S. (VER CIRCUITO 2 TREN SUPERIOR) BLOQUE 2 CIRCUITO PROPIOCEPTIVO MUSC. CORE ESQUILIBRIO FUNCIONAL FLEXIBILIDAD	ASPECTO FÍSICO DOMINANTE MANIFESTACIONES DE FUERZA BLOQUE 1: FUERZA MAX. CARGAS STANDARD 80 % - 90 % 3-4 SERIES REPETICIONES 6-11 ENTRENAMIENTO EN GIMNASIO 7 EJERCICIOS GNRL. T.S. (VER CIRCUITO 2 TREN SUPERIOR)	JORNADA LIBRE DE DESCANSO

	SESIÓN 3	SESIÓN 6	SESIÓN 9	SESIÓN 12	SESIÓN 15	
14.00 H	10.30 H	10.30 H	10.30 H	10.30 H		
VIAJE A MAR DEL PLATA	ASPECTO FÍSICO DOMINANTE RESISTENCIA AERÓBICA MÉTODO INTERMITENTE LINEAL 6 BLOQUES X 8´ - 10´ BLOQUE 1/4 (10´X10´) BLOQUE 2/5 (20´X20´) BLOQUE 3/6 (30´X30´) VELOCIDAD: (m/sg) BLOQUES 1-2-3 (4-5) BLOQUES 4-5-6 (5-6) Intens.: 100%-105 % VAM Recup.: 60%-70% VRA	ASPECTO FÍSICO DOMINANTE FUERZA - POTENCIA CIRCUITO 1 FUERZA-POTENCIA PLIOMETRÍA EDLP TRINEO / CUESTAS COORDINACIÓN ARRASTRES FRENOS-ARRANQUES SPRINTS	ASPECTO FISICO DOMIANTE RESISTENCIA AEROBICA METODO INTERMITENTE LINEAL 6 BLOQUES X 8´ - 10´ BLOQUE 1/4 (10´X10´) BLOQUE 2/5 (20´X20´) BLOQUE 3/6 (30´X30´) VELOCIDAD: (m/sg.) BLOQUES 1-2-3 (4-5) BLOQUES 4-5-6 (5-6) Intens.: 100%-105 % VAM Recup.: 60%-70% VRA	ASPECTO FÍSICO DOMINANTE FUERZA - POTENCIA CIRCUITO 2 FUERZA-POTENCIA PLIOMETRÍA EDLP TRINEO / CUESTAS COORDINACIÓN ARRASTRES FRENOS-ARRANQUES SPRINTS	SESIÓN RECUPERACIÓN	

	SESIÓN 4	SESIÓN 7	SESIÓN 10	SESIÓN 13	SESIÓN 16	
20.00 H	17.00 H	17.00 H	17.00 H	17.00 H	16.30 H	17.00 H
LLEGADA A MAR DEL PLATA	CONTENIDOS TÉCNICO -TÁCTICO DOMINANTE BLOQUE 1 (2X15´) SITUACIÓN STANDARD TÉCNICA ANALÍTICA ESP. CAMB. FRENT-DEF CENT. BLOQUE 2 (2X15´) SITUACION FUNCIONAL RÉGIMEN AERÓBICO JUEGO 5 vs 5 APOYOS 40MX40M	CONTENIDOS TÉCNICO -TÁCTICO DOMINANTE BLOQUE 1 (2X15´) SITUACIÓN STANDARD TÉCNICA ANALÍTICA ESP. CAMB. FRENT-DEF CENT. BLOQUE 2 (2X15´) SITUACIÓN FUNCIONAL RÉGIMEN AERÓBICO JUEGO TÁCTICO 7 ATAC. VS 6 DEF. MITAD DE CAMPO M´PDULO 4-4-2	CONTENIDOS TÉCNICO -TÁCTICO DOMINANTE BLOQUE 1 (60´) SITUACIÓN COMPETENCIA RÉGIMEN AERÓBICO JUEGO 7 vs 7 CAMPO 65M X 55M MÓDULO 3-3-1 6 BLOQUES X 5´	CONTENIDOS TÉCNICO -TÁCTICO DOMINANTE BLOQUE 1 (60´) SITUACIÓN COMPETENCIA RÉGIMEN AERÓBICO BLOQUE 1 (20´) CONCEPTOS TÁCTICOS BLOQUE 2 (20´) FÚTBOL 11 vs 11	CONTENIDOS TÉCNICO -TÁCTICO DOMINANTE PARTIDO AMISTOSO INDEPENDIENTE (RESERVA) VS INDEPENDIENTE (PRIMERA) CADA GRUPO 1: BLOQUES X 40´ 16.30 HS BCA. PROV.	

FÚTBOL PROFESIONAL - MICROCICLO ACUMULACIÓN 2

LUNES 14	MARTES 15	MIÉRCOLES 16	JUEVES 17	VIERNES 18	SÁBADO 19	DOM 20
SESIÓN 17	SESIÓN 20	SESIÓN 23	SESIÓN 26	SESIÓN 29		
08.00 H	08.00 H	08.00 H	08.00 H	08.00 H	08.00 H	08.00 H
ASPECTO FÍSICO DOMINANTE MANIFESTACIONES DE FUERZA BLOQUE 1: FUERZA INTERM. CARGAS STANDARD 60 % - 70 % 3 SERIES - RAPORT: 10´X20´ ENTRENAMIENTO EN GIMNASIO 7 EJERCICIOS ESPC. (VER CIRCUITO 1 INTEGRAL) BLOQUE 2 CIRCUITO PROPIOCEPTIVO MUSC. CORE ESQUILIBRIO FUNCIONAL FLEXIBILIDAD	ASPECTO FÍSICO DOMINANTE MANIFESTACIONES DE FUERZA BLOQUE 1: FUERZA MAX. CARGAS STANDARD 80 % - 90 % 3-4 SERIES REPETICIONES 6-10 ENTRENAMIENTO EN GIMNASIO 6 EJERCICIOS GNRL. T.S. (VER CIRCUITO 2 TREN SUPERIOR) BLOQUE 2 CIRCUITO PROPIOCEPTIVO MUSC. CORE ESQUILIBRIO FUNCIONAL FLEXIBILIDAD	ASPECTO FÍSICO DOMINANTE MANIFESTACIONES DE FUERZA BLOQUE 1: CORE ZONA MEDIA (EN ARENA) BLOQUE 2 CIRCUITO PROPIOCEPTIVO MUSC. CORE ESQUILIBRIO FUNCIONAL FLEXIBILIDAD	ASPECTO FISICO DOMINANTE MANIFESTACIONES DE FUERZA BLOQUE 1: FUERZA INTERM. CARGAS STANDARD 60 % - 70 % 3 SERIES - RAPORT: 10´X20´ ENTRENAMIENTO EN GIMNASIO 7 EJERCICIOS ESPC. (VER CIRCUITO 1 INTEGRAL) BLOQUE 2 CIRCUITO PROPIOCEPTIVO MUSC. CORE ESQUILIBRIO FUNCIONAL FLEXIBILIDAD	ASPECTO FÍSICO DOMINANTE MANIFESTACIONES DE FUERZA BLOQUE 1: FUERZA MAX. CARGAS STANDARD 80 % - 90 % 3-4 SERIES REPETICIONES 6-10 ENTRENAMIENTO EN GIMNASIO 6 EJERCICIOS GNRL. T.S. (VER CIRCUITO 2 TREN SUPERIOR)		JORNADA LIBRE DE DESCANSO

Sigue En La Página Siguiente

SESIÓN 18	SESIÓN 21	SESIÓN 24	SESIÓN 27	SESIÓN 30	SESIÓN 15	
10.30 H	10.30 H	10.30 H	10.30 H	10.30 H		
ASPECTO FÍSICO DOMINANTE RESISTENCIA AERÓBICA MÉTODO INTERMITENTE LINEAL 6 BLOQUES X 8´ BLOQUE 1 (10´X 20´) BLOQUE 2 (20´X 30´) BLOQUE 3 (30´X 30´) BLOQUES 1-2-3 (4-5m/s) BLOQUE 4 (10´X 10´) BLOQUE 5 (15´X 15´) BLOQUE 6 (20´X 20´) BLOQUES 4-5-6 (6m/s) Intens.: 100%-105 % VAM	ASPECTO FÍSICO DOMINANTE FUERZA - POTENCIA CIRCUITO 1 FUERZA-POTENCIA PLIOMETRÍA EDLP TRINEO / CUESTAS COORDINACIÓN ARRASTRES FRENOS-ARRANQUES SPRINTS	ASPECTO FÍSICO DOMINANTE RESISTENCIA AERÓBICA MÉTODO INTERMITENTE LINEAL 5 BLOQUES X 10´ BLOQUE 1 (10´X 20´) BLOQUE 2 (15´X 30´) BLOQUE 3 (30´X 30´) BLOQUES 1-2-3 (4-5m/s) BLOQUE 4 (10´X 10´) BLOQUE 5 (15´X 15´) BLOQUES 4-5 (6m/s) ENTREN. EN ARENA	ASPECTO FÍSICO DOMINANTE FUERZA - POTENCIA CIRCUITO 1 FUERZA-POTENCIA PLIOMETRÍA EDLP TRINEO / CUESTAS COORDINACIÓN ARRASTRES FRENOS-ARRANQUES SPRINTS	ASPECTO FÍSICO DOMINANTE FUERZA - POTENCIA SESIÓN RECUPERACIÓN	ASPECTO FÍSICO DOMINANTE FUERZA - POTENCIA METODO INTERMITENTE LINEAL 5 BLOQUES X 8´ BLOQUE 1 8´30" - 2KM BLOQUE 2 (10´X 20´) BLOQUE 3 (15´X 30´) BLOQUES 2-3 (4-5m/s) BLOQUE 4 (10´X 10´) BLOQUE 5 (20´X 20´) BLOQUES 4-5 (6m/s) Intens.: 100%-105% VAM	

SESIÓN 19	SESIÓN 22	SESIÓN 25	SESIÓN 28	SESIÓN 31		
17.00 H	17.00 H	17.00 H	17.00 H	17.00 H	13.00 H	
CONTENIDOS TÉCNICO -TÁCTICO DOMINANTE BLOQUE 1 (2X15´) SITUACIÓN STANDARD TÉCNICA ANALÍTICA ESP. CAMB. FRENT-DEF CENT. BLOQUE 2 (2X15´) SITUACIÓN COMPETEN. RÉGIMEN AERÓBICO JUEGO PRESSING 30MX50M 2 ZONAS JUEGO-1 NEUTRA 5-5-5	CONTENIDOS TÉCNICO -TÁCTICO DOMINANTE CONCEPTOS TÁCTICOS EN SITUACIÓN FÚTBOL PRÁCTICA 11 VS 11 3 BLOQUES X 25´	CONTENIDOS TÉCNICO -TÁCTICO DOMINANTE ENTRENAMIENTO FLEXIBILIDAD TIPOS DE ESTIRAMIENTO 40´	CONTENIDOS TÉCNICO -TÁCTICO DOMINANTE BLOQUE 1 (60´) SITUACIÓN COMPETENCIA RÉGIMEN AERÓBICO JUEGO 7 vs 7 CAMPO 65M X 55M MÓDULO 3-3-1 6 BLOQUES X 30´	CONTENIDOS TÉCNICO -TÁCTICO DOMINANTE PARTIDO AMISTOSO INDEPENDIENTE (RESERVA) VS RIVER PLATE (RESERVA) 3 BLOQUES X 30´	VIAJE A BUENOS AIRES 18.00 H LLEGADA A BUENOS AIRES	

FÚTBOL PROFESIONAL - MICROCICLO TRANSFORMACION 1

LUNES 21	MARTES 22	MIÉRCOLES 23	JUEVES 24	VIERNES 25	SÁBADO 26	DOM 27
SESIÓN 33	SESIÓN 35	SESIÓN 38		SESIÓN 43	SESIÓN 43	
08.00 H	08.00 H	08.00 H	08.00 H	08.00 H	08.00 H	08.00 H
ASPECTO FÍSICO DOMINANTE MANIFESTACIONES DE FUERZA BLOQUE 1: CIRCUITO PROPIOCEPTIVO MUSC. CORE ESQUILIBRIO FUNCIONAL FLEXIBILIDAD	ASPECTO FÍSICO DOMINANTE MANIFESTACIONES DE FUERZA BLOQUE 1: CIRCUITO PROPIOCEPTIVO MUSC. CORE ESQUILIBRIO FUNCIONAL FLEXIBILIDAD	ASPECTO FÍSICO DOMINANTE MANIFESTACIÓNES DE FUERZA BLOQUE 1: CIRCUITO PROPIOCEPTIVO MUSC. CORE ESQUILIBRIO FUNCIONAL FLEXIBILIDAD	ASPECTO FÍSICO DOMINANTE MANIFESTACIONES DE FUERZA	CONTENIDO TÉCNICO-TÁCTICO DOMINANTE CONCEPTOS TÉCNICOS-TÁCTICOS APLICADOS EN JUEGO 11 VS 11	SESIÓN RECUPERACIÓN	JORNADA LIBRE DE DESCANSO
SESIÓN 34	SESIÓN 36	SESIÓN 39	SESIÓN 42	SESIÓN 43		
14.00 H	10.30 H	10.30 H	10.30 H			
ASPECTO FÍSICO DOMINANTE ADAPTACIÓN FUERZAS CIRCUITO FUERZA-POTENCIA PLIOMETRÍA EDLP TRINEO / CUESTAS COORDINACIÓN ARRASTRES FRENOS-ARRANQUES SPRINTS CUESTAS 4 X 120 M VT: 480 M	ASPECTO FÍSICO DOMINANTE RESISTENCIA GLUCOLÍTICA R. MÉTODO INTERMITENTE BLOQUE 1: 2-8 MIN 10"X10" 50M EN 5 M/S EN CONDUCCION DE BALON BLOQUE 3 (8 MIN) 10"X10" 50M BLOQUE 4 (8 MIN) 20"X20" 50"X50" EN 50 M SITUACIÓN COMPETENCIA 4 BLOQUES X 8´ 7 VS 7 / 1 PASADOR 50X60	ASPECTO FÍSICO DOMINANTE ADAPTACIÓN FUERZAS CIRCUITO FUERZA-POTENCIA 8 ESTACIONES EN CAMPO 4 SERIES X 6 REPT. TRINEO 2X4 SERIES X 30MTS COMBINACIÓN CIRCUITO REACTIVO COORDINACIÓN MINIDALTOS FRENOS-ARRANQUES SPRINTS	ASPECTO FÍSICO DOMINANTE RESISTENCIA GLUCOLÍTICA R. MÉTODO INTERMITENTE SECUENCIAL 4 BLOQUES X 3´ 8 ESTACIONES SITUACIÓN COMPETENCIA FUNDAMENTO PRESSING 10 FUTBOLISTAS SIT. 4-2 EN CAMPO 30 X 20 7 BLOQUES X 2´X1´	ASPECTO FÍSICO DOMINANTE RESISTENCIA ESPECIAL JUEGO CONCEPTOS TÉCNICOS-TÁCTICOS APLICADOS EN JUEGO 11 VS 11 3 BLOQUES X 25´		
	SESIÓN 37	SESIÓN 40				
	17.00 H	11.15 H				
	CONTENIDOS TÉCNICO-TÁCTICO DOMINANTE BLOQUE 1 (35´) SITUACIÓN STANDARD TÉCNICA ANALIÍICA ESP. BLOQUE 2 (35´) SITUCIÓN FUNCIONAL RÉGIMEN AERÓBICO	CONTENIDOS TÉCNICO-TÁCTICO FÚTBOL PRÁCTICA 11 VS 11 3 BLOQUES X 30´				

FÚTBOL PROFESIONAL - MICROCICLO TRANSFORMACIÓN 2

LUNES 28	MARTES 29	MIÉRCOLES 30	JUEVES 31	VIERNES 01	SÁBADO 26	DOM 27
	SESIÓN 46	SESIÓN 38	SESIÓN 49		SESIÓN 43	
08.00 H	08.00 H	08.00 H	08.00 H	09.30 H	08.00 H	08.00 H
ASPECTO FÍSICO DOMINANTE MANIFESTACIONES DE FUERZA BLOQUE 1: ZONA MEDIA MUSC. CORE MOVILIDAD ARTICULAR FLEXIBILIDAD	ASPECTO FÍSICO DOMINANTE MANIFESTACIONES DE FUERZA BLOQUE 1: FUERZA MAXIMA CARGAS STANDARD 80%-90% 2 SERIESx8 (70%) 2 SERIESX6 (80%) ENTRENAMIENTO EN GIM. 6 EJERCICIOS GNRAL T.S. BLOQUE 2: CIRCUITO PROPIOCEPTIVO MUSC. CORE ESQUILIBRIO FUNCIONAL FLEXIBILIDAD	ASPECTO FÍSICO DOMINANTE RESISIT. ESPECIAL JUEGO BLOQUE 1: FZA. MAXIMA CARGAS STANDARD 80%-90% 3 SERIESx8 (70%) 2 SERIESX6 (80%) ENTRENAMIENTO EN GIM. 7 EJERCICIOS GNRAL T.S. BLOQUE 2: FUERZA RÁPIDA-PLIOMETRÍA 4 ESTACIONES EDLP X PLIO 1. Arranque + salto bipodal 2. 1/4 con salto + salto unipodal 3. Envion + CORE 4. Subidas banco salto c/caida	ASPECTO FÍSICO DOMINANTE MANIFESTACIONES DE FUERZA BLOQUE 2: CIRCUITO PROPIOCEPTIVO MUSC. CORE EQUILIBRIO FUNCIONAL BLOQUE 2 FUERZA EXPLOSIVA VELOCIDAD CIRCUITO COMBINADO X 8 1. CUESTA 10 MTS 2. PLIOMETRIA 3. VEL. 8-10 MTS 4. CORE	ASPECTO FÍSICO DOMINANTE EC FUNDAMENTOS TECNICOS 20´	SESIÓN RECUPERACIÓN	JORNADA LIBRE DE DESCANSO
SESIÓN 34	SESIÓN 36	SESIÓN 39	SESIÓN 42	SESION 43		
14.00 H	10.30 H	09.00 H	10.30 H			
ASPECTO FÍSICO DOMINANTE RESISTENCIA AERÓBICA MÉTODO CONTINUO 4 KM RESERVA ECOLOGICA MÉTODO INTERMITENTE 5 BLOQUES X 10´ 10"X 20" 15"X20" 20"X20" 2 X 6´VELOCIDAD MAX. 5" 5´X30" 5´X20"	ASPECTO FÍSICO DOMINANTE FUERZA EXPLOSIVA-VEL. CIRCUITO PLIOMETRIA VELOCIDAD 4 EJERCICIOS X 4 SALIDAS PLIOMETRÍA COORDINACIÓN CUESTAS FRENOS-ARRANQUES SPRINTS EDLP Arranque-Envión- 1/4 Sent. Salto 4 x 5 movimientos	CONTENIDOS TÉCNICO-TÁCTICO DOMINANTE SITUACIÓN COMPETENCIA JUEGO 6 VS 6 4 BLOQUES X 7´ CAMPO 40 X 50	ASPECTO FÍSICO DOMINANTE ENTRENAMIENTO SITUACIONAL EN RÉGIMEN DE VEL. SITUACIÓN STANDARD 2 X 8´ SITUACIÓN FUNCIONAL 2 X 8´	CONTENIDOS TÉCNICO-TÁCTICO DOMINANTE CONCEPTOS TÁCTICOS EN SITUACIÓN FÚTBOL PRÁCTICA 11 VS 11 3 BLOQUES X 30´		
	CONTENIDOS TÉCNICO-TÁCTICO DOMINANTE CONCEPTOS TÁCTICOS EN SITUACIÓN FÚTBOL PRÁCTICA 11 VS 11 3 BLOQUES X 30´		CONTENIDOS TÉCNICO-TÁCTICO DOMINANTE SITUACIÓN STANDARD PASE-CONTROL-DEF. 2 VS 1 SITUACIÓN FUNCIONAL 3 SECUENCIAS SEC. 1-1 VS 1 SEC. 2-3 VS 2 SEC. 3-4 VS 3			

PLANIFICACIÓN MESOCICLO ETAPA COMPETITIVA (3 SEMANAS DE COMPETENCIA SIMPLE)

FÚTBOL PROFESIONAL - MICROCICLO COMPETITIVO 1

CAI TEMPORADA DEPORTIVA 2007						
ETAPA DE COMPETENCIA						
MICROCICLO DE CARGA		MICROCICLO Nº 2 (23/04 AL 29/04)				
LUNES 23	MARTES 24	MIERCOLES 25	JUEVES 26	VIERNES 27	SÁBADO 28	DOMINGO 29
SESIÓN 7	SESIÓN 8	SÉSION 9	SESIÓN 10	SESIÓN 11	SESIÓN 12	
OBJETIVOS TÉCNICO - TÁCTICO ORIENTACIÓN FÍSICA DEL ENTRENAMIENTO A. ENTRENAMIENTO ANAERÓBICO-ALÁCTICO POTENCIA MUSCULAR B. ENTRENAMIENTO TÁCTICO EN SITUACIÓN DE JUEGO RÉGIMEN RESISTENCIA ESPECIAL (SITUACIÓN COMPETENCIA) * Gimnasio Bottaro por lluvia	OBJETIVOS TÉCNICO - TÁCTICO ORIENTACIÓN FÍSICA DEL ENTRENAMIENTO A. EC Coordinativa 20´ A. ENTRENAMIENTO RESISTENCA INTERMITENTE B. ENTRENAMIENTO TÁCTICO EN SITUACIÓN DE JUEGO RÉGIMEN RESISTENCIA ESPECIAL (SITUACIÓN COMPETENCIA) * Predio Sto. Domingo (Terreno muy barroso)	ORIENTACIÓN FÍSICA DEL ENTRENAMIENTO ENTRENAMIENTO ANAERÓBICO ALÁCTICO CIRCUITO PROPIOCEPTIVO (VELOCIDAD) RESISTENCIA ESPECIAL MÉTODO JUEGO Entrenamiento realizado en Cancha sintetico	OBJETIVO TÉCNICO-TÁCTICO A. EC ESPECIFICA JUEGOS 3 VARIANTES 7 VS 7 (25´) A. ENTRENAMIENTO DEFINICION EN RÉGIMEN DE VELOCIDAD (5 ESTACIONES) 2X10´ B. JUEGO DE REMATES 8 VS 8 EN DUOS RÉGIMEN DE VELOCIDAD ESPECIAL	TURNO MAÑANA 9.00 HRS GRUPO DE 1º VS VELEZ ACTIVIDADES TÁCTICAS COLECTIVAS PELOTA PARADA ACTIVIDADES RECREATIVAS TURNO MAÑANA 10.00 HRS GRUPO RESERVA Y FUTBOLISTAS NO CITADOS	12º FECHA CAI (1) VS. VÉLEZ (0) 21.10 HRS	Descanso
Metodología práctica	Metodología práctica	OBJETIVO TÉCNICO TÁCTICO				
A. CIRCUITO COORDINATIVO FUERZA EXPLOSIVA EJ. FUERZA/VEL. PLIOMETRIA NICEL 2-3 PROPIOCEPCIÓN EQ. FUNCIONAL Arranque-Envion-1/4 Sent.Salto 5 Est. x 4 (110 SALTOS) B. JUEGO RES. ESPECIAL 4 SV 4 C/ARCOS BABY 4 BLOQUES X 4´40X25MTS (SITUACIÓN COMPETENCIA) Futbolistas que compitieron Tren Superior 40´ Intermitente Capac. Aer. 2 x 8´	(Futbolistas que compitieron) A. CIRCUITO COORDINATIVO FUERZA EXPLOSIVA EJ. FUERZA/VEL. B. ENTRENAMIENTO TÁCTICO EN SITUACIÓN DE JUEGO RÉGIMEN RESISTENCIA ESPC. (SITUACIÓN COMPETENCIA) C. JUEGO TÁCTICO 8 VS 8 EN 3 SECTORES Mov. Defensivos en el ancho ACCIONES DE PRESSING 2 BLOQUES X 10´ RÉGIMEN RESISTENCIA ESPECIAL	A. CIRCUITO COORDINATIVO PROPIOCEPCIÓN VELOCIDAD ESPECIAL CON BALÓN 5 X 3 X 40" Pausa Macropausa: 1´30" PRÁCTICA DE FÚTBOL 11 VS 11 (50´) FLEXIBILIDAD ELONGACIÓN 15´	C/ARCOS ENFRENTADOS AMBAS PIERNAS 2 X 10´ FLEXIBILIDAD ELONGACIÓN 15´	ORIENTACIÓN FÍSICA DEL ENTRENAMIENTO RESISTENCIA ESPECIAL MÉTODO DE JUEGO 4>4; 3>3 MÉTODO INTERMITENTE SECUENCIA 4-5 BLOQUES X 3´-4´ GRUPO RESERVA ACTIVIDADES TÁCTICAS COLECTIVAS PELOTA PARADA CONCENTRACIÓN 12.30 HRS		

FÚTBOL PROFESIONAL - MICROCICLO COMPETITIVO 2

CAI TEMPORADA DEPORTIVA 2007

ETAPA DE COMPETENCIA

MICROCICLO DE CARGA — MICROCICLO Nº 3 (30/04 AL 06/05)

LUNES 30	MARTES 1	MIÉRCOLES 2	JUEVES 3	VIERNES 4	SÁBADO 5	DOMINGO 6
SESIÓN 13	SESIÓN 14	SESIÓN 15	SESIÓN 17	SESIÓN 18	SESIÓN 19	SESIÓN 20
OBJETIVOS TÉCNICO - TÁCTICO ORIENTACIÓN FÍSICA DEL ENTRENAMIENTO A. ENTRENAMIENTO AERÓBICO ÁREA REGENERATIVA B. ENTRENAMIENTO TÁCTICO EN SITUACIÓN DE JUEGO RÉGIMEN RESISTENCIA ESPECIAL (SITUACIpN COMPETENCIA) C. RESIST. INTERMITENTE	OBJETIVOS TÉCNICO - TÁCTICO ORIENTACIÓN FÍSICA DEL ENTRENAMIENTO RECUPERACIÓN GENERAL	TURNO MAÑANA OBJETIVOS TÉCNICO - TÁCTICO ORIENTACIÓN FÍSICA DEL ENTRENAMIENTO A. CIRCUITO COORDINATIVO FUERZA EXPLOSIVA EJ. FUERZA/ VEL. PLIOMETRÍA NIVEL 2-3 PROPIOCEPCION- EQ. FUNCIONAL B. ENTRENAMIENTO ESP. SITUACIONAL EN REGIMEN DE VELOCIDAD ÓSITUACION STANDARD)	OBJETIVO TÉCNICO-TÁCTICO ORIENTACIÓN FÍSICA DEL ENTRENAMIENTO A. EC ESPECÍFICA TÉCNICA ANALÍTICA (PASE-RECEPCIÓN) 20´ RESISTENCIA ESPECIAL JUEGO	OBJETIVO TÉCNICO-TÁCTICO ORIENTACIÓN FÍSICA DEL ENTRENAMIENTO A. EC ESPECIFICA JUEGOS 2 VARIANTES 7 VS 7 (25´) A. JUEGO 7 VS 7 CON ARCOS MEDIANOS TORNEO RECREATIVO 3 X 6´	9.00 HR GRUPO DE 1º VS RIVER ACTIVIDADES TÁCTICAS COLECTIVAS PELOTA PARADA ACTIVIDADES RECREATIVAS 10.00 HR GRUPO RESERVA Y FUTBOLISTAS NO CITADOS	13º FECHA RIVER 1 VS. CAI 1
Metodología práctica A. CONTINUACIÓN REG. 2 X 12´ C/MOV. MOVILIDAD ARTICULAR FLEXIBILIDAD ACTIVA POT. MUSC. CORE B. JUEGO RES. ESPECIAL 4 VS 4 C/ ARCOS PROF. 5 BLOQUES X 3´35X25 mts (SITUACIÓN COMPETENCIA) C. RES. INTERMITENTE 3 X 8´X 2´ Raport: 10"x15"-10"x20" 5"x15" Futbolistas que compitieron	Metodología práctica	TURNO TARDE OBJETIVOS TÉCNICO - TÁCTICO SESION 16 A. EC. TÉCNICA 20´ EN PAREJAS B. ENTREN. TÉCNICO ANALÍTICO X PUESTO C. JUEGO TÁCTICO 7 VS 7 + 1 POSESIÓN-RECUPERACIÓN 2 X 12´X 4´PAUSA	OBJETIVO TÉCNICO - TÁCTICO PRÁCTICA DE FÚTBOL 11 VS 11 (50´) FLEXIBILIDAD ELONGACION 15´	FLEXIBILIDAD ELONGACIÓN 15´	ORIENTACIÓN FÍSICA DEL ENTRENAMIENTO RESISTENCIA ESPECIAL MÉTODO DE JUEGO 4>4; 3>3 MÉTODO INTERMITENTE SECUENCIAL 4-5 BLOQUES X 3´-4´ GRUPO RESERVA ACTIVIDADES TÁCTICAS COLECTIVAS PELOTA PARADA CONCENTRACIÓN 12.30	

FÚTBOL PROFESIONAL - MICROCICLO COMPETITIVO 3

CAI TEMPORADA DEPORTIVA 2007

ETAPA DE COMPETENCIA

MICROCICLO DE CARGA — MICROCICLO Nº 4 (07/05 AL 13/05)

LUNES 7	MARTES 8	MIÉRCOLES 9	JUEVES 10	VIERNES 11	SÁBADO 12	DOMINGO 13
SESIÓN 21	SESION 22	SESIÓN 23	SESIÓN 25	SESIÓN 26		
		TURNO MAÑANA	9.00 H	14º FECHA CAI 1 VS. NEWELL´S 1 Futbolistas no citados EC JUGADA 15´ CIRCUITO PLIOMETRICO DE VELOCIDAD CON EJERCICIOS DE REMATE 4 X 5 DRILL DE CENTROS Y CABEZAZOS EN TRIOS JUEGO LIBRE 4 VS 4 15´	LIBRE	LIBRE
OBJETIVOS TÉCNICO - TÁCTICO ORIENTACIÓN FÍSICA DEL ENTRENAMIENTO	**OBJETIVOS TÉCNICO - TÁCTICO ORIENTACIÓN FÍSICA DEL ENTRENAMIENTO**	OBJETIVOS TÉCNICO - TÁCTICO ORIENTACIÓN FÍSICA DEL ENTRENAMIENTO	GRUPO DE 1º VS NEWELLS ACTIVIDADES TÁCTICAS COLECTIVAS PELOTA PARADA ACTIVIDADES RECREATIVAS			
CAPACIDAD AERÓBICA REGENERATIVO FLEXIBILIDAD MOV. ARTICULAR RESISTENCIA ESPECIAL DE JUEGO	A. SITUACION COMPETENCIA JUEGO TACTICO 6 VS 5 B. SITUACION STANDARD EN ATAQUE	FÚTBOL TÁCTICO RESISTENCIA ESPECIAL DE JUEGO	CONCENTRACIÓN 12.30 10.00 H			
			GRUPO RESERVA Y FUTBOLISTAS NO CITADOS			
Metodología práctica	Metodología práctica					
PRÁCTICA DE FÚTBOL 11 VS 11 (60´) FLEXIBILIDAD ELONGACIÓN 15´ Futbolistas que compitieron CONTINUO AERÓBICO COMBINADO CON EJERCICIOS DE FLEXIBILIDAD DINAMICA Y MOV. ARTICULAR 2 X 8´ Futbolistas que compitieron	EC. TÉCNICA ANALÍTICA A. SITUACIÓN COMPETNCIA JUEGO TÁCTICO 6 VS 5 2 X 8´X 3´ MOVIMIENTOS DEFENSIVOS B. SITUACIÓN STANDARD EN ATAQUE Triple secuencia 1. pase y remate 2. 1 vs 1 def-ataque 3. pase y centro	PRÁCTICA DE FÚTBOL 11 VS 11 (30´) FLEXIBILIDAD ELONGACIÓN 15´	ACTIVIDADES TÁCTICAS COLECTIVAS PELOTA PARADA ACTIVIDADES RECREATIVAS			

CAPÍTULO 13

EL ENTRENAMIENTO DEL PORTERO EN LAS DIFERENTES FASES MADURATIVAS

EL PORTERO, UN PUESTO DIFERENTE

La función del portero o arquero es totalmente diferente a la del resto de los futbolistas de campo. Por ende, también lo debe ser su entrenamiento desde tempranas edades respetando las capacidades de cada fase madurativa en que se encuentre.

Realizando un análisis general del puesto, podemos decir que desde el aspecto técnico la posibilidad de usar las manos los vuelve un rol distinto, pero en los últimos años producto del cambio de regla (no puede tomar con las manos pases recibidos de sus compañeros) y la evolución táctica ha hecho que los porteros deban tener una correcta técnica con los pies para controlar el balón enviado hacia atrás por un compañero, pasar el balón, rechazarlo o golpearlo de arriba para ejecutar un pase largo a un compañero ubicado a cuarenta o cincuenta metros.

En lo táctico, el portero cada vez más forma parte vital del juego de conjunto, tanto en defensa como en faz de ataque, dependiendo de la táctica general empleada por el equipo el arquero es un elemento vital para el equipo. En muchas ocasiones, actuando como líberos. También es trascendental el rol que ocupan en el ordenamiento debido a la posición de privilegio que ocupan desde el fondo del campo ya que pueden visualizar todos los movimientos del conjunto. Para ello, es vital la voz de mando de cada arquero.

Si estudiamos los aspectos morfológicos del guardameta moderno rápidamente veremos que los arqueros de elite poseen una altura promedio que oscila entre 1.85 y 1.95 metros. Este aspecto de la altura ha ido subiendo

el promedio en las últimas décadas. Es importante también que los porteros tengan una construcción muscular del tronco lo suficientemente fuerte y desarrollada para el puesto para poder soportar choques, contrastes y duelos aéreos al buscar pelotas por esa vía en centros y balones parados como tiros libres desde los costados y córner.

Por último, un breve repaso de las condiciones físicas del arquero actual nos muestra a un deportista que debe ser muy veloz en acciones cortas con una gran velocidad de reacción y gran capacidad de salto, esto implica tener una buena coordinación y potencia de piernas.

EL ENTRENAMIENTO DEL PORTERO EN LA FASE INFANTIL

En la etapa infantil desarrollaremos con los pequeños porteros actividades relacionados con juegos técnicos entendiendo que en estas etapas madurativas todavía no se perfila de manera definitiva un puesto tan específico como el arquero, el cual depende de muchos factores. Por ello, la formación será general incluyendo al niño dentro de la planificación grupal del equipo y realizando solo algunas tareas específicas de técnica en la etapa II y ejercicios de táctica general en la última etapa, fase III. Todo el resto de los contenidos de entrenamiento serán similares a los que practiquen sus compañeros de equipo: velocidad de reacción, circuitos de coordinación de tren superior y tren inferior, juegos grupales y de manera separada del grupo juegos técnicos específicos del puesto sin exigencia física elevada. Debajo, un cuadro con las cualidades y porcentajes a desarrollar en la etapa.

CONTENIDOS DE ENTRENAMIENTO	FASE 1 6-8 años	FASE II 8-10 años	FASE II 10-13 años
JUEGOS TÉCNICOS	XXX	XXX	XXX
COORDINACIÓN	X	XX	XXX
VELOC. REACCIÓN	XX	XX	XXX
JUEGOS GRUPALES	X	XX	XXX
TÉCNICA ESPECIAL	---	X	XX
TÁCTICA GENERAL	---	---	X

EL ENTRENAMIENTO DEL PORTERO EN LA FASE JUVENIL

En la etapa juvenil los porteros realizan una preparación más específica que en la etapa anterior. Desarrollar una aceptable fuerza del tren superior y una óptima musculatura core será de gran importancia para poder soportar fricciones y choques tan habituales del puesto sobre todo teniendo en cuenta la envergadura y potencia de los atacantes en la actualidad. Los entrenamientos de coordinación, velocidad, y la capacidad y potencia de saltos deben ser parte central de esta etapa. Lo que respecta a la técnica del puesto, la misma debe entrenarse tanto en régimen analítico como funcional, lo cual será el complemento ideal de la táctica específica del puesto. Debajo, un cuadro orientador con las cualidades y porcentajes a desarrollar en esta etapa juvenil:

CONTENIDOS DE ENTRENAMIENTO	FASE 1 6-8 años	FASE II 8-10 años	FASE II 10-13 años
JUEGOS TÉCNICOS	XXX	XXX	XXX
COORDINACIÓN	X	XX	XXX
VELOC. REACCIÓN	XX	XX	XXX
JUEGOS GRUPALES	X	XX	XXX
TÉCNICA ESPECIAL	---	X	XX
TÁCTICA GENERAL	---	---	X

CAPÍTULO 14

EL PROCESO DE EVALUACIÓN INTEGRAL EN FÚTBOL JUVENIL Y PROFESIONAL

OBJETIVOS DEL PROCESO EVALUACIÓN DEL FUTBOLISTA JUVENIL

La "evaluación integral del futbolista" se considera una herramienta indispensable en la orientación, control y seguimiento del proceso formativo del futbolista valorando el desarrollo de cada una de las cualidades físicas en función del momento evolutivo del jugador.

Los objetivos de las evaluaciones son:

- Monitorear el crecimiento, desarrollo y maduración del futbolista en lo relativo a sus cualidades físicas.
- Indicar situación del futbolista con relación a las necesidades del deporte al momento de la evaluación.
- Hacer al futbolista consciente del objetivo del entrenamiento y motivarlo a entrenar.
- Obtener datos objetivos para la planificación y seguimiento del entrenamiento.
- Diferenciar grupos de trabajo.
- Prevenir y diagnosticar lesiones, fatiga y sobre-entrenamiento.
- Detección de talentos, en forma complementaria a las cualidades técnicas.
- Establecer comparaciones e investigar.

El rendimiento del futbolista, al igual que el de otros deportistas, está determinado por la integración de sus cualidades genéticas con un óptimo

estado de salud, entrenamiento adecuado, nutrición y descanso. Las evaluaciones monitorean esa integración.

Integración de las evaluaciones de aptitud al proceso de formación del jugador. Las evaluaciones se pueden clasificar de diferentes maneras:

- De campo o laboratorio, según el ámbito donde se desarrollan.
- Directas o indirectas, según se esté midiendo directamente o no un determinado parámetro.
- Genéricos o específicos, según el grado de similitud entre el gesto técnico llevado a cabo durante la prueba y el específico del deporte.
- Continuas o discontinuas, según hay pausas o no en su desarrollo.
- Constantes o incrementales según el desarrollo del protocolo en función de si intensidad.
- Máxima o submáxima, si se llega o no al agotamiento.

Más allá de la clasificación es importante considerar que: "Solo puede garantizarse la efectividad de la evaluación de rendimiento, si la misma está enmarcada y planificada estrictamente dentro del plan de entrenamiento".

La evaluación no predice en forma "mágica" futuros campeones. El rendimiento global de un deportista no está únicamente dado por una función fisiológica, sino que hay otros componentes (técnicos, tácticos, psicológicos y externos) que lo pueden influenciar.

TEST DE CAMPO PARA LA EVALUACIÓN DE LA CONDICIÓN FÍSICA Y FISIOLÓGICA DEL FUTBOLISTA

A continuación, desarrollaremos los aspectos fisiológicos, metodológicos y aportaremos resultados de referencia de aquellos test de campo que en función de su especificidad, validez, economía y diversidad nos permiten conocer la condición física del futbolista.

El test debe ser considerado un elemento más del entrenamiento, debe ser abordado, realizado e interpretado en forma multidisciplinaria.

Existen numerosos test y su elección dependerá de los objetivos planteados por el cuerpo técnico. A continuación expondremos las evaluaciones más utilizadas por nosotros dentro de nuestra metodología, aclarando que hay otros métodos de control que también son válidos.

TEST RESISTENCIA A ESFUERZOS NEUROMUSCULARES MÁXIMOS (TRENM)

El test TRENM fue creado por nosotros a través de años de investigación teórica pero por sobre todas la cosas es el resultado de más de 10 años de trabajos y experiencias de campo.

Es una combinación de saltos y sprints intercalados a máxima intensidad con tiempos de acción, pausa y distancias específicas para el fútbol.

Modo de realización del test TRENM: El futbolista realiza un salto máximo tipo Abalakov o CMJL, cuando cae del salto camina 2"-3" hacia la línea demarcadora y desde allí realiza un sprint máximo de 25 metros con doble cambio de dirección. Es decir, 10 metros x 5 metros x 10 metros a máxima velocidad; a partir que cruza la línea final del sprint donde se encuentran dos fotocélulas, el futbolista debe realizar un trote o caminata rápida de baja intensidad hasta llegar al punto de inicio para completar los 20 segundos de recuperación y volver a ejecutar un nuevo salto máximo.

Así hasta completar seis recorridos, es decir, 6 saltos y 6 sprints de 25 metros.

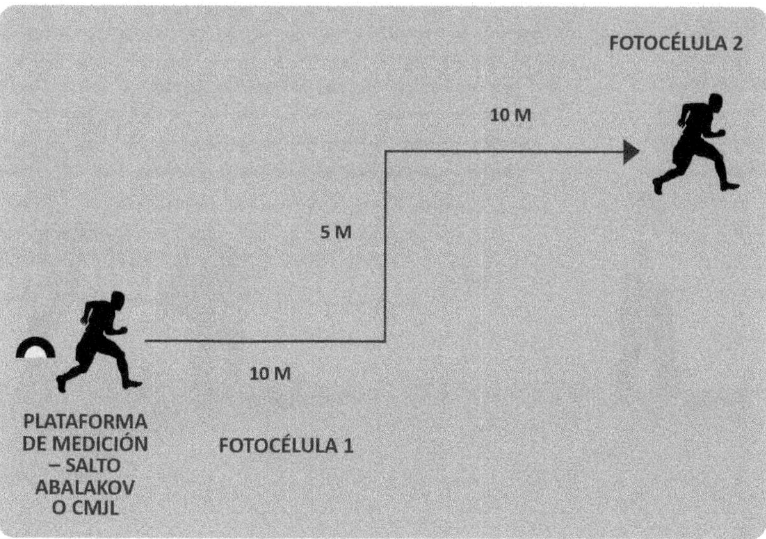

Protocolo y parámetros qué evalúa el test TRENM: evaluación de los aspectos neuromusculares en regimen de resistencia:

- 6 Saltos CMJL o Abalakov
- 6 Total Sprint x 25 metros con frenos y doble cambio de dirección
- Cada sprint de 25 metros se ejecuta en 10 x 5 x 10 + recovery
- Recovery entre salidas 20''
- Tiempo promedio del test: 180''

Aspectos que mide el test TREM:

- Mejor tiempo de 25 metro: Velocidad reacción - freno - aceleración
- Promedio índice de fatiga 6 sprints: Repeat Sprint Ability (RSA)
- Tiempo promedio 6 sprints: Repeat Sprint Ability (RSA)
- Potencia mejor salto máximo: Potencia salto - fuerza explosiva
- Promedio índice de fatiga 6 saltos: Persistencia a esfuerzos explosivos

Las fases del test TREM:

5. Fase 1: salto máximo tipo Abalakov o CMKL en plataforma de salto con alfombra conectada a una computadora.

2. Fase 2: sprint máximo de 25 metros con doble cambio de dirección: 10 metros freno y giro hacia izquierda + 5 metros sprint freno y giro a derecha + 10 metros lineales. Medido por fotocélulas.

En la foto debajo, el futbolista ya comenzó a ejecutar parte de la fase 2, el sprint (velocidad de reacción) medido por dos fotocélulas.

Recorre 10 metros a máxima velocidad y aplica el primera cambio de dirección hacia su izquierda para luego alcanzar el siguiente cambio de dirección a los 5 metros esta vez hacia su derecha (dos fotos siguientes).

La parte final de la fase 2 será aplicar la máxima velocidad posible en los últimos 10 metros hasta alcanzar las dos fotocélulas finales (foto debajo).

3. Fase 3: recuperación al trote hasta punto de inicio. Aquí el futbolista debe retornar al trote muy suave hasta la plataforma de salto completando los 20 segundos de recuperación activa (foto debajo).

Debajo un ejemplo de medición de test TRENM en 9 futbolistas juveniles 18-19 años:

Las referencias con letra S significan el número de sprint y la letra J el número de salto (jump).

JUG.	J - 1	S - 1	J - 2	S - 2	J - 3	S - 3	J - 4	S - 4	J - 5	S - 5	J - 6	S - 6
D. L.	46,5	5,630	46,5	5,624	52,8	5,932	49,1	5,646	45,3	5,789	44,1	6,118
D. C.	38,5	5,785	39,6	6,052	38,5	6,122	36,3	6,054	35,2	6,887	36,3	6,250
D. L.	49,1	5,726	47,7	5,766	47,1	5,771	46,5	5,873	42,9	5,845	41,8	5,979
D. C.	42,9	5,784	49,1	5,805	44,1	5,967	45,3	6,171	42,9	6,111	42,9	6,366
M. E.	41,9	5,974	38,2	6,048	36,3	5,979	41,8	6,074	40,8	5,907	40,8	6,102
M. I.	46,5	5,543	49,2	5,723	49,1	5,545	47,7	5,663	46,5	5,928	44,1	5,826
ATAC.	42,9	5,725	44,1	5,813	42,9	5,828	38,5	6,010	38,5	6,036	38,5	6,049
ATAC.	46,5	5,807	42,9	6,071	44,1	6,233	42,9	6,321	39,5	6,155	36,3	6,396
D. I.	46,7	5,752	49,7	5,803	47,7	5,860	46,5	6,051	41,8	6,210	44,1	6,053

TEST RESISTENCIA A ESFUERZOS NEUROMUSCULAR (TRENM) - PERFORMANCE TIPO - MEDIOCAMPISTA - IZQUIERDO

JUG.	J - 1	S - 1	J - 2	S - 2	J - 3	S - 3	J - 4	S - 4	J - 5	S - 5	J - 6	S - 6
M. I.	46,5	5,543	49,2	5,723	49,1	5,545	47,7	5,663	46,5	5,928	44,1	5,826

MEJOR TIEMPO: 5" 54
TIEMPO PROMEDIO: 5"71
ÍNDICE FATIGA EN 6 SPRINTS: 0,385

MEJOR SALTO FUERZA EXPLOSIVA: 49,2 CM
PROMEDIO FATIGA EN 6 SALTOS: 47.18 CM

Referencias:
J: Jump / Salto
S: Sprint / Pique

Arriba mostramos un ejemplo individual realizado con un mediocampista externo de gran rendimiento en partidos, observen el índice de fatiga y la diferencia casi mínima entre mejor tiempo y tiempo promedio.

También es óptimo el índice de fatiga en saltos.

Los datos nos hablan de un futbolista altamente capacitado para ejecutar esfuerzos neuromusculares a máxima intensidad en régimen de resistencia con cortos períodos de recuperación.

TEST DE LA CAPACIDAD DE REPETIR SPRINTS, RSA (SASSI-CAMPANA)

Consiste en 6 sprints de 40 m, con "shuttle" (20 por 20 metros con cambio de dirección de 180 grados) con pausa de 20 segundos entre sprints.

Se debe realizar previamente una entrada en calor, 15 minutos de trote a baja intensidad, carrera con zancadas y tres sprints submáximos simulando el recorrido.

Se registra el mejor tiempo, el tiempo medio y el índice de fatiga.

El tiempo medio se correlaciona positivamente con la distancia recorrida du-rante el juego a alta intensidad.

Protocolo test Sassi-Campana (medición capacidad RSA)

- 6 sprints de 40 metros ida y vuelta (20 x 20)
- Pausa entre sprints: 20"
- Aspectos a evaluar
- Mejor tiempo de los 6 sprints (velocidad)
- Tiempo medio
- Índice de fatiga (RSA)

YO-YO: TEST RECUPERACIÓN INTERMITENTE (BANGSBO)

En el mes de noviembre de 2009, el Doctor Roberto Peidró organizó un congreso sobre entrenamiento en el fútbol y uno de los invitados fue el fisiólogo y entrenador Jens Bangsbo, creador de la batería de test Yo-Yo. En esa ocasión, tuvimos la posibilidad de contar con su presencia en diferentes entrenamientos de la primera división del club que en ese momento entrenábamos. Al preguntarle al Dr. Bangsbo sobre cuál era a su entender el Yo-Yo test más recomendable para jugadores juveniles y profesionales nos respondió que el "Yo-Yo Test recovery 2" era el que se adecuaba de mejor manera a la realidad del fútbol.

El test Yo-Yo de recuperación intermitente surge como una prueba para evaluar la capacidad de recuperación de un sujeto sometido a un ejercicio progresivamente maximal e intermitente (Bangsbo, 1996).

El protocolo consiste en hacer una serie de repeticiones con carreras de ida y vuelta de 40 metros (2x20 metros) alternadas con un periodo de descanso de 10 segundos, el cual permanece constante durante todo el ejercicio. Lo que variará durante el YYIRT es la velocidad de progresión que se incrementará de una manera preestablecida.

Durante los diez segundos de recuperación, que como se ha comentado permanecen constantes durante toda la prueba, el sujeto evaluado debe permanecer activo realizando una carrera lenta, desplazándose desde el cono de salida y llegada a otro cono situado a 5 metros (Bangsbo, 1991).

Ahora bien, si deseamos tener un parámetro sobre el VO2 máximo de los futbolistas en el inicio de la etapa preparatoria también podemos evaluar el "Yo-Yo Endurance test" el cual brinda una relación indirecta a través de una tabla sobre la capacidad de VO2. Pero este test no guarda tanta especificidad como el "Yo-Yo Recovery nivel II".

Debajo en la foto, observamos a futbolistas de 15-16 años de edad en la fase de freno y retorno con monitoreo de frecuencia cardíaca.

Según Krustrup et al. (2003), esta prueba exige una alta participación tanto de la vía aeróbica como de la anaeróbica, permitiendo analizar la capacidad para recuperar que tienen los sujetos durante la realización de ejercicio intenso. Este hecho permite que pueda ser utilizado para valorar con mayor fidelidad y precisión los cambios en la condición física producidos durante la temporada en deportes de tipo intermitente como el fútbol.

Yo-Yo Test Recuperación Intermitente Nivel II

Parámetros que evalúa:

- Metros recorridos
- Velocidad m/seg.
- Velocidad aeróbica máxima (VAM)
- FC máxima
- Lactato Post Test

Uno de las mayores virtudes del test es su naturaleza intermitente, la cual permite su aplicación en la mayoría de los deportes de equipo. Además, su rela-ción con las actividades del juego, hasta ahora demostradas solo para el fútbol, lo convierte en una prueba válida para estimar el rendimiento físico durante la competición.

Los resultados de los análisis fisiológicos efectuados tras su realización lo describen como un test maximal que no provoca variaciones significativas ni en la depleción del glucógeno muscular, ni en la deshidratación de los sujetos.

Su relación con la máximo rendimiento aeróbico y con la frecuencia cardíaca máxima permite que pueda ser empleado tanto para valorar la condición aeróbica de los jugadores como para calcular su FC máxima.

LA EVALUACIÓN DE LA CAPACIDAD AERÓBICA EN EL FÚTBOL (DR. ROBERTO PEIDRÓ)

No existe discusión acerca de la importancia que el adecuado desarrollo de la capacidad aeróbica tiene en el desempeño de un futbolista durante la competencia.

La demanda de esta capacidad es diferente en función del puesto de juego, los mediocampistas externos y laterales tienen la mayor demanda por sobre el resto de los puestos.

El nivel de competencia también modifica la exigencia aeróbica, siendo mayor a mayor el nivel competitivo.

Una gran capacidad aeróbica es fundamental para mantener la oportunidad de repetir ejercicios de alta intensidad con poco tiempo de recuperación.

La adaptación al entrenamiento tiene componentes centrales (cardio pulmo-nares) y periféricos (musculares).

Específicamente en el fútbol una buena capacidad aeróbica permite:

- El aporte de una alta cantidad de energía en forma aeróbica, esto facilita que el jugador pueda trabajar a una alta intensidad más tiempo y por períodos más prolongados durante el partido.
- Menor tiempo de recuperación después de un período de ejercicio de alta intensidad.
- Menor deterioro de la *performance* técnica y de la concentración al disminuir la fatiga.

En 2001, Helgerud y colaboradores reportaron una mejora en la distancia recorrida durante el partido de 20%, de sprints en 100% y 24% en las acciones relacionadas con el balón.

La evaluación escogida para esta capacidad es el "Yo-Yo Test endurance nivel 2" el cual posee correlación indirecta con el VO2 máximo.

Esta evaluación se realiza solo al principio de la temporada para determinar el consumo máximo de oxígeno de los futbolistas y determinar alguna carencia en esta cualidad, luego durante el año el test que ejecutamos es

el "Yo-Yo Test de recuperación intermitente" (3 a 4 períodos de mediciones anuales) el cual resulta más específico en etapa competitiva.

La capacidad aeróbica también puede ser evaluada en laboratorio mediante una gran variedad de protocolos en *treadmill* determinando de forma precisa consumo máximo de oxígeno (VO2 Máx). Velocidad aeróbica máxima (VAM), Umbral anaérobico, (UAN). Estos valores de laboratorio suelen ser considerados de referencia (Gold Standard) para la valoración de esta capacidad, aunque su realización es costosa y algo dificultosa desde lo técnico.

TEST DE SALTOS PARA MEDICIÓN DE LA FUERZA EXPLOSIVA (BOSCO)

Evaluación de la fuerza explosiva: la fuerza explosiva es una cualidad determinante en el fútbol utilizada en saltos, frenos, sprints, cambios de ritmo y dirección.

Está determinada por varios factores:

- Porcentaje de fibras rápidas.
- Frecuencia del impulso nervioso.
- Sincronización intramuscular.
- Coordinación intermuscular.
- Capacidad de fuerza máxima y de aceleración.
- Velocidad de acortamiento muscular.

Se puede evaluar de con diferentes test, algunos muy sencillos como el test de saltar y alcanzar o salto en longitud sin impulso. También se pueden utilizar sistemas más complejos como alfombras o plataforma de saltos que nos permiten evaluar esta cualidad de manera más precisa.

A continuación, detallamos los test más comunes utilizados para evaluar esta condición con alfombra o plataforma de salto:

Los tres tipos de salto de la batería de Bosco que evaluamos son:

1. Squat jump (SJ)

Modo de ejecución: el futbolista se coloca sobre la alfombra con apoyo simétrico de pies y en posición de rodillas a 90°, el tronco recto en forma natural y con las manos en la cintura, a la señal auditiva ejecuta un movimiento o salto máximo hacia arriba.

Permite evaluar: fuerza explosiva, capacidad de reclutamiento, porcentaje elevado de fibras rápidas.

2. Counter movement jump (CMJ)

Modo de ejecución: el futbolista se coloca sobre la alfombra con apoyo simétrico de pies, de manera erguida y con las manos en la cintura, a la señal auditiva ejecuta un contra movimiento hasta la posición de 90° y seguidamente un salto máximo:

Permite evaluar: fuerza explosiva, capacidad de reclutamiento, porcentaje elevado de fibras rápidas, utilización de energía elástica, coordinación intra e intermuscular.

3. Abalakov (CMJ a brazos libres)

Modo de ejecución: el futbolista se coloca sobre la alfombra de manera erguida y con las manos y brazos libres, a la señal auditiva ejecuta un contra movimiento hasta la posición de 90° y seguidamente un salto máximo:

Permite evaluar: fuerza explosiva, capacidad de reclutamiento, porcentaje elevado de fibras rápidas, utilización de energía elástica, coordinación intra e intermuscular, coordinación de brazos y piernas.

EN LA TABLA Y GRÁFICO SIGUIENTES PRESENTAMOS ALGUNOS VALORES DE REFERENCIA DE DOS EQUIPOS DE PRIMERA DIVISIÓN - FÚTBOL ARGENTINO

PUESTO	SQUAT JUMP	CMJ
ARQUEROS	44	46
DEFENSORES CENTRALES	42	44
DEFENSORES LATERALES	39	41
MEDIOCAMPISTAS	38.5	40.5
ATACANTES	41	43

TEST DE VELOCIDAD 10 X 10 TIPO NAVETTA CON FOTOCÉLULA

La evaluación de velocidad de 10 x 10 metros con fotocélula nos permite testear de forma rápida la velocidad de reacción, la velocidad de frenado y reinicio de la velocidad, aspecto trascendental en este deporte de constantes frenos y arranques.

El futbolista debe reaccionar de forma rápida a la señal auditiva, y recorrer 10 x 10 metros con el freno y arranque de vuelta.

Es interesante realizar este tipo de actividades evaluativas poniendo énfasis en ambos perfiles para la acción de frenado para analizar los mejores perfiles de cambios de dirección y freno y realizar ejercicios de corrección.

TEST DE FUERZA POTENCIA Y MÁXIMA CON CARGAS LIBRES

A partir de los 16 años, los jóvenes comienzan a ser evaluados en la condición de fuerza máxima.

Si bien el fútbol no es un deporte que dependa de niveles de fuerza máxima altos, en etapas de desarrollo final es interesante contar con parámetros de esta cualidad para detectar si hay falencias importantes en la fuerza máxima y trabajar en función de esa carencia con porcentajes adecuados.

A través del método de 3 y 6 repeticiones máximas se lleva un control de los principales grupos musculares. Los ejercicios evaluados son: press de pecho para el tren superior y el ejercicio de sentadillas para el tren inferior.

También evaluamos los índices de fuerza-potencia por medio de los ejercicios dinámicos: en este caso tomamos como ejercicio base de evaluación el ejercicio de arranque de potencia.

Fase final arranque de potencia (foto debajo).

EVALUACIONES-CONTROL DE LOS ENTRENAMIENTOS

Además de las evaluaciones tradicionales es recomendable programar controles dentro de la metodología de entrenamiento.

Realizar estudios sobre el comportamiento de la frecuencia cardíaca, mediciones de lactato y control de metros recorridos en ejercicios situaciones o físicos puros es una manera de correlacionar las evaluaciones físicas con los sistemas de entrenamientos utilizados; además de exponer a un análisis más exhaustivo y profundo la metodología utilizada.

Culturalmente, medimos y evaluamos para tener parámetros físicos de los futbolistas, pero nos parece muy interesante poder controlar la carga que realizamos en los diferentes tipos de entrenamientos de fuerza, resistencia o mixtos a través de diferentes evaluaciones las cuales son realizadas junto al equipo médico.

Como ya mencionamos el fútbol es un deporte de situación, no se trata de un esfuerzo lineal con un tiempo y metraje predeterminados. En consecuencia, las metodologías de entrenamientos utilizadas son, en su mayoría, acciones que no respetan un orden programado y exacto del esfuerzo y la pausa como puede ser una serie intervalada de 5 pasadas de 100 metros.

Medios de entreno como un juego 3 versus 3, circuitos con acciones neuro-musculares a pausas variadas o entrenamientos situacionales ataques contra defensa a una alta intensidad son difíciles de cuantificar en su dosificación. Si bien la experiencia nos orienta sobre qué es lo más aconsejable, las respuestas fisiológicas a trabajos similares son diferentes según cada futbolista. Este tipo de test de la sesión del entrenamiento nos dará una idea general sobre si lo programado se encuentra dentro de los parámetros buscados en relación a frecuencia cardíaca intra y post esfuerzo, ácido láctico, deshidratación, metros recorridos, etc. Estos controles de nuestro entrenamiento no pueden llevarse a la práctica todos los días ni todas las semanas, sino que se deberían realizar una o dos veces dentro del trimestre para llevar un control sobre las respuestas fisiológicas que se dan en los diferentes tipos de entrenamientos que componen la planificación semanal.

Es fundamental que de este tipo de entrenamientos/evaluaciones participen tanto los profesionales médicos como preparadores físicos y técnicos quienes deben interactuar y sacar conclusiones posteriores que servirán para optimizar el proceso de entrenamiento integral y conocer a fondo el perfil físico de los futbolistas para una correcta utilización en el rol de juego.

PLANILLA-TIPO DE EVALUACIONES FÍSICAS UTILIZADAS EN EL PROCESO DE ENTRENAMIENTO

La siguiente tabla es un formato de planilla-control a modo de referencia, contiene las evaluaciones físicas utilizadas en nuestra metodología de trabajo y desarrolladas con anterioridad en este libro, incorporando datos de tres futbolistas juveniles de Sexta División (fase juvenil III) con proyección en Selección Nacional Juvenil o división reserva. En la fila final de la tabla exponemos los resultados promedio del equipo (30 futbolistas).

En las dos primeras columnas ubicamos los datos de peso y talla que se complementan con un estudio antropométrico más específico que desarrollaremos más adelante en los capítulos de medicina deportiva aplicada al fútbol.

Luego, evaluamos 3 parámetros de fuerza máxima y fuerza potencia a través de 3 ejercicios base: ejercicio pectoral plano, sentadillas y arranque de potencia. Si bien los futbolistas ejercitan gran cantidad de variantes de ejercicios de fuerza general y dinámica durante su desarrollo, consideramos que tomando tres ejercitaciones multiarticulares cómo los mencionados tenemos un perfil general de los futbolistas sobre sus niveles de fuerza máxima y potencia.

En las columnas siguientes encontramos valores de potencia de saltos por medio de la batería de Carmelo Bosco: *squat jump, countermovement jump* y *countermovement jump* con brazos libres, evaluando las valencias de fuerza explosiva y reactiva.

En la siguiente columna de la tabla tomamos el Test de Velocidad de 10 x 10 metros midiendo velocidad de reacción, traslación y freno.

Finaliza la tabla control con el ya mencionado "Yo-Yo Test de recuperación intermitente nivel II" de Jens Bangsbo.

El test TRENM no ha sido incluido en esta tabla ya que con anterioridad hemos presentado estadísticas de referencia.

FÚTBOL JUV. FASE III 16-17	ANTR TALLA	ANTR PESO	FZA-POT PECHO	FZA-POT SENT.	FZA-POT ARR.POT	SALTO SQUAT	SALTO CMJ	SALTO CMJL	VEL 10X10	YOYO TEST	YOYO VAM
DEFENSA CENTRAL	187,3	91,60	90,00	170,00	55,00	36,30	40,80	47,70	3"65	1600	16.0
MEDIOCAMPISTA	173,4	63,50	60,00	90,00	50,00	33,10	39,60	43,00	4"25	2120	17.0
ATACANTE	169,6	65,60	70,00	100,00	60,00	34,20	38,50	44,10	3"05	1960	16.5
PROMEDIO EQUIPO	175,7	65,80	69,38	108,75	48,13	34,83	38,06	44,90	4"02	1660	16.3

CAPÍTULO 15

LA MEDICINA DEPORTIVA COMO HERRAMIENTA FUNDAMENTAL EN EL PROCESO DEL FÚTBOL INFANTO-JUVENIL Y PROFESIONAL

LA MEDICINA DEPORTIVA EN EL DESARROLLO DEL FUTBOLISTA

El fútbol es el deporte más popular en la mayor parte de los países del mundo. Su práctica adecuada depende de múltiples factores que incluyen aspectos téc-nicos, tácticos, biomecánicos, psicológicos y fisiológicos.

Una de las cosas interesantes de este deporte de conjunto radica en el hecho que los futbolistas no necesitan poseer altísima capacidad en cada una de estas áreas, aunque deben destacarse en algunas de ellas y lograr un nivel adecuado en las demás. Para lograr estos fines se han estudiado y desarrollado a lo largo del tiempo entrenamientos cada vez más específicos que tienden a promover un perfil de futbolista capacitado para niveles superiores de competencia.

El fútbol no es una ciencia, sin embargo, la ciencia puede colaborar en mejorar la aptitud del deportista en forma individual y en su adaptación al conjunto.

El futbolista de alto rendimiento cubre distancias variables durante una competencia de noventa minutos. Los promedios descriptos giran alrededor de los 10 a 12 km. Sin embargo, este dato es incompleto ya que las velocidades necesarias son diferentes, así como los tiempos de recuperación. A su vez,

se genera la necesidad de cambios bruscos de ritmo, con aceleraciones y desaceleraciones discontinuas, choques con adversarios, movimientos articulares y musculares extremos, repetitividad de gestos y carreras con cortos tiempos de recuperación, golpes al balón con pies y cabeza con técnica adecuada, etc. Más aún, los diferentes puestos en el campo de juego implican aptitudes diversas relacionadas con la función específica. Los entrenamientos, por lo tanto, deben tender a preparar al futbolista para las exigencias de su puesto, más allá de las cualidades fisiológicas generales.

Por otra parte, se trata de un deporte colectivo donde el rendimiento individual debe plantearse en el contexto de un trabajo grupal en el que cada uno de los participantes colabora para el bien del conjunto.

El fútbol es, en definitiva, un juego. No obstante, la competencia extrema que hoy ha alcanzado implica una preparación especial para lograr el mejor rendimiento sin alterar aspectos relacionados con la salud física y mental de la "persona-futbolista". Este concepto cobra la mayor importancia en la formación y preparación del deportista infantojuvenil.

Los profesionales involucrados en este proceso necesitan los conocimientos adecuados para comprender aspectos específicos del joven futbolista que van más allá de las variables fisiológicas, técnicas y tácticas del deporte.

La formación recorre un amplio camino que se extiende desde el período del juego y su disfrute como parte de una de las actividades lúdicas del niño hasta su entrada al campo profesional donde ese juego se convierte en una forma de trabajo y subsistencia.

A lo largo de ese camino existen situaciones especiales propias de cada edad en general y del individuo particular.

La medicina del deporte es una especialidad médica en la que confluyen diversas subespecialidades mancomunadas para sostener y mejorar la salud de los deportistas a lo largo de su formación y proveer bases científicas que colaboren en la mejoría de su rendimiento individual y colectivo.

DEMANDAS FÍSICAS EN EL FÚTBOL

Repasamos las actividades que desarrolla un futbolista. Durante un partido de fútbol promedio se realizan desplazamientos a muy alta velocidad cada 70 a 90 segundos (con duraciones de 2 a 5 segundos), 15 a 20 choques con adversarios, 50 a 60 participaciones con la pelota, 30 pases de pelota a compañeros de equipo, todo esto sumado a contracciones musculares para sostener el balón frente a un rival y mantener el equilibrio.

Como se ha comentado, se recorren entre 10 y 12 km, con 1% a 11% de estas distancias realizadas a alta intensidad. La duración de un partido implica que los requerimientos de energía derivados del metabolismo aeróbico sean elevados. Sin embargo, la fuerza y potencia musculares tienen similar importancia que la resistencia aeróbica.

La observación del consumo de oxígeno (VO2) durante el juego es de difícil interpretación ya que los equipos disponibles para medición directa suelen ser pesados e incómodos. Por tal motivo, los escasos estudios que los emplearon pueden subestimar los verdaderos valores debido a que el deportista que carga con el equipo suele desarrollar menores velocidades y distancias.

Para salvar este obstáculo se han realizado mediciones indirectas a través de la frecuencia cardíaca. Para esto es necesario buscar la relación individual de cada jugador entre VO2 y frecuencia cardíaca en pruebas de laboratorio o en campo con equipos telemétricos.

Sin embargo, el juego tiene variaciones que pueden elevar desproporcionadamente la frecuencia cardíaca sin modificaciones acordes del VO2. Por ejemplo, el estrés mental, la elevada temperatura, las contracciones musculares estáticas, las carreras muy cortas de alta intensidad.

A pesar de estas eventuales condiciones, los promedios pueden ser considerados válidos a lo largo del partido de fútbol. Varios autores compararon los ejercicios intermitentes en campo y laboratorio y avalaron la estimación de los valores de VO2 obtenidos en forma indirecta. De esta manera, es posible calcular que el promedio durante el partido pueda estar entre 70% a 75% del VO2 máximo de cada futbolista. Estas estimaciones, que se corresponden con frecuencias cardíacas entre 80% a 85% de las máximas individuales, son superiores a los VO2 obtenidos en forma directa en trabajos de investigación (Stolen T, Chamari K, Castagna C, Wisloff U. *Physiology of soccer. An update*. Sports Med 2005; 35: 501-536).

En ellos se encontraron valores de 35 – 38ml/Kg/minuto (56 al 61% del VO2 máximo) en los primeros tiempos y 29-30 ml/Kg/minuto (47 – 49%) en los segundos; tener en cuenta que en estas investigaciones el jugador cargaba con el equipo y realizaba menos esfuerzo (Ogushi T, Ohashi J, Nagahama H, et al. *Work intensity during soccer match-play*. In: Reilly T, Clarys J, Stibbe A, editors. Science and football II. London: E&FN Spon, 1993: 121-3).

El juego tiene la necesidad de alcanzar altas intensidades de esfuerzo. Desde el punto de vista fisiológico sería imposible mantener durante 90 minutos intensidades superiores al umbral anaeróbico debido a la consecuente acumulación de lactato que se produciría.

Se alternan ejercicios de muy alta intensidad, con acumulación de lactato, con esfuerzos de baja o moderada intensidad donde la remoción de lactato se lleva a cabo.

Aunque el metabolismo aeróbico cubre la mayor parte de las demandas energéticas en un partido de fútbol, muchas de las acciones decisivas

se llevan a cabo con energía proveniente del metabolismo anaeróbico. La acumulación de lactato durante estos esfuerzos promueve una remoción acorde con la posibilidad de generar acciones repetitivas de este tipo.

La tasa de remoción de lactato está favorecida por un mayor VO2. Es decir, una mayor potencia aeróbica promueve mayor y más rápida recuperación de ejercicios de alta intensidad con mayor remoción de lactato y aumento de la regeneración de fosfocreatina (Tomlin DL, Wenger HA. *The relationship between aerobic fitness and recovery from high intensity exercise*. Sports Med).

En futbolistas juveniles 17-18 años se han demostrado mejorías en el VO2 así como en distancias recorridas durante un partido, aumento en el número de carreras de alta velocidad y mejorías en la economía de carrera cuando se aplicaron ejercicios intervalados para mejoría de potencia aeróbica durante 8 semanas (Helgerud J, Engen LC, Wisløff U, et al. *Aerobic endurance training improves soccer performance*. Med Sci Sports Exerc 2001: 1925-31). Sin embargo, no hubo diferencias en pruebas de salto, velocidad, fuerza y precisión de pases.

Estudios posteriores con ejercicios de la misma intensidad, pero con la utilización de balones y *dribbling*, también mejoraron las pruebas de saltos.

Si bien el VO2 máximo individual tiene importancia en el sostenimiento de esfuerzos prolongados y ha sido relacionado con el mejor rendimiento deportivo, la "economía de carrera" tiene un alto valor. Se podría definir este término como la relación entre la intensidad del esfuerzo y el VO2 a ese nivel.

Se han encontrado diferencias importantes entre deportistas con similar VO2 Máx cuando se compararon los valores de VO2 a un mismo nivel de esfuerzo. Esta "economía" significa un "gasto" menor y la posibilidad de alcanzar resistencias mayores a mayores intensidades.

En el caso de futbolistas juveniles pueden encontrarse estas diferencias. A igual nivel de esfuerzo el deportista adolescente puede desarrollar un VO2 más cercano al máximo que el futbolista mayor. Esto se traduce en los niveles de frecuencia cardíaca, que suelen ser menores en ejercicios submáximos en los deportistas mayores.

Las razones para esta mayor economía de carrera pueden ser varias y estar relacionadas con factores biomecánicos y neuromusculares, desarrollo muscular y habilidades técnicas adquiridas.

Estos factores cobran importancia al momento de planificar y observar entrenamientos de resistencia aeróbica en el futbolista juvenil a partir de niveles de frecuencia cardíaca. Los valores serán mayores a similares niveles de esfuerzo.

Debido a esa menor economía de carrera las distancias cubiertas por el futbolista juvenil en un encuentro de 90 minutos suelen ser menores y con menores tiempos de alta intensidad.

Se han estimado que una mejoría que un 5% en la economía de carrera puede aumentar en 1000 metros la distancia cubierta en un partido.

La fuerza y potencia musculares comparten importancia con la resistencia aeróbica en el futbolista de alto nivel. La potencia se refiere a la capacidad de generar la mayor fuerza en el menor tiempo posible.

La hipertrofia muscular y las adaptaciones neuromusculares son mecanismos básicos para el desarrollo de la fuerza. Sin embargo, los entrenamientos para hipertrofia muscular pueden, en algunos casos, disminuir la velocidad de desarrollo de fuerza.

Es necesario conocer la necesidad de aumento de la masa muscular en ciertos futbolistas para aplicar este tipo de entrenamientos.

El foco de los entrenamientos de fuerza en fútbol se ha desplazado hacia las adaptaciones neuromusculares. Esto incluye la activación de unidades motoras, el aumento de la frecuencia de estímulos nerviosos a la unidad motora, el incremento del reclutamiento de unidades motoras, la sincronización de contracciones de agonistas y antagonistas entre otros mecanismos.

Se ha demostrado una correlación positiva entre la fuerza máxima y parámetros relacionados con el mayor rendimiento en carreras y saltos en jugadores de fútbol de elite.

También se encontraron correlaciones entre la mayor fuerza y los mejores resultados en pruebas de velocidad de 30 metros. Varios estudios han establecido que la mayor potencia se relacionó con mejorías en economía de carrera y trabajo durante diferentes ejercicios en fútbol.

Esta introducción resalta la importancia de diferentes tipos de entrenamientos y pruebas para evaluación de resultados que el fútbol moderno necesita.

La edad del futbolista es una variable muy importante a la hora de aplicar entrenamientos, educar en tácticas y mejor técnicas. La fisiología y los factores psicológicos propios de cada edad implican aplicaciones específicas de los procesos de preparación.

A modo de ejemplo, la reserva metabólica (diferencia entre VO2 máximo de una persona y aquel necesario para un ejercicio determinado) es requerida en forma más importante por un niño de 10 años que por uno de 14 años. Es decir, que para un ejercicio determinado el futbolista de menor edad ocupa casi la totalidad de su VO2 mientras que el deportista de mayor edad va a

utilizar un porcentaje menor de su VO2 máximo haciendo más eficiente su carrera.

Esta es una de las situaciones que explican la menor resistencia en carrera de los niños de menor edad. A su vez, el VO2 máximo va incrementándose con la edad durante la adolescencia.

Por otra parte, el niño tiene una tasa de utilización de enzimas del metabolismo aeróbico superior a las que intervienen en la glucólisis anaeróbica. El volumen mitocondrial y sus enzimas oxidativas le permiten utilizar combustible derivado de los ácidos grasos.

El metabolismo anaeróbico láctico es menor en el niño debido a sus escasas reservas glucogénicas musculares y menor capacidad de las enzimas de la glucólisis.

Estas características se relacionan con la pobre capacidad para los esfuerzos prolongados de alta intensidad. El conocimiento de estas situaciones debe ser aplicado al tipo de entrenamiento planificado, ya que la estimulación temprana a partir de esfuerzos de este tipo no logrará resultados hasta que el perfil enzimático adecuado se haya desarrollado.

La observación habitual de la hiperventilación del niño futbolista con respecto al adolescente se relaciona con el aumento precoz del equivalente ventilatorio para el VO2 (VE/VO2).

Es decir, el niño necesita mayor cantidad de aire movilizado (ventilación) para incrementar su VO2. Su ritmo respiratorio es, entonces, poco económico y ante un ejercicio determinado suele responder con altas frecuencias respiratorias.

Sin embargo, esta situación no debe alejar la atención de una probable enfer-medad cardíaca congénita y/o respiratoria ante un niño con dificultad respiratoria ante el esfuerzo.

EVALUACIONES MÉDICAS

Las evaluaciones médicas para la práctica deportiva incluye dos grandes aspectos: Salud y Aptitud.

Evaluaciones de la salud del deportista

El entrenamiento de alto rendimiento implica someter al organismo a una sobrecarga intensa por tiempos prolongados. Estas situaciones generan modifi-caciones orgánicas que la mayor parte de las veces favorecen y mantienen la salud de quienes lo llevan a cabo.

Sin embargo, es necesario conocer las condiciones del deportista para tolerar dichas sobrecargas. Por otra parte, se presenta una posibilidad única para evaluar la salud de poblaciones juveniles que, bajo otras circunstancias, no hubieran podido llevarse a cabo. Si bien la finalidad de los profesionales formadores del fútbol infantojuvenil es la preparación del joven futbolista para la práctica competitiva del deporte, se encuentra frente a una función social y pedagógica que va más allá de estas circunstancias. Tiene a su cargo a niños y jóvenes a quienes su labor diaria puede favorecer para el desarrollo de una vida mejor.

Las evaluaciones de la salud del futbolista tienen como finalidad detectar condiciones psicofísicas que predispongan a la producción de lesiones o procesos patológicos durante entrenamientos y competencias. Por otra parte, es necesario descartar la presencia de enfermedades que puedan empeorarse ante los esfuerzos intensos a los que se someterá a ese futbolista.

Entre los exámenes elementales y más importantes se encuentran los siguientes:

- Cardiovascular y respiratorio.
- Ortopédico.
- Odontológico.
- Oftalmológico.
- Audiométrico.
- Dermatológico.
- Neurológico.
- Psicológico.

La presencia de alteraciones en la salud genera situaciones diversas que van desde el eventual apartamiento de la práctica deportiva, cuando se detectan enfermedades que puedan poner en riesgo la vida, hasta la solución total de un problema que promueve no solo la salud del deportista sino también la mejoría en su rendimiento.

Evaluaciones cardiovasculares

El médico del deporte debe estar en condiciones para evaluar el corazón del futbolista. Es necesario que conozca las modificaciones habituales que provoca la práctica de deportes de alta intensidad y aquellas que puedan implicar una enfermedad cardiovascular.

Si bien existen discusiones a nivel mundial sobre los estudios que deberían realizarse en deportistas para investigar la salud cardiovascular, éstas se

basan, en la mayor parte de los casos, en situaciones de costo/ beneficio. Se entiende por tales a los valores económicos en sí y a los tiempos empleados en los estudios.

Nuestro grupo de trabajo ha publicado en nuestro país y en el extranjero nuestras opiniones con respecto a este tema. Estas opiniones surgen de experiencias internacionales y propias en la aplicación de sistemas de evaluaciones.

En líneas generales, el examen cardiovascular mínimo para un futbolista debe incluir una historia clínica pormenorizada que valore el interrogatorio sobre antecedentes personales y familiares, el examen físico detallado que incluya el registro de presión arterial en ambos brazos, palpación de los pulsos periféricos, palpación y auscultación cardíaca y vascular, auscultación de ambos campos pulmonares y un electrocardiograma de reposo.

Si no surgieran anormalidades en este primer nivel de evaluación podría autorizarse al joven futbolista a participar en el deporte. Si aparecieran alteraciones, se debe pasar a un segundo nivel de exámenes que pueden incluir el ecocardiograma Doppler, la prueba ergométrica y/u otros variados y específicos estudios.

Este tipo de evaluaciones cardiológicas son consideradas básicas y mínimas, y pueden ofrecer un nivel aceptable de seguridad. Sin embargo, existen otros estudios, más costosos, que podrían emplearse como estudio de primer nivel para incrementar las posibilidades de detección de una cardiopatía. Tal el caso del ecocardiograma Doppler que permite evaluar las dimensiones de las cavidades cardíacas, el grosor de sus paredes, las diferentes válvulas y la función contráctil del músculo cardíaco.

Como existen enfermedades cardíacas genéticas que se manifiestan la mayoría de las veces en la adolescencia, en el futbolista de alto rendimiento se recomienda realizar un ecocardiograma a partir de los 16 años de edad. Si el estudio es normal podría repetirse cada 3 o 4 años.

Los síntomas sospechosos de un eventual problema cardiovascular son la presencia de falta de aire ante algún ejercicio, los mareos y/o pérdida de conciencia, el dolor en el centro del pecho. El antecedente familiar de una muerte súbita o problema cardíaco en parientes de 1° grado menor de 50 años debe llamar la atención para realizar estudios más profundos.

En Italia, este tipo de chequeo precompetitivo para personas que participan en deportes organizados y competitivos fue introducido por ley nacional en 1982. Solo a los deportistas integrantes de selecciones nacionales se les realiza ecocardiograma a cargo del estado dentro del esquema inicial de examen precompetitivo. Desde la puesta en práctica de esta ley pudo demostrarse una reducción del riesgo de muerte súbita en el deporte del 89% entre los años 1981 y 2004.

El esquema italiano fue adoptado en varios países europeos así como por el Comité Olímpico Internacional y la FIFA.

La prueba de esfuerzo realizada en cinta deslizante (o bicicleta) con control permanente de electrocardiograma y presión arterial es un estudio interesante por la posibilidad de detectar alteraciones del corazón al esfuerzo. Sin embargo, en niños y adolescentes sanos su valor es inferior ya que las posibilidades de aparición de signos de enfermedad cardíaca (que no se detecten con los estudios anteriores) son bajas. Si bien es cierto que pueden aparecer arritmias u otras alteraciones, es un estudio que lleva más tiempo y podría no ser considerado de primer nivel.

Sin embargo, la realización de una prueba de ejercicio de este tipo puede ser muy útil para evaluar la capacidad física del deportista, en forma especial su potencia aeróbica máxima cuando se utilizan analizadores que permiten conocer en forma directa el consumo de oxígeno (VO2). Es decir, el empleo de la prueba de esfuerzo en futbolistas jóvenes está más dirigido a evaluar capacidades que estado de salud. Pero, de realizarse, es conveniente su aprovechamiento integral asociando el registro del electrocardiograma de 12 derivaciones y la toma de presión arterial.

Evaluación ortopédica

Las evaluaciones del sistema osteo atro muscular (SOAM) son de real importancia para la detección y prevención de lesiones deportivas y para el mejor rendimiento del deportista.

En el niño y joven futbolista deben tenerse en cuenta los exámenes clínicos de columna vertebral, apoyo de ambos pies, altura y dimensiones de cadera y miembros inferiores, morfología de las articulaciones y biomecánica de la marcha y carrera. Del interrogatorio y hallazgos físicos puede surgir la necesidad de estudios más profundos para determinar patologías específicas.

La presencia de alguna alteración permite programar correcciones que redundarán en la salud y rendimiento del deportista.

Exámen neurológico

Debe formar parte del examen físico inicial y periódico de cualquier deportista. Las maniobras y registro de reflejos básicos deben constar en la historia clínica del futbolista.

Evaluación psicológica y social

El fútbol actual somete al deportista a presiones de todo tipo. El psicólogo debe formar parte del equipo médico y su trabajo debe estar presente desde las evaluaciones iniciales.

La conformación familiar, estructura mental, antecedentes y las expectativas personales y familiares deben tenerse en cuenta en la preparación integral del futbolista.

El ambiente social y económico en que se ha desarrollado el joven tiene importancia vital en su salud y rendimiento. Deben conocerse sus antecedentes nutricionales, tipo de vivienda, disponibilidad o no de agua potable, estructura del grupo familiar.

La incorporación de trabajadores sociales al equipo de apoyo deportivo redundará en beneficiosos adicionales importantes para el desarrollo del deportista.

Evaluación oftalmológica

Leves alteraciones de la visión pueden pasar desapercibidas en una persona joven. Sin embargo, pueden causar diferentes molestias muchas veces no atribuidas a su verdadera causa. Un examen oftalmológico simple y de sencilla realización puede permitir la detección de anormalidades de la visión que, corregidas a tiempo, mejorarán la vida del futbolista.

Evalaución audiométrica

La evaluación médica inicial debe prestar atención a parámetros y signos mínimos que pueden poner de manifiesto una afección auditiva. Ante la sospecha, una prueba audiométrica permitirá detectar alteraciones cuyo tratamiento redundará en la salud futura del deportista.

Evaluación odontológica

La evaluación dentaria preventiva debe realizarse en forma periódica. Los focos infecciosos periodontales fueron relacionados con alteraciones en diferentes sistemas del organismo. Existen estudios que relacionaron, incluso, las lesiones musculares con infecciones e inflamaciones a ese nivel. Esta relación podría explicarse por el aumento de sustancias inflamatorias (citoquinas de distinto tipo) que pueden alterar la función del músculo esquelético.

La preservación en buen estado de las piezas dentarias implica la facilidad para una adecuada alimentación y un adecuado proceso digestivo.

Evaluación dermatológica

El deportista suele tener exposiciones prolongadas a la luz solar directa, pliegues cutáneos sometidos a efectos permanentes de la transpiración y vestimenta no siempre apropiada, contactos fluidos con compañeros de equipo con utilización, en ocasiones, de toallas, vestimentas y calzados ya usados por otros deportistas.

Un examen dermatológico inicial y periódico promueve tratamientos precoces y adopción de medidas de prevención que eviten el desarrollo futuro de enfermedades de la piel.

Evaluaciones de aptitud

Las evaluaciones de aptitud mediante pruebas de campo y/o laboratorio permiten una colaboración estrecha entre el médico y el preparador físico, y el técnico. Muchas de ellas ya fueron desarrolladas y explicadas en capítulos anteriores.

Este trabajo conjunto entre preparadores físicos y el cuerpo médico deportivo del club permite obtener el mayor rendimiento del futbolista en las diferentes cualidades necesarias para la práctica de este deporte.

El médico del deporte debe estar en condiciones de comprender los procesos de entrenamiento y los estímulos necesarios para maximizar el rendimiento en las diferentes áreas metabólicas.

El fútbol es un deporte que requiere esfuerzos rápidos de alta intensidad con períodos también rápidos de recuperación. Para lograr estos objetivos se ponen en juego una serie de cualidades que requieren de entrenamientos específicos.

Es necesario tener en cuenta que el futbolista infantojuvenil tiene características propias de su edad. Una clásica frase médica con referencia a esta situación es: "El organismo del niño no es el mismo de un adulto en miniatura".

Se hace imprescindible, entonces, el conocimiento adecuado de las variables fisiológicas y psicológicas que acompañan al futbolista en sus etapas de niñez, pubertad y adolescencia para, de esta forma, aplicar entrenamientos adecuados que colaboren en la formación integral del deportista.

LA PREPARACIÓN BIOLÓGICA DEL DEPORTISTA

Son los medios que se utilizan para conseguir que el organismo se encuentre en condiciones óptimas de rendimiento.

El óptimo rendimiento de un futbolista se sustenta en sus capacidades, las cuales se respaldan en el entrenamiento, la nutrición y el descanso en un "trípode" indisoluble.

En la búsqueda de esta optimización el futbolista se somete a una preparación que se podría dividir en varios aspectos:

- Preparación física.
- Preparación técnica.
- Preparación táctica.
- Preparación psicológica.

Funciones de la preparación biológica

- *Preventiva:* evitar lesiones, fatiga crónica, o sobre entrenamiento. Asegurar un adecuado estado de salud.
- *Optimización del rendimiento:* partiendo de que el cuerpo puede recuperarse de forma autónoma, una recuperación asistida es mejor y más rápida en la regeneración de la capacidad de trabajo.
- *Función de tratamiento*: de la propia lesión deportiva o de la fatiga.

En otros capítulos del libro hemos abordado los aspectos relacionadas con las demandas que debe sostener un futbolista durante el juego, en resumen, el fútbol moderno nos impone el desafío de optimizar el rendimiento del jugador para que sea capaz de afrontar las siguientes demandas:

- Alta intensidad de juego.
- Presión para recuperar el balón con poca pausa.
- Rápido paso de defensa a ataque.
- Combustible para sostener dicho esfuerzo.

Prevenir y disminuir el impacto de la fatiga sobre el rendimiento del jugador durante el partido y a lo largo de la temporada, un jugador de elite disputa entre 60 y 70 partidos anuales, es un desafío para las ciencias del deporte.

¿Por qué se fatiga un futbolista?

- Depleción glucogénica.
- Pérdida hidroelectrolítica.
- Depleción de fosfocreatina.
- Factores hormonales.
- Agotamiento neuromuscular.
- Estrés competitivo.

Distinguimos una fatiga crónica por sobrecarga de partidos y una "aguda" que aparece durante el partido.

1. Fatiga crónica: sobrecarga de partidos y horas de entrenamiento, estrés competitivo, factores psicológicos, estrategias de recuperación inadecuadas.
2. Fatiga durante el juego.

Existe un binomio inseparable entre la fatiga y la recuperación, que debemos tener en cuenta dado que la presencia de fatiga afecta todo el proceso de entrenamiento.

¿Qué elementos componen la preparación biológica?

1. Medidas regenerativas (sueño, postura, masaje, hidroterapia, electroterapia, estiramiento, elongación).
2. Medidas alimenticias.
3. Medidas nutricionales .
4. Medidas farmacológicas.

En cuanto a los métodos de preparación biológica comentados más arriba es de destacar que se han propuesto diversos métodos y estrategias, las mismas como vimos las dividimos en higiénico, regenerativas, farmacológicas y nutricionales.

La universidad de Lille (Francia) específicamente el grupo encabezado por M. Nedelec, en 2012, publico 2 artículos de revisión sobre todas estas estrategias aquí las conclusiones más importantes de dicho análisis.

Analicemos aquellos que se han demostrado eficaces:

Las estrategias nutricionales han sido descriptas en otro capítulo, recordamos algunos tips fundamentales.

- Conocer el costo energético de cada sesión de entrenamiento o partido a fin de reponer los nutrientes en función del desgaste.
- Priorizar la reposición de hidratos de carbono y proteínas.
- Las dos horas posteriores al entrenamiento o la competencia es el período de oro para la reposición de sustratos.
- Establecer la tasa de sudoración de cada futbolista a diferentes temperaturas y adecuar la reposición hidroelectrolítica considerando ese dato.
- Considerar la complementación del plan nutricional con ayudas ergogénicas nutricionales (alimentos deportivos funcionales).

Podemos enriquecer este preparado con maltodextrina y aminoácidos rami-ficados (0.06 gr/kg) en el post esfuerzo y post partido.

El sueño y descanso adecuado fue referido también como un elemento eficiente en la preparación biológica, su falta provoca:

- Alteración del estado alerta y pérdida de reacción.
- Disminución capacidad de recibir estímulos.
- Disminución relajación muscular y mental.
- Alteraciones hormonales, cortisol, testosterona.

La presencia de infecciones crónicas, caries, micosis, parasitosis, etc. ocasionan:

- Aumentan estrés oxidativo.
- Inmunodeficiencias.
- Mayor demanda orgánica de energías.
- Contagios.

La fatiga neuromuscular es muy importante en el fútbol en su fisiopatología intervienen diversos factores:

- Relacionada con los constantes cambios de dirección, aceleraciones, frenos y arranques, saltos a diferentes velocidades e intensidades.
- Se genera una fatiga que está relacionada con la transmisión del impulso nervioso y el acoplamiento contráctil a nivel muscular.

- Disturbios electroliticos en la membrana, edema, e inflamación muscular.

En la prevención y tratamiento de dicha fatiga se han propuesto alternativas:

- Buenos valores de fuerza máxima en especial en tren inferior.
- Ejercicios pliométricos.
- Ejercicios preventivos.
- Entrenamientos fisicos – técnicos y tácticos con actividades específicas del puesto.
- La utilización en el post entrenamiento o partido de baños de contraste.
- Cámaras hiperbáricas.
- Suplementos con Vit B y ácido tiocítico.

Los baños de contraste han sido reportados como eficaces, son de fácil realización con diversos protocolos propuestos, de ellos recomendamos 7 minutos de frio divididos en períodos de un minuto, separados por igual duración de calor.

Control de la carga biológica

La valoración de la carga biológica del entrenamiento y la competencia es determinante para la guía en la preparación biológica del jugador.

Esta valoración se compone:

- Valoración de antecedentes clínicos.
- Antecedentes traumatológicos y deportivos.
- Síntomas.
- Examen físico.
- Electrocardiograma.

Mucho de estos componentes han sido tratados en detalle en otros capítulos de la obra. Nos dedicaremos a aquellos no tratados en profundidad.

La valoración traumatológica es vital en los aspectos preventivos de la preparación biológica, sus características más salientes son:

- Enfoque preventivos.
- Antecedentes de lesiones.

- Flexibilidad.

En los últimos años se han desarrollado diferentes métodos y protocolos destinados a medir el impacto biológico de la carga de trabajo en campo algunos muy sencillos y útiles como la escala de percepción del esfuerzo además de otros con mayor complejidad y necesidad de recursos.

La utilización de la frecuencia cardíaca (FC) como método de control del entrenamiento está ampliamente difundida en el ámbito deportivo.

Existen métodos de control latido a latido (pulsómetros) individuales, o con software de análisis telemétricos u otros que utilizan la variabilidad de la frecuencia cardíaca (con alta influencia del sistema nervioso autónomo) que permiten un acabado control de las respuestas al entrenamiento y monitorear la fatiga.

Algunos de estos dispositivos dotados con tecnología GPS o sensores de paso, permiten valorar además la distancia recorrida, velocidad y las más sofisticadas aceleraciones.

Debemos considerar al usar la frecuencia cardíaca que la misma puede influenciarse por diversos factores (sueño, calor, hidratación) pero que siempre nos está indicando una realidad del jugador en ese momento, el análisis del dato permitirá discriminar el origen de la variación.

Para utilizar la frecuencia cardíaca debemos conocer:

1. FC Basal (en reposo, al despertar, sin levantarse de la cama).
2. FC Máxima, existe un cálculo teórico por diversas fórmulas (220-edad es de la más difundida) pero es necesario determinar en campo la FC Máxima individual con un test lineal (1000 metros o similar).
3. Conocer la respuesta del jugador en su frecuencia cardíaca en trabajos lineales, correlacionando los datos con otras mediciones como determinación de ácido láctico y la escala de percepción del esfuerzo.
4. El conocimiento de estos valores permite la interpretación de la frecuencia cardíaca en los ejercicios físicos, técnicos y tácticos.
5. Valorar también no solo la respuesta ante el esfuerzo sino también en la recuperación.

El comportamiento de la frecuencia cardíaca, velocidad y distancia recorrida por un jugador, en respuesta un trabajo físico técnico (cuenta toques) y posteriormente en un trabajo de definición y el comportamiento de la frecuencia cardíaca, velocidad y distancia recorrida por un jugador, en respuesta un trabajo físico lineal.

La determinación de ácido láctico durante el entrenamiento está también ampliamente difundida y aceptada.

Es necesario además dè la metodología de determinación, conocer la intensidad esperado para la carga de trabajo impuesta de manera de conocer si el impacto del trabajo.

La escala de percepción del esfuerzo es también un método sencillo y adecuado en especial cuando se correlaciona con los demás parámetros de control del entrenamiento.

El valor referido por el jugador se propone multiplicarlo por la cantidad de minutos de trabajo en la sesión, obteniéndose un índice de seguimiento del impacto de la misma. Sus principales características son:

- Simple y sencilla.
- Tomar al final del entreno, 40' o 50' post.
- Establecer una gráfica semanal y mensual de cada jugador y del plantel.
- Correlación con otros datos.

Prevención de lesiones en la preparación biológica

Es un objetivo primario de la preparación biológica del futbolista. Forma parte de los objetivos de la preparación biológica. Requiere de un abordaje multidisciplinario y estrategias planificadas a lo largo de toda la temporada deportiva.

¿Qué debemos considerar en la prevención?

- Valorar antecedentes (edad, raza, puesto de juego, lesiones anteriores, periodos de inactividad, nivel de competencia etc.).
- Valoración antropométrica (masa adiposa, muscular, índices).
- Evaluación traumatológica y kinésica.
- Protocolos de prevención generales y específicos para cada jugador.
- El entrenamiento priorizar las demandas del puesto de juego en volumen, intensidad, características de la carrera y gestos técnicos.

A manera de conclusiones respecto a la preparación biológica consideramos que hoy las prioridades en la preparación biológica del futbolista pasan por:

- Alistarlo para que sea capaz de realizar esfuerzos de alta y muy alta intensidad con poca pausa de recuperación entre cada

esfuerzo (capacidad distintiva del futbol) sin perder rendimiento entre un esfuerzo y otro.

- Optimizar y promover los procesos de recuperación durante el partido, entre cada partido y en el entrenamiento previniendo fatiga y lesiones.
- Para cumplir estos objetivos es necesario el abordaje multidisciplinario y con los datos más objetivos y precisos posibles.

LA NUTRICIÓN EN EL FUTBOLISTA, ASPECTOS GENERALES

El desarrollo en plenitud de un jugador de fútbol, al igual que cualquier deportista, se sustenta en sus capacidades apuntaladas indefectiblemente por el descanso, el entrenamiento y la nutrición.

En este capítulo abordaremos aspectos de la nutrición es un pilar fundamental en el proceso de desarrollo biológico como así también en rendimiento deportivo.

En función de la complejidad y amplitud del tema abordaremos los siguientes temas:

- Demandas energéticas del fútbol. Aspectos generales.
- Evaluación de la nutrición del futbolista.
- Problemática nutricional del futbolista.
- Ayudas ergogénicas ¿cuándo?

Demandas energéticas del fútbol. Aspectos generales

En otros capítulos se ha señalado la distancia recorrida por un jugador durante un partido y se ha detallado el perfil de actividad física en el fútbol. Sabido es que la misma está influenciada por el puesto de juego, condiciones climáticas, nivel de competencia.

Analizamos brevemente sin entrar en complejos detalles bioenergéticos las demandas biológicas de esta prestación en especial las de alta intensidad.

El principal combustible involucrado para sostener las intensidades moderadas y altas del juego es el glucógeno muscular, "el combustible por excelencia" por las vías glucolíticas rápida y lenta.

El sistema de los fosfágenos responsable de sostener energéticamente los esfuerzos de alta intensidad menores a 5 segundos su reposición se hace consumiendo ATP, que fueron producidos por vía aeróbica y abastecen este proceso de "recarga" de este sistema.

Los depósitos de glucógeno se vacían casi por completo hacia el final del partido como lo demuestra el gráfico siguiente:

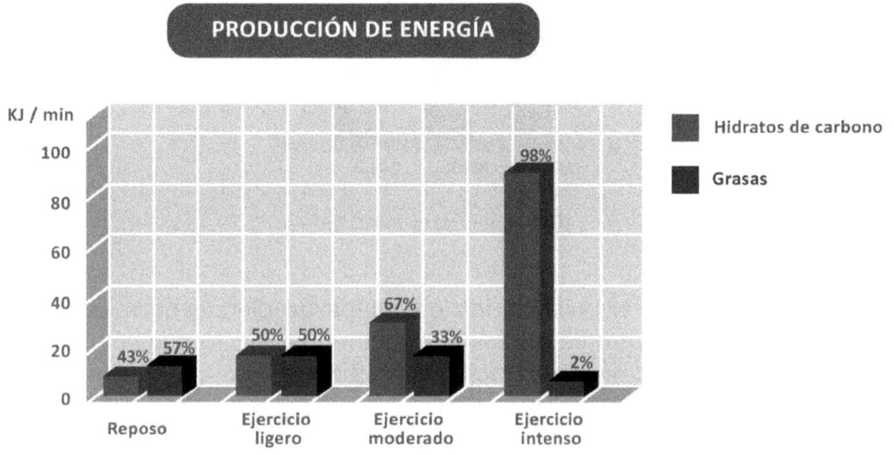

Vaciamiento de los depósitos de glucógeno durante un partido.

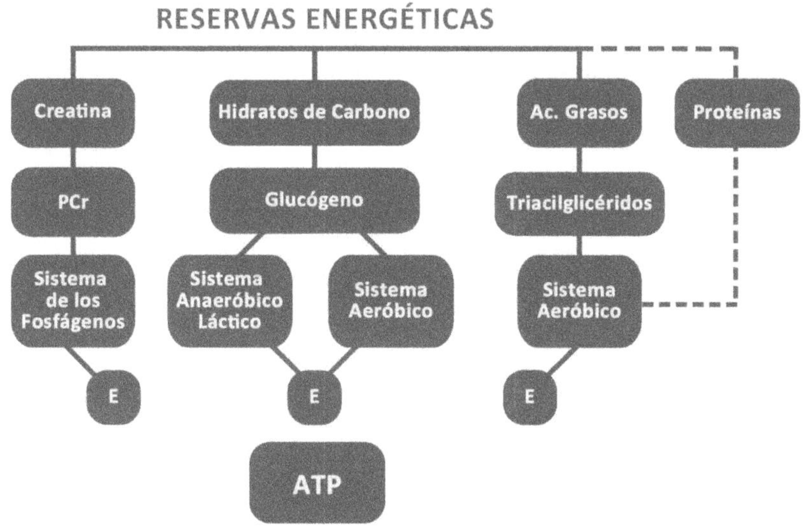

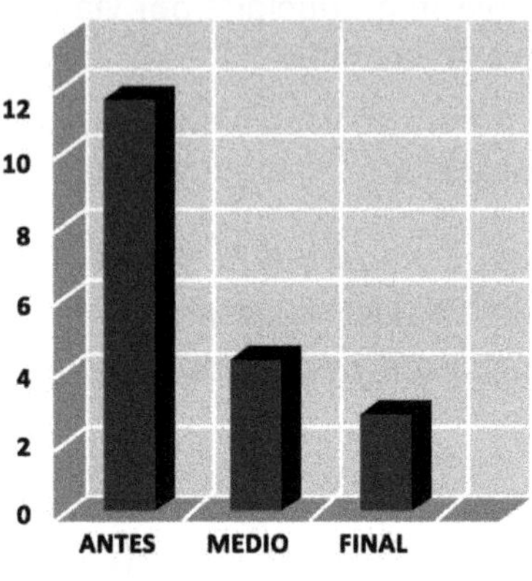

A medida que cae el nivel de los depósitos de glucógeno muscular se incrementa la utilización de grasas como combustible, lo que conlleva una caída en la intensidad de la prestación del futbolista.

Llegar al partido con los depósitos de glucógeno llenos y disminuir al menos la velocidad de vaciamiento de los mismos son dos de los objetivos nutricionales más importantes del futbolista.

Otro objetivo importante es mitigar la pérdida de fluidos y electrolitos, se estiman pérdidas de 2 a 3 litros de fluidos durante un partido, dependiendo de factores individuales, temperatura y humedad ambiente, indumentaria.

A manera de ejemplificar, la magnitud de esta pérdida muestra la tasa de sudoración de futbolistas profesionales argentinos luego de 50 minutos de futbol a 32° de temperatura ambiente (datos del autor).

JUGADOR	TASA DE SUDORACIÓN (ml/hora)
Mediocampista	2010
Mediocampista	2160
Delantero	1680
Delantero	2040
Defensor central	2280
Arquero	480
Delantero	1800
Delantero	1680
Mediocampista	1560
Delantero	2040
Arquero	480
Mediocampista	1680
Delantero	1440
Arquero	480
Defensor lateral	2760
Defensor lateral	1440
Delantero	1440
Delantero	1200
Defensor central	2400
Delantero	1200

Del mismo modo que ocurre con el glucógeno a medida que las pérdidas de líquidos y electrolitos aumentan, el rendimiento cae, y es en función de la magnitud de la misma (porcentaje del peso corporal) que tenemos las siguientes manifestaciones (tabla siguiente).

% DE PESO CORPORAL PERDIDO	CONSECUENCIAS
2	ALTERACIÓN DE LA TERMOREGULACIÓN
3	ALTERACIÓN DE LA TERMOREGULACIÓN
4 - 6	ALTERACIÓN DE LA TERMOREGULACIÓN
MAS DE 6	ALTERACIÓN DE LA TERMOREGULACIÓN

Mediante una estrategia de hidratación adecuada antes, durante y después del entrenamiento o partido, permitirá al menos disminuir la magnitud e impacto de la perdida de fluidos. Lo ideal sería no superar el 3% de pérdida.

En resumen, la *performance* del futbolista desde lo energético depende de las reservas de glucógeno y fosfocreatina muscular como así también de un adecuado balance hidroelectrolítico de los fluidos corporales.

Evaluación de la nutrición del futbolista

Al analizar los aspectos nutricionales del futbolista debemos considerar algunos aspectos relevantes. La nutrición es un proceso complejo que se compone de diferentes pasos:

- Alimentación.
- Digestión.
- Absorción.
- Metabolización.
- Excreción.

Estos pasos se encuentran encadenados y cada uno cumple un rol determinante en la nutrición. Las deficiencias en uno de ellos afectan a los otros.

Al momento de la prescripción de una dieta nunca debemos perder el concepto de alimentación saludable. En lo individual la dieta debe ser:

Individual: adaptada a la necesidad de cada uno.

Temporal: debe tener un fin en el tiempo, acorde al objetivo fijado.

Por objetivos: en relación con las metas del entrenamiento (pérdida de masa grasa, ganancia de músculo).

Racional: en función de hábitos, gustos, tiempos del jugador.

¿Cómo elaboramos un plan nutricional? Considerando lo expuesto anteriormente, en la prescripción de un plan alimentación debemos contemplar los siguientes pasos:

1. Evaluación clínica del estado de salud: se contempla el estado sanitario del jugador, la presencia de patologías como diabetes, hipertensión arterial, nefropatías, parasitosis que pueden tener relevancia al momento de prescribir un plan nutricional.
2. Análisis de laboratorio: complementado la información de los exámenes clínicos. Se sugieren los siguientes análisis: hemograma, glucemia, urea y creatina, hepatograma, Ionograma, ferremia, testosterona, cortisol, perfil lipídico y orina completa.

Encuesta nutricional

Tiene como objetivo conocer los hábitos nutricionales del jugador, se puede hacer de manera retrospectiva, interrogando sobre lo ingerido en los dos o tres días previos al momento de evaluarlo o prospectiva, mediante un registro que se le entrega al jugador para que anote con justeza los alimentos ingeridos (hora, día cantidad) y la actividad física, la mayor información se obtiene combinando ambos métodos.

1. Valoración del gasto energético: es determinante conocer el gasto calórico diario, al menos de manera aproximada, para prescribir su plan nutricional. El gasto energético diario está compuesto por:
   - Gasto energético basal (lo que consume el organismo en 24 horas en condiciones de reposo) representan el 75% a 80% del gasto calórico total.
   - Efecto térmico de los alimentos, es aproximadamente el 10% del gasto total, son las calorías que se gastan al comer.
   - Actividad física. En función de la actividad diaria, puede representar del 15 a 30% del gasto total.

2. Valoración antropométrica: ya se ha hablado en otros capítulos del libro y permite determinar los objetivos que estableceremos en el plan nutricional.

Sobre la base de lo evaluado en los puntos anteriores estableceremos el plan nutricional, complementado los objetivos nutricionales y del entrenamiento, respetando el concepto de alimentación saludable y las "leyes de la alimentación" ya descriptas.

Problemática nutricional del futbolista

Al momento de elaborar el plan nutricional de un futbolista se presentan diversos objetivos que marcarán el rumbo de dicho plan.

Entre estos tenemos:

1. *Formar hábitos de alimentación saludables*: es fundamental adecuar los hábitos nutricionales del deportista, de forma que los mismos resulten en una alimentación saludable para la vida y las demandas del deporte. Es primordial la educación (charlas, material de apoyo gráfico, multimedia, cursos) comenzando desde las etapas iniciales de la formación del futbolista.

2. *Mantener o lograr niveles bajos de masa grasa*: es uno de los motivos de consulta más frecuente, niveles bajos de masa grasa se asocia con mejora en el rendimiento, menor incidencia de lesiones. Es difícil determinar un valor de masa grasa óptimo para el fútbol, en función de los diferentes biotipos del jugador y los diferentes aspectos que influyen en el perfil antropométrico del jugador. Se sugiere el seguimiento antropométrico del jugador y determinar de manera individual su nivel de masa grasa.

Se proponen las siguientes estrategias desde el entrenamiento para favorecer la perdida de grasa:

- Realizar entrenamiento extra o cruzado para aumentar el gasto energético.
- Realizar sesiones matutinas de entrenamiento en ayunas.
- Realizar el entrenamiento sin ingerir o ingiriendo una mínima cantidad de hidratos de carbono.
- Esperar varias horas después del entrenamiento para consumir hidratos de carbonos.
- Incrementar la masa muscular: Del mismo modo de que decimos para la masa grasa, es difícil establecer un valor único referencia para este componente en futbolistas. Es habitual recibir jugadores con esa inquietud u objetivo. En primer lugar determinamos si es real ese supuesto "déficit", valorando antropométricamente al jugador (ver antropometría). Los valores de masa muscular

están determinados por genética, entrenamiento y nutrición. Se sugiere que las ganancias de masa muscular, en lo que al entrenamiento específico para ese fin se lleve a cabo durante el período de pretemporada. No existe a la fecha consenso sobre la "dieta óptima para ganar masa muscular", desde la nutricional. Debemos tomar en cuenta lo siguiente:

- La necesidad de proteínas esta aumentada cuando realizamos un entrenamiento para ganar masa magra y fuerza, se estima un aporte de 1.3 a 1.6 gr/kg.

- El momento de la ingesta de nutrientes en relación con el entrenamiento debe ser coordinado para lograr en conjunto un perfil hormonal y metabólico "anabólico" que favorezca la ganancia de masa magra y fuerza.

Se propone una ingesta previa al entrenamiento de fuerza (una hora aproximadamente) de hidratos de carbono y proteínas (40% a 50% del requerimiento diario de este nutriente). De esta manera, el hidrato de carbono aporta la energía para el entrenamiento, provoca un incremento de insulina plasmática que posee efecto anabólico, mientras que las proteínas aportan los aminoácidos necesarios para la síntesis proteica e incrementan los niveles de hormona de crecimiento y testosterona con efecto también "favorecedor" para la ganancia de masa magra.

La ingesta posterior también debe contemplar la combinación de hidratos de carbono y proteínas, para mantener el perfil metabólico logrado durante el entrenamiento.

El plan de entrenamiento debe ser consensuado y periodizado en cuanto a las cargas, evitando un estrés excesivo, dado que esa situación provoca elevación de cortisol que tiene efecto negativo sobre la ganancia muscular.

No debe faltar el descanso nocturno para supercompensar el efecto del entrenamiento.

En la alimentación como se ha destacado se deben contemplar las leyes de la alimentación saludable y adecuada con un aporte extra calórico en los comienzos del plan de entrenamiento no superior a 400- 600 calorías para cubrir la necesidad de formar. De todas formas, se debe evitar superar ese margen de calorías, lo que redundará en ganancia de masa grasa, no siendo este el objetivo buscado.

Aspectos relacionados con la competencia

Las demandas energéticas de la competencia y el entrenamiento ya fueron analizadas, haremos una breve reseña de los conceptos fundamentales

de la comida precompetencia, alimentación e hidratación intrajuego y la recuperación postpartido.

Ya vimos la importancia del glucógeno como combustible para sostener los esfuerzo de alta intensidad durante el partido, del mismo modo que valoramos la importancia de mantener un equilibrio hidroelectrolítico durante el juego.

Última comida precompetencia: ocupa un lugar especial, pero debemos tener en cuenta que no reemplaza o corrige errores nutricionales de la semana. Ofrece la oportunidad de ajustar el estado nutricional y de hidratación para el partido. Entre sus objetivos prioritarios debemos evitar que el jugador experimente hambre en el partido, sin malestar intestinal. Se debe realizar entre 2 y 3 horas antes del juego. Se sugiere respetar los patrones nutricionales y culturales al jugador, priorizar alimentos ricos en hidratos de carbono, de diferente índice glucémico y pobre en fibras. Las proteínas y grasas deben ser reducidas. Con abundante liquido (agua, jugos y bebida deportiva). En el párrafo siguiente ejemplo de menús para la pre-competencia:

- *Desayuno o merienda*: cereales, yogurt descremado, pan con dulces, jalea, mermeladas o miel, pan, tostadas, bay biscuits, vainillas, ensaladas de frutas o frutas frescas y secas licuados.
- *Almuerzo o cena*: pastas rellenas, ñoquis, espaguetis, con salsa hipo grasa, arroz, ensaladas, frutas, papas, carne(solo porción chica 50-70 gr magras si el tiempo al partido es de 3 horas como mínimo), pan, tartas de verdura o zapallito.
- *Suplementos nutricionales* (hidrato de carbono solos o combinados con proteínas, o creatina o minerales) como complemento de los menús anteriores o solo en aquellos jugadores con poca tolerancia a los alimentos habituales o poco tiempo entre comida o partido (ejemplo viaje cercano al partido en equipos de bajos recursos económicos o competencia en la altura donde pueden presentarse cefaleas, malestar gastrointestinal o nauseas).

Necesidad de líquidos y energía en partido y entrenamiento

Hemos considerado la pérdida de líquidos y electrolitos como así también de glucógeno durante los partidos y entrenamiento. Se estima que un jugador pierde alrededor de 3 litros de agua, con una composición variable de electrolitos (sodio, potasio, cloro y magnesio) el objetivo es minimizar los efectos de estas pérdidas. Durante el juego por las características del mismo son pocas las posibilidades de hidratación y reponer energía, solo las interrupciones del juego por lesiones o circunstancias del partido y los 15 minutos del entretiempo. Es por ello que debemos aprovecharlos al máximo. El tiempo neto de juego de partido promedio es de 40 a 50 minutos.

Una de las prioridades de determinar la tasa de sudoración del jugador esto metodológicamente se hace de la siguiente manera:

- Pesar el jugador antes del juego.
- Controlar la cantidad de líquidos que el jugador ingiere durante el juego (botellas individualizadas).
- Pesar al jugador al final del juego.
- Si el jugador orina durante el lapso de la prueba se debe medir la cantidad.
- La tasa se calcula restando al peso inicial el peso final del jugador y al resultado sumarle la cantidad de líquidos ingeridos y eventualmente el volumen orinado, el resultado final es lo que el jugador pierde en el partido.

Se debe elaborar una estrategia que contemple el aporte de líquidos equivalente a su tasa de sudoración.

Se sugiere reponer el volumen con agua y bebidas deportivas con el agregado de hidratos de carbono (no sobrepasar el 6% a 8% en la concentración de hidratos de carbono).

La reposición de hidratos de carbono para mitigar el descenso de los depósitos de glucógeno además del agregado de hidratos de carbono en la bebida como mencionamos, debemos completarla con el aporte de frutas, granos o frutas secas, aprovechando la pausa del entretiempo. En los últimos años, se han desarrollado geles y bebidas isotónicas con hidratos de carbono, que pueden resultar útiles al momento de reponer hidratos de carbono.

Recuperación energética postpartido

Ya hablamos de la pérdida durante el partido. Es fundamental "recuperar lo perdido" en forma óptima en función de completar la misma antes del próximo entrenamiento o partido. Las 2 horas posteriores al final del juego son primordiales para cumplir este objetivo ya que en ese momento todo el "camino" metabólico se encuentra orientado para rápidamente recuperar el glucógeno muscular. Se recomienda hacerlo a razón de 5 a 8 gramos de hidratos de carbono por kg de peso corporal. Se aconseja utilizar los índice glucémico alto (pan, pastas, arroz, papas, cereales, bebidas isotónicas, geles). Hay que ser ingenioso al momento de elegir contemplando las pautas nutricionales y los gustos del paciente, dado que muchas veces luego del esfuerzo el jugador no tiene hambre.

Ayudas ergogénicas ¿cuándo?

Las ayudas ergogénicas se definen como: "cualquier técnica de entrenamiento, ayuda mecánica, práctica nutricional, método farmacológico o técnica psicológica que sea capaz de mejorar la capacidad de rendimiento o las adaptaciones al entrenamiento".

Existe una fuerte influencia económica, social y de marketing en torno a estas ayudas y su uso; muchas veces sin el adecuado control en su desarrollo, investigación y su aval científico. Muchas de estas aparecen como modas que publicitan "el producto mágico", que perdura en la popularidad en base a publicidad hasta que son reemplazados por otros con las mismas promesas.

Existen múltiples clasificaciones en cuanto a las ayudas ergogénicas basadas en diferentes aspectos.

Proponemos la siguiente clasificación:

1. Farmacológicas: son agentes farmacológicos entre los cuales los más relevantes son la cafeína -el único no prohibido por el Código Mundial Antidopage- las anfetaminas y derivados, efedrina y derivados, diuréticos -todos prohibidos y con uso riesgos para la salud del jugador-.
2. Nutricionales: son componentes nutricionales (creatina, aminoácidos, carnitina, bicarbonato, multivitaminicos, ginseng, antioxidante y alimentos deportivos). Analizaremos brevemente a algunos de ellos más abajo en este capítulo.
3. Hormonales (esteroides anabólicos, hormona de crecimiento, eritropoyetina, entre otros), su uso es peligroso y prohibido por el código antidopage.
4. Fisiológicas (doping sanguíneo es la práctica más conocida, peligrosa y penada por el doping).

A manera de conclusión se refuerza el concepto que una alimentación saludable respetando las "leyes de la alimentación" ya mencionada es suficiente para sostener desde lo nutricional las demandas energéticas del entrenamiento y la competencia en fútbol.

De todas formas existen circunstancias especiales donde las ayudas ergogénicas acopladas al plan nutricional resultan útiles:

- Cubrir deficiencias alimentarias.
- Potenciando las capacidades (fuerza, resistencia, potencia, velocidad, etc.).

- Equilibrar al organismo en circunstancias especiales (infecciones, desgaste excesivo, descanso deficitario, etc.).
- Ganancia de peso magro.
- Prevención de fatiga y sobreentrenamiento.

La prescripción es un acto médico que no debe dejarse en manos de entrenadores o preparadores físicos.

La eventual suplementación debe estar integrada en los procesos de nutrición, entrenamiento y descanso.

Se debe educar al paciente sobre el alcance y riesgo de las ayudas ergogénica como parte del plan nutricional.

ASPECTOS GENERALES SOBRE LA ANTROPOMETRÍA EN EL FÚTBOL

En el fútbol, como en la mayoría de los deportes, los aspectos antropométricos son considerados relevantes en el conjunto de evaluaciones del jugador.

Nos aporta información en el proceso de selección de talentos, permite monitorear la evolución morfológica del jugador, seguir el desarrollo biológico, planear y controlar cambios en las masas corporales (adiposa y muscular) en respuesta al entrenamiento entre las contribuciones más relevantes de esta evaluación.

Abordaremos los aspectos generales de la antropometría en relación al futbol.

Por definición la evaluación antropométrica:

1. Estudia el tamaño, la forma, proporción y la maduración corporal.
2. Facilita la comprensión de las modificaciones corporales en la respuesta al crecimiento, la actividad física, el rendimiento y la nutrición.

Consideraremos en este capítulo:

- Métodos de valoración de la composición corporal.
- Factores que afectan el perfil antropométrico del futbolista.
- Evaluación antropométrica del futbolista.

- Consideraciones especiales en niños.

Métodos de valoración de la composición corporal

En la valoración antropométrica tenemos diferentes modelos que podemos agrupar en:

Modelos antropométricos de 2, 3, 4 y 5 componentes que son los más utilizados a lo largo del tiempo, desarrollándose diferentes propuestas con diferente grado de validación y desarrollo.

Modelos de proporcionalidad: el más utilizado es la estratagema I Phantom. Sus características más salientes son:

- Es un modelo definido por longitudes, perímetros, amplitudes y pliegues y masas fraccionales.
- Los valores se ajustan a una altura de 170.18 cm. Y un peso de 64.58 Kg.
- Su utilidad radica en que permite relacionar las partes con el resto del cuerpo o entre ellas.
- Luego de realizado el cálculo para cada medida, las mismas se grafican en función de la dispersión en desvíos estándar que presentan en relación al modelo original descripto por Phantom.
- En conclusión, este modelo de proporcionalidad complementa los datos obtenidos en relación a la composición corporal, permitiendo determinar la localización de los excesos o déficit de distribución de cada componente.

Modelos basados en el biotipo: el más difundido es el Somatotipo de Heath y Carter. Sus aspectos más salientes son:

- Es una clasificación basada en el concepto de la conformación exterior.
- Se expresa numéricamente, con tres componentes: Endomorfia, Mesomorfía y Ectomorfía.
- Cada componente tiene un valor de 1 a 7 (la suma de los tres va en un rango de 9 a 12).
- Los somatotipos se clasifican según predomine uno u otro componente.
- Los valores se grafican en la somatocarta (sistema de ejes sobre un triángulos de lados curvos).

Es un método sencillo que permite ser calculado con pocas mediciones y sin necesidad de software.

Las mediciones necesarias para el cálculo del somatotipo son:

1. Peso.
2. Altura.
3. Pliegues: (Tríceps, Subesc., Suprai., Pantorrilla).
4. Diámetros: (fémur y húmero).
5. Perímetros: (brazo contraído y pierna).

Clasificación de los somatotipos:

- Central: ningún componente difiere más de 1 unidad con respecto a los otros.
- Endomorfo: el endomorfismo es dominante, el mesomorfismo y ectomorfismo son más de 1/2 unidad más pequeña.
- Mesomorfo: el mesomorfo es el dominante, los otros son más de 1/2 unidad más pequeña.
- Ectomorfo: es dominante, los otros son más pequeños (más de 1/2 unidad).

Gráfica en somatocarta de los diferentes somatotipos del fútbol (referencias personales)

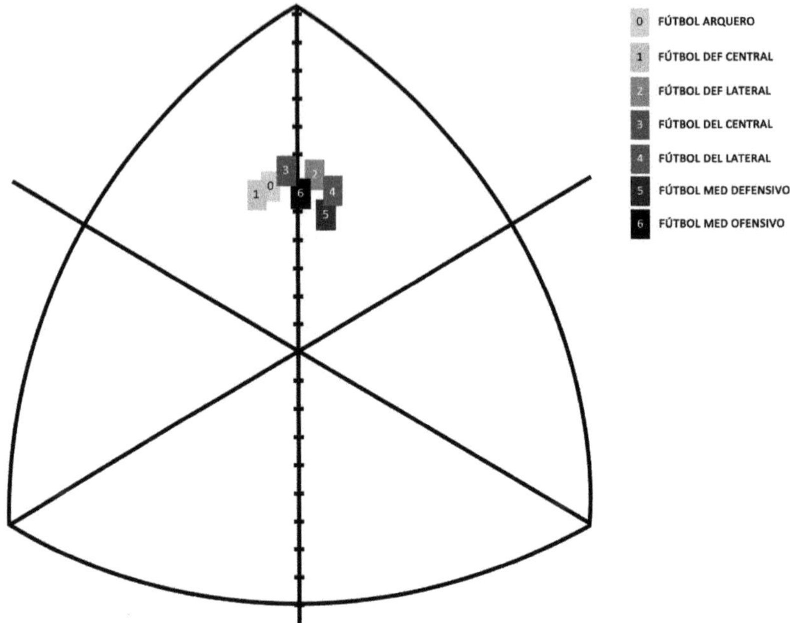

Índices y fórmulas: se utilizan algunos índices y fórmulas que nos aportan información complementaria en el análisis del perfil antropométrico, permitiendo:

- Relacionar masas corporales o segmentos corporales.
- Seguimiento rápido de la evolución de la masa adiposa.
- Son de cálculo simple lo que permite obtenerlos con facilidad.

Los más comúnmente usados:

- Índice esquelético: relación entre altura/altura sentado.
- Cociente adiposo/muscular: relaciona porcentajes de ambas masas.
- Cociente muscular/óseo: relaciona ambas masas en porcentaje.
- Índice de masa corporal: relaciona peso y talla de utilidad en deporte y salud.
- Suma de pliegues cutáneos: se usan las suma de 3 (tricipital, subescapular y pierna) 6 (tríceps, subescapular, supraespinoso, abdominal, muslo y gemelo).

Nivel de competencia: El nivel de competencia es también evidenciado en la valoración antropométrica del futbolista, en especial en valores de masa muscular, a nivel más alto, mayor nivel de masa muscular y ocurre a la inversa con la masa adiposa mayor nivel de competencia menor nivel de grasa.

A continuación algunos ejemplos que incluyen datos del estudio SOKIP 95, (perfil antropométrico y fisiológico del futbolista sudamericano de elite) del Dr. Juan C Mazza y colaboradores y datos de referencia del autor de este capítulo.

Entrenamiento: El futbolista experimenta cambios en respuestas al proceso de entrenamiento siendo los aspectos más salientes el incremento de la masa muscular y la disminución de la masa adiposa.

Del mismo modo, cuando el entrenamiento se interrumpe se da el fenómeno inverso por lo general, disminuyendo los valores de masa muscular e incrementando los de masa grasa.

Puesto de juego: En la evaluación antropométrica de futbolistas se evidencian significativas diferencias en las variables medidas cuando se comparan las mismas considerando el puesto de juego.

Por ejemplo la variable altura es una de la que resulta condicionante en especial en algunos puestos de juego como arquero o defensa central.

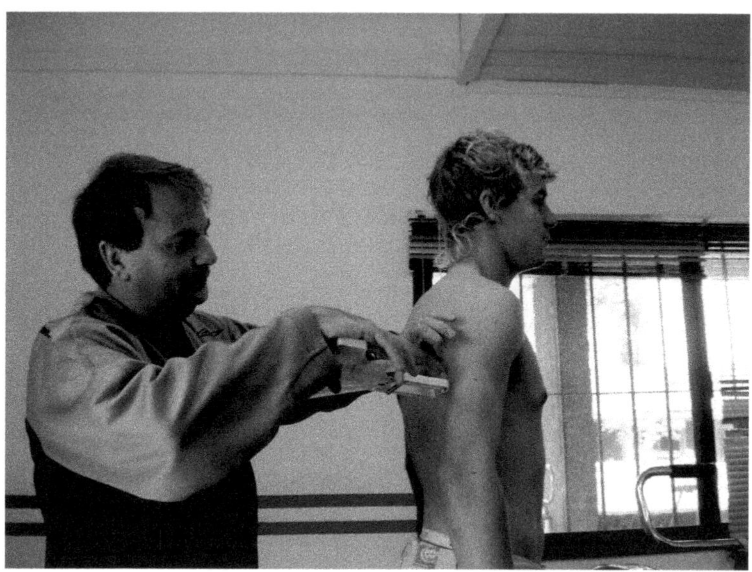

En el año 2004 se publicó este análisis de edad, estatura, peso, BMI y calidad de futbolistas de elite de 4 ligas europeas. Y nos permite ver las diferencias antropométricas entre los futbolistas de las principales ligas de Europa. En las siguientes tablas el resumen de este trabajo:

Estudio de talla en diferentes ligas de fútbol del mundo

	PREMIER LEAGUE	LIGA ESPAÑA	CALCIO ITALIA	BUNDESLIGA ALEMANIA	MEDIA
ARQUEROS	1.88 S:0.04	1.85 S:0.04	1.86 S:0.04	1.89 S:0.04	1,87 S:0.04
DEFENSAS	1.82 S:0.06	1.80 S:0.05	1.81 S:0.05	1.84 S:0.05	1.82 S:0.05
MEDIOS	1.79 S:0.05	1.79 S:0.05	1.78 S:0.05	1.79 S:0.06	1.79 S:0.05
ATACANTE	1.81 S:0.06	1.79 S:0.06	1.81 S:0.06	1.82 S:0.06	1.81 S:0.06

Tabla de referencia de futbolistas del campeonato argentino de Primera División "A"

	TALLA	PESO	% MASA GRASA	KG DE MASA GRASA	% DE MASA MUSCULAR	KG DE MASA MUSCULAR	SUMA DE 6 (MM) PLIEGUES	MUSC/OSEO	ADIP/MUSC
ARQUERO	1.84	84.5	21.2	18.5	50.2	44	57	4.4	0.46
DEFENSA CENTRAL	1.82	79.3	19.6	15.5	50.7	40	43.6	4.36	0.39
DEFENSA LATERAL	1.74	72.5	19.5	14.5	50.7	36.5	43.6	4.36	0.39
MEDIO- CAMPISTA	1.77	74.6	20.2	15	49.8	37.1	45	4.20	0.39
DELANTERO EXTERIOR	1.74	71.6	18.7	13.3	51.4	36.5	38.5	4.34	0.36
CENTRO DELANTERO	1.79	79.9	19.9	16.07	50.6	49	49	4.42	0.39

EVALUACIÓN ANTROPOMÉTRICA, SISTEMÁTICA DE VALORACIÓN

En este punto comentaremos la sistemática de valoración antropométrica que utilizamos en la valoración del futbolista.

Los pasos de esta valoración son los siguientes:

- Recolección de datos
- Calculo de composición corporal.
- Estratagema Phantom.
- Somatotipo.
- Índices y suma de pliegues.
- Recolección de datos.

Recolección de datos: Las mediciones se toman según la normativa de ISAK (International Society Antropometric Kinetics) con el instrumental específico.

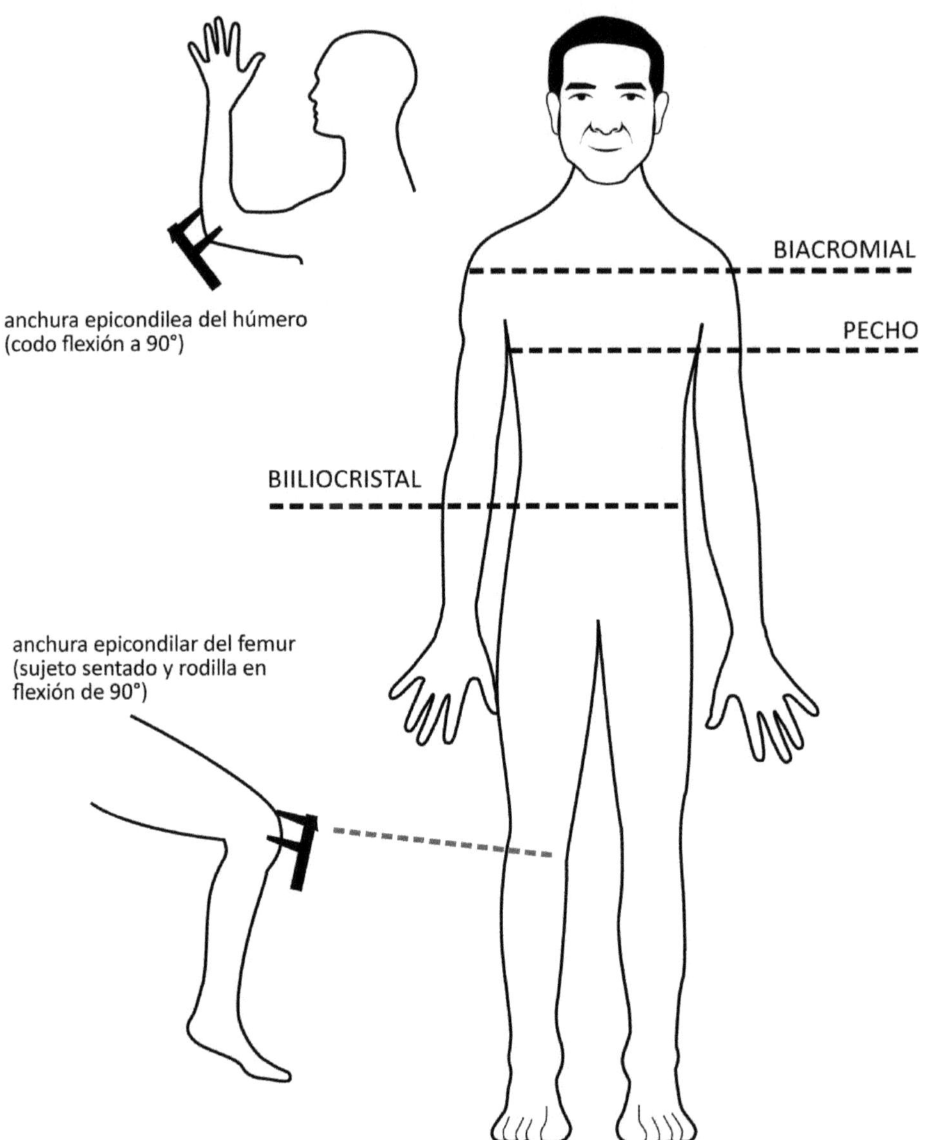
BIACROMIAL
PECHO
anchura epicondilea del húmero
(codo flexión a 90°)
BIILIOCRISTAL
anchura epicondilar del femur
(sujeto sentado y rodilla en
flexión de 90°)

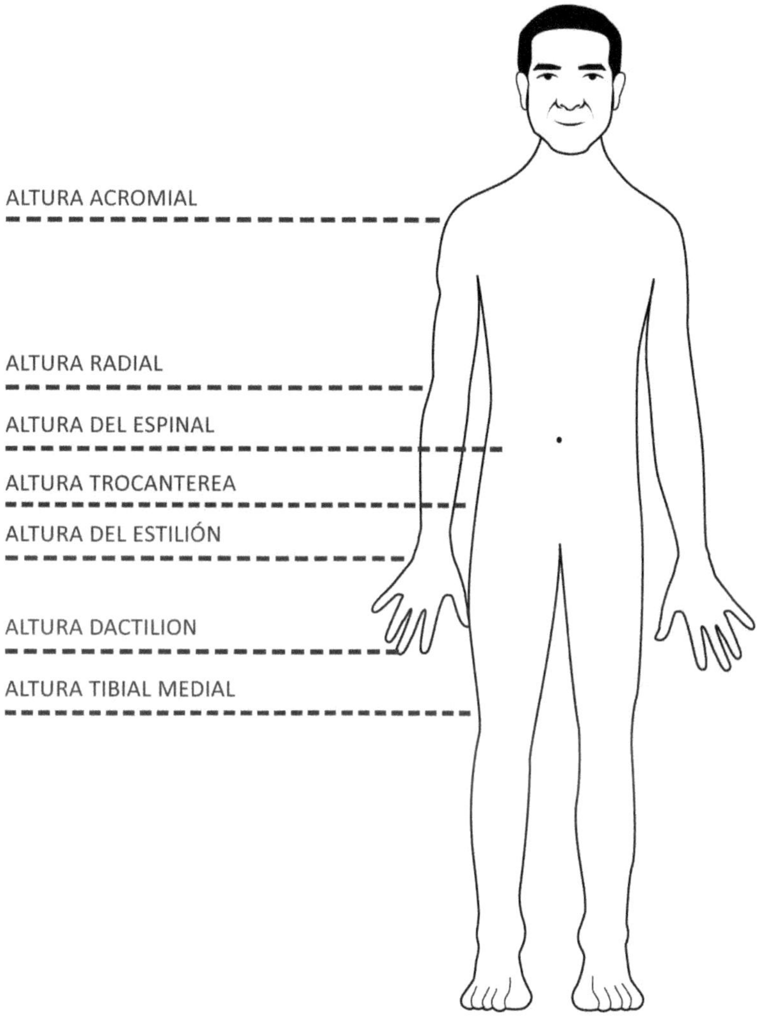

ALTURA ACROMIAL

ALTURA RADIAL

ALTURA DEL ESPINAL

ALTURA TROCANTEREA

ALTURA DEL ESTILIÓN

ALTURA DACTILION

ALTURA TIBIAL MEDIAL

Los datos recogidos son volcados a una proforma para posteriormente ser ingresados al software específico para los cálculos correspondientes.

Composición corporal: Utilizamos el método de 5 componentes de fraccionamiento de masas corporales, cuyas características han sido ya descriptas.

Los resultados se presentan como lo muestra el ejemplo siguiente. Representación de composición corporal en 2 y 5 componentes de un futbolista de elite.

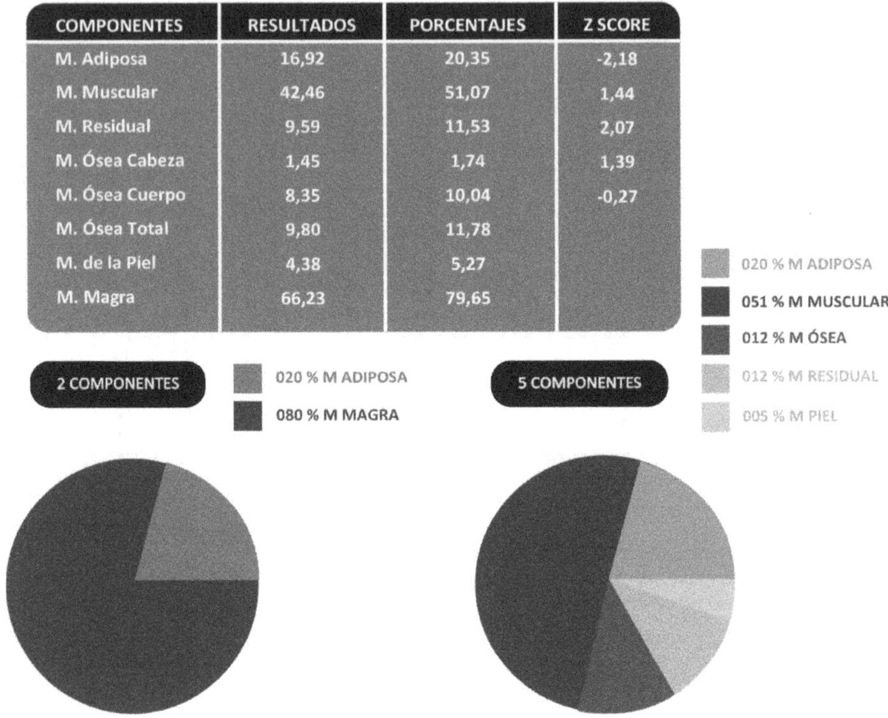

COMPONENTES	RESULTADOS	PORCENTAJES	Z SCORE
M. Adiposa	16,92	20,35	-2,18
M. Muscular	42,46	51,07	1,44
M. Residual	9,59	11,53	2,07
M. Ósea Cabeza	1,45	1,74	1,39
M. Ósea Cuerpo	8,35	10,04	-0,27
M. Ósea Total	9,80	11,78	
M. de la Piel	4,38	5,27	
M. Magra	66,23	79,65	

Una vez valorado el fraccionamiento de las masas corporales es necesario conocer la distribución de las mismas esto se complementa con los pasos siguientes:

Estratagema Phantom: Este modelo de valoración segmentaria, ya descripto más arriba, nos va a permitir establecer las relaciones entre las diversas masas corporales, como así también la distribución de las mismas.

Esto nos permite direccionar con precisión las eventuales modificaciones antropométricas a realizar. Por ejemplo, cuando nos encontramos con un valor bajo de masa muscular en la composición corporal y decidimos realizar un trabajo para incrementar dicho componente el Phantom nos permite conocer en qué lugar podemos dirigir ese aumento de masa muscular.

Resulta en un procedimiento útil como complemento de la información del fraccionamiento de masas corporales.

Somatotipo: Esta valoración de fácil cálculo puede ser útil en especial para el seguimiento evolutivo del jugador en relación con el biotipo ideal de su deporte y puesto de juego, esto se determina a partir de:

- Análisis del somatotipo (evaluar la diferencia entre el medido y el ideal para su deporte).
- Somatotipo medio: en un conjunto de deportista se obtiene el valor medio de cada componente.
- Distancia de dispersión del somatotipo: compara 2 somatotipos.

Índices y suma de pliegues: nos ofrecen información complementaria a la composición corporal y en el caso de la suma de pliegues permite una rápida valoración de la masa grasa, importante en el seguimiento de la misma.

En fútbol se utilizan con mayor frecuencia:

- Índice de masa corporal (BMI): se obtiene con el cálculo peso/altura 2, su valor normal es de 20 a 25, puede darse el caso de un valor ligeramente superior a 25 en un jugador con una masa muscular alta. Esto no debe interpretarse como un sobrepeso, sino que debe interpretarse en conjunto. Por ejemplo, con la suma de pliegues cutáneos, en definitiva es un valor que no nos permite discriminar masa magra y masa grasa, su valor es relativo en deportistas.
- Relación adiposa/muscular: relaciona ambos porcentajes obtenidos por fraccionamiento de masas. Su valor ideal en fútbol es inferior a 0.45, un valor superior nos indica que hay que adecuar uno de estos componentes en función de los valores obtenidos en el fraccionamiento de masas que nos determinará si existe exceso de grasa o déficit de músculo.
- Relación muscular/ósea: relaciona los porcentajes de ambas masas, permite determinar si el esqueleto por su tamaño, puede soportar mayor cantidad de masa muscular sin deteriorar su performance ni lesionarse. Es un indicador útil. Su valor en fútbol es de 4.5 a 5 aproximadamente.

Suma de pliegues cutáneos: Se pueden tomar 3 o 6 como mencionamos más arriba, nos permite valorar rápidamente la masa grasa y su evolución. Su principal ventaja en la rapidez de su cálculo. Por ejemplo, si un jugador incrementa su peso de balanza y la suma de pliegues permanece sin modificarse, podemos tomar que el incremento de peso se debe a un aumento de la masa magra, si por el contrario el aumento de peso se acompañó de aumento en la suma de pliegues es incremento se debe a la masa grasa.

ORGANIZACIÓN DEL DEPARTAMENTO MÉDICO DE LAS ÁREAS INFANTO-JUVENIL Y PROFESIONAL DE UN CLUB DE FÚTBOL

La medicina aplicada al fútbol dista mucho de la simple observación y tratamiento de lesiones surgidas en la práctica activa del deporte.

Ha sido ampliamente demostrado que los mejores resultados se logran a través de la organización de un equipo médico implementado para trabajar en conjunto por el mantenimiento de la salud y la mejoría del rendimiento deportivo.

Diferentes instituciones deportivas y asociaciones y federaciones que las nuclean han adoptado un sistema de medicina deportiva basado en el trabajo en equipo de profesionales de la salud. Por otra parte, la institución madre, FIFA, tiene un departamento médico que marca líneas en la organización médica-deportiva.

El departamento médico de la institución debe funcionar como una estructura general donde el seguimiento del futbolista en su crecimiento personal y deportivo permita ser conocido por todos sus integrantes.

En su pasaje hacia el fútbol profesional el deportista encontrará una continuación de la estructura médica que lo ha acompañado desde sus comienzos; esa misma estructura médica estará en conocimiento de los antecedentes y situaciones del futbolista.

Organización y funciones

El departamento médico deportivo involucra especialidades que hacen a la asistencia del futbolista en el trabajo cotidiano y el apoyo permanente que permita sostener la salud y mejorar el rendimiento.

El director de este departamento es el encargado y responsable de las acciones del grupo profesional. Tiene una relación estrecha con el cuerpo técnico y con la dirigencia para coordinar acciones de acuerdo a las necesidades surgidas en el trabajo cotidiano.

A su cargo está la organización y coordinación de diferentes áreas de la medicina del deporte, es la persona responsable final de las decisiones que hacen a la salud del deportista al tener en cuenta las opiniones médicas del equipo que dirige.

La estructura estará organizada en diferentes áreas que trabajarán en forma coordinada. Cada área tendrá un responsable para llevar adelante las tareas específicas que reportarán al director médico.

El punto importante de este desarrollo lo da la colaboración interdisciplinaria con la imagen de un trabajo de alto nivel profesional que se genera como base de apoyo a una estructura de trabajo deportivo.

Si bien el fútbol profesional tiene un funcionamiento especial con requerimientos propios muy específicos, la estructura médica debería formar parte del departamento médico de la institución. Aún en los casos de incorporaciones de profesionales particulares en casos especiales, la estructura médica ofrecerá todo el apoyo específico que se requiera y, a su vez, ese profesional reportará sus acciones al director médico de la institución que, en definitiva, tiene la responsabilidad final.

Área de traumatología del deporte

Los médicos están en relación directa con los planteles en entrenamientos y competencias. Tienen como función determinar la importancia de la lesión en el acto deportivo y la consulta inmediata o programada del futbolista para el tratamiento y rehabilitación respectivos.

El profesional debe contar con alta y reconocida experiencia profesional. El perfil médico debe incluir antecedentes científicos/ profesionales comprobables con conocimiento estricto de mecanismos de lesiones en fútbol, urgencias y emergencias, prevención y tratamiento.

Otra de sus funciones consiste en el examen ortopédico de ingreso de los futbolistas a la institución.

Tiene el apoyo de especialistas externos reconocidos en diferentes subespecialidades (rodilla, tobillo y pie, hombro, mano, cadera y columna). Estos especialistas están ligados a la institución como consultores externos.

Debe coordinar aspectos estadísticos de lesiones de acuerdo a los lineamientos del F-Marc de FIFA.

Área clínica, cardiológica, pediátrica y deporto lógica

La atención clínica del deportista tiene capital importancia en su evolución a través de una etapa de formación con intensas demandas físicas y psicológicas.

Las funciones de esta área no solo incluyen la atención específica de patologías que presente en forma circunstancial el futbolista, sino la preparación para el deporte y la educación en las cuestiones preventivas, nutricionales y psicológicas.

En fútbol infantil, la presencia de un médico pediatra con experiencia deporto lógica colabora en forma importante en la prevención (vacunas, alimentación) e iniciación deportiva.

Dentro de esta área cabe destacar a las evaluaciones en sus aspectos de salud y aptitud deportiva que hacen a la adaptación e incremento del rendimiento del deportista.

Las evaluaciones de los futbolistas pueden dividirse en dos grandes grupos:

Grupo 1: Evaluaciones de salud.

Grupo 2: Evaluaciones de aptitud.

Al ingresar el futbolista a la institución es sometido a estudios para determinar su estado actual de salud para tolerar la práctica deportiva de alto rendimiento. Estos exámenes incluyen evaluaciones cardiovasculares, respiratorias y de los sistemas musculo/esquelético/articular, oftalmológicos, auditivos y odontológicos.

Se desarrolla una historia clínica individual que incluye:

- Evaluación clínica con antecedentes heredo/familiares y personales y examen físico.
- Electrocardiograma de reposo.
- Ecocardiograma.
- Prueba de ejercicio.
- Exámenes básicos de laboratorio.
- Evaluación ortopédica.
- Evaluaciones oftalmológicas y auditivas básicas.

La finalidad primordial de estas evaluaciones es preservar la salud del deportista. Asimismo, preservar a la institución de eventuales inconvenientes surgidos con la responsabilidad de patologías deportivas o no que pueda tener el deportista luego del ingreso institucional.

La institución es parcialmente responsable de los problemas de salud ocasionados por la práctica deportiva dentro se ámbito. Esto es así en casos de deportistas pertenecientes a la institución y en aquellos casos de deportistas "a prueba" en el ámbito físico de la institución. Esto último debe ser tenido en cuenta, ya que existen antecedentes de accidentes en este grupo de deportistas y la institución debería proveer los medios adecuados de prevención.

Evaluaciones de aptitud

La evaluación fisiológica de las aptitudes deportivas permite ofrecer pautas al cuerpo técnico sobre el estado actual del futbolista y las posibilidades de lograr el mayor rendimiento. Estas evaluaciones colaboran en el diseño de entrenamientos específicos para lograr los fines deportivos deseados obteniendo de cada deportista lo mejor de su rendimiento.

La aptitud actual del deportista involucra diferentes cualidades tales como potencia y capacidad aeróbicas, velocidad, recuperación a "sprints" repetitivos, flexibilidad, fuerza explosiva, resistencia a la fuerza.

La composición corporal en términos de masas magra (muscular) y adiposa sumada a los parámetros habituales de peso y talla ocupa en lugar importante en las evaluaciones tendientes a la "puesta a punto" del deportista.

Las evaluaciones de aptitud pueden separarse en dos grandes áreas:

Pruebas de laboratorio:

1. Estudios directos de ventilación pulmonar y consumo de oxígeno para determinar potencia aeróbica máxima, umbrales ventila torios, velocidades y frecuencia cardíaca de entrenamiento.
2. Evaluaciones de lactato en laboratorio.
3. Antropometrías y composición corporal.
4. Pruebas de salto para determinación de cualidades relacionadas con componentes de fuerza explosiva y elementos elásticos musculares.

En ocasiones, es necesario la evaluación más específica de funciones musculares a través de equipamiento de mayor complejidad (por ejemplo, evaluaciones biocinéticas). Estos estudios pueden ser empleados en situaciones especiales, como en los casos de futbolistas que han sufrido lesiones de distinto tipo que requirieron tratamientos médicos o quirúrgicos, o previo a etapas de entrenamientos como pruebas de aptitud para indicar entrenamientos individualizados y específicos. Estos equipos se encuentran disponibles en centros externos que deben ser contactados previamente.

Pruebas de campo

Son variadas y estudian cualidades en el lugar de los entrenamientos. Muchas de ellas son realizadas por los propios preparadores físicos y pueden contar con el apoyo del profesional médico deportólogo. Entre ellas se destacan: el Yo-Yo test, prueba de los mil metros, pruebas de velocidad y "sprint".

En varios casos pueden emplearse las células fotoeléctricas para la determinación directa y más confiable de los resultados.

Las situaciones de cada competencia pueden ser diferentes, con dependencia de entrenamientos y partidos previos, lugar de la

competencia y su ambiente (altura, temperatura, campo de juego, etc.). En estos casos la preparación debe contar con la colaboración cercana del departamento médico.

La composición del plantel profesional y equipos para esta área específica involucra a médicos deportólogos y cardiólogos, nutricionistas y preparadores físicos (de la misma institución).

La realización de los estudios y evaluaciones de laboratorio puede efectuarse a través de centros y profesionales externos (realizan las prácticas fuera de la institución o bien son contratados para trabajar en forma temporaria dentro de la misma) o en el ámbito del departamento médico de la institución. En este caso, es posible contar con un espacio físico adecuado con equipos de evaluaciones específicos del propio club o de propiedad de los profesionales actuantes.

Área de nutrición deportiva: Las pautas nutricionales cumplen un papel fundamental en el mantenimiento del estado general del futbolista. El profesional a cargo diseña los programas alimenticios y de hidratación en base a la historia personal del deportista y sus estudios.

Por otra parte, el nutricionista debe tener relación directa con las personas encargadas de la cocina de la pensión que alberga a futbolistas juveniles y con los comedores que preparan la alimentación en concentraciones, pretemporadas o viajes.

Área de fisiatría y kinesiología: El plantel de fisiatras y kinesiólogos queda a cargo del área de traumatología y ortopedia. Cumple un papel fundamental en la rehabilitación y vuelta al campo de juego de los futbolistas con lesiones que requirieron tratamientos médicos o quirúrgicos.

La organización de esta área se realiza sobre la base de profesionales especialistas en rehabilitación deportiva y es necesario contar con equipamiento básico dentro del departamento médico de la institución y apoyo de servicios externos contratados que cuenten con aparatología específica de mayor complejidad.

Área psicología del deporte y salud mental: Diseñada con los objetivos de apoyar al deportista en su evolución, detectar situaciones personales y familiares especiales que afecten la vida y el rendimiento deportivo, educar en períodos conflictivos de la pubertad y adolescencia, evaluar aspectos familiares y de entorno habitacional.

El o los psicólogos y/o médicos psiquiatras del deporte pueden ofrecer apoyo a los técnicos y preparadores físicos de las diferentes divisiones menores y, aún, del fútbol profesional.

Los objetivos principales del trabajo del área de psicología con futbolistas juveniles son:

- Prepararlos psicológicamente para optimizar su rendimiento en función del entrenamiento y la competencia.
- Ayudarlos a reconocer y desarrollar las habilidades particulares en función del juego.
- Realizar contención individual y familiar a los jóvenes que así lo requieran (por pedido de Comisión Directiva, cuerpo técnico y/o médico, pedido personal del jugador y la familia).
- Efectuar un trabajo preventivo de la salud psicofísica.

Asistencia social: La asistencia social cobra, en muchas ocasiones, una importancia capital para los jóvenes que se incorporan a una exigente vida deportiva.

La estructura familiar, las relaciones sociales y la educación formal forman parte del crecimiento personal y deportivo del atleta.

Las bases sociales en que se sustentó el nacimiento y crecimiento del deportista están íntimamente ligadas con la proyección futura.

La colaboración del asistente social permite conocer la estructura básica en que se desenvuelve el deportista y actuar sobre su formación a través de un amplio trabajo que incluya entrevistas personales, familiares y con sus educadores. Todo destinado a una acción conjunta que lleve a la optimización del desarrollo deportivo y personal del futbolista.

Auxiliares: Los colaboradores paramédicos incluyen a personas idóneas en el trabajo de ayuda diaria de planteles deportivos. Responden a las directivas de médicos y kinesiólogos y se encargan de tareas prácticas para la llegada de elementos al futbolista. Sus funciones incluyen la preparación de bebidas deportivas y su transporte al campo de juego y al lugar donde se encuentra el futbolista, la realización de masajes o procedimientos similares de relajación, el transporte de elementos de entrenamiento y rehabilitación, etc. Ejerce una función de nexo entre el futbolista y los profesionales médicos.

Exámenes complementarios y tratamientos externos: Las urgencias y emergencias en campos de juego y entrenamientos plantean la necesidad, aparte de los elementos en la propia institución, de un sistema externo de ambulancias de alta complejidad para el tratamiento posterior y traslado a centros médicos especiales. Es necesario realizar simulacros periódicos para

observar el funcionamiento ante una emergencia. Los centros médicos de traslado (clínicas, sanatorios, hospitales) deben ser previamente contactados para el sistema de emergencias.

Con respecto a los tratamientos programados, la institución debe tener un cuerpo médico externo (puede estar integrado total o parcialmente por médicos de la propia institución) encargado de los tratamientos quirúrgicos o consultas especiales. A su vez, deben contactarse clínicas o sanatorios donde se realizarán esos tratamientos. La AFA cuenta con un sistema médico que puede ser utilizado por la institución.

Emergencias en estadio, campos de juego y entrenamiento: El plantel médico y paramédico debe conocer las medidas básicas de reanimación cardiovascular ante una emergencia. Muchas de las personas no médicas pueden estar familiarizadas con estas técnicas (directores técnicos, preparadores físicos, futbolistas) a través de cursos de muy breve duración que pueden ser ofrecidos en el mismo club.

Los elementos básicos de reanimación deben estar en el estadio y en el lugar de entrenamiento. Una institución con un número grande de deportistas y espectadores debe contar con cardiodesfibriladores automáticos dentro y fuera del campo deportivo.

El estadio "cardioprotegido" involucra una preparación y certificación por parte de instituciones cardiológicas públicas reconocidas nacional e internacionalmente (por ejemplo la Fundación Cardiológica Argentina).

Para las urgencias traumatológicas se debe contar con los elementos de inmovilización y traslado adecuados a instancias del área de traumatología del departamento médico.

Para el traslado posterior de la persona en emergencia se debe contar con ambulancias y centros de salud descritos en el punto anterior.

Historias clínicas y estadísticas: Los futbolistas de la institución deben contar con historias clínicas que den cuenta del estado de salud y la evolución en el tiempo de sus cualidades y aptitudes físicas y psicológicas.

Para cumplir con tales objetivos cada uno de los profesionales deberá completar esas historias y dar cuenta de las lesiones de los futbolistas y sus evaluaciones periódicas. En el momento actual, la utilización de un software que cumpla con estas premisas es el método ideal. Para tal fin, es necesario contar con computadoras y programas adecuados.

Estos elementos son fundamentales para el diseño y presentación de estadísticas que cumplen con la doble función de observar la evolución planificando cambios y mejoras y prestigiar a la Institución a partir de la mostración de actividades y resultados de una planificación adecuada del departamento médico.

Relaciones con cuerpos médicos nacionales e internacionales: Este punto es considerado de gran importancia para la salud y rendimiento del deportista y, a su vez, para la imagen profesional e institucional. Incluye el desarrollo de estadísticas y planes de prevención en concordancia con los consejos del cuerpo médico FIFA. La estrecha colaboración entre cuerpos médicos implica progresar en el conocimiento y crecimiento de la medicina del deporte.

Estos puntos incluyen la organización de jornadas, reuniones y congresos médicos, así como la presentación de estudios científicos que jerarquicen la labor profesional de una institución.

En esta misma línea, pueden ser incorporados diferentes trabajos a las páginas WEB de la institución a la manera de las grandes instituciones nacionales -muy pocas- e internacionales (Real Madrid, Barcelona, Manchester United, entre otras).

Incorporación a trabajos científicos internacionales que jerarquicen profesionalmente a la entidad.

ANEXO - EJEMPLO DE UN RESUMEN DE HISTORIA CLÍNICA GENERADA EN UN FUTBOLISTA JUVENIL

- E.G. Fecha: 14/04/11.
- Fecha Mac: 25/04/19.
- Datos médicos de salud:

  - Origen: nació en zona urbana con casa de material y elementos sanitarios. Nutrición adecuada en la niñez. Nivel de educación: secundario incompleto.

  - Antecedentes familiares: padre hipertensión arterial. Hermano mayor: diabetes.

  - Antecedentes personales: apendicetomía a los 11 años. Fractura 5ta. falange dedo mayor mano izquierda a los 13 años.
- Talla: 183 cm; peso: 82 kg; defensor.
- Exámen físico: sin alteraciones cardiovasculares. AC: normal TA 100/60
- Laboratorio (15/9/09): normal.
- Electrocardiograma: normal.
- Prueba de esfuerzo: normal.
- Ecocardiograma Doppler color: normal.
- Pruebas de aptitud:

- VO_2 máximo alcanzado antes de pre temporada: 57,2 ml/Kg/min (Potencia aeróbica máxima adecuada para el puesto).
- Pruebas de lactato: umbral a 16 Km/hora. Lactato máximo: 8 mmol/L.
- Velocidad máxima en cinta: 19 Km/hora durante 30 segundos.
- Valores antropométricos: disminuir masa adiposa 2 kg en 2 meses con aumento de masa muscular tren superior de 1,5 Kg.
- Pruebas de flexibilidad: a mejorar isquiotibiales.
- Resistencia a la Velocidad en campo: realizada con células fotoeléctricas. Caída en 3er. Sprint (mejorar).
- Análisis biomecánica óptimo.

BIBLIOGRAFÍA

1. Bangsbo Jens. "Aerobic and anaerobic training in soccer", 1996.
2. Bangsbo Jens. "Fitness training in soccer", 1994.
3. Bangsbo Jens. "La fisiología del fútbol"; 1993
4. Bosco Carmelo. "Aspetti fisiologici della preprazione física del calciatore". 1990.
5. Bosco Carmelo. "La valutazione della forza con il test di Bosco", 1992.
6. Bosco Carmelo. "La forza muscolare, aspetti fisiologici e applicazioni pratiche", 2002.
7. Cannavacciuolo Fausto e Filippo. "Calcio, Il sistema de la forza veloce", 2000.
8. Cometti Gilles. "Calcio e potenzamento muscolare", 1995.
9. Cometti Gilles. "L'allenamento della velocita", 2002.
10. D'Ottavio Stefano. "La prestazione del giovane calciatore", 2003.
11. D'Ottavio Stefano. "Young Coach Educator", 2000.
12. D'Ottavio Stefano. "Didattica del calcio", 1998.
13. D'Ottavio Stefano "Guida Tecnica per le scuole di calcio", 2008.
14. Federación Alemana de Fútbol. "Talente Fordern und Fordern".
15. Federazione Italiana Giuoco Calcio: "Guida Tecnica per le scuole di calcio", 2004.
16. García Manso, Navarro Valdivieso, Ruiz Caballero. "Planificación del Entrenamiento Deportivo"
17. Lucarelli Marco. "Lavorare e programmare ad alto livello nei dilettanti"
18. Mallo Javi. "La preparación física para el Fútbol basada en el juego", 2013
19. Manes Facundo. "Usar el cerebro"
20. Meinel K. "Teoría del movimiento", 1984.

21. Roticiani Sergio. "Young Coach Educator", 2000.
22. Roticiani Sergio. "Guida Tecnica per le scuole di calcio", 2008
23. Tell Massimo. "Young Coach Educator", 2000.
24. Tell Massimo. "Guida Tecnica per le scuole di calcio", 2008.
25. Rocca Antonio. "Young Coach Educator", 2000.
26. Verkhoshansky Yury. "Conferencia sobre entrenamiento deportes colectivos", 2003
27. Verkhoshansky Yury. "Mezzi e método per l'allenamento della forza esplosiva", 1997
28. Weineck Erlangen. "El entrenamiento físico del futbolista". 1989.

AGRADECIMIENTOS

"A mis padres, hermana, cuñado, a mis sobrinos Martina y Juan. A Mariana, madre de Lara, y a ella que ya viene...".

Juan Cruz Anselmi

"A todos aquellos que en silencio trabajan por el fútbol formativo de nuestro país".

Enrique Borrelli

SOBRE LOS AUTORES

JUAN CRUZ ANSELMI

Entrenó al fútbol infantil y juvenil de Independiente (1999 a 2001 y 2005 a 2016), San Lorenzo (2002 a 2005), Argentinos Juniors (2z017 a 2018) y Newell´s Old Boys (desde 2018).

Creador de Test TERNM (Test Resistencia a Esfuerzos Neuromusculares Máximos) y del "Modelo dinámico sostenido". Es docente de ATFA e instructor de la CONMEBOL. Ha disertado en diferntes cursos y congresos internacionales.

ENRIQUE BORRELLI

Fue futbolista de Chacarita, River, Racing e Instituto. Se desempeñó como Coordinador General del fútbol juvenil de Chacarita (1991 a 2005), Independiente (2005 a 2013), Argentinos Juniors (2016 a 2018) y Newell´s Old Boys (desde 2018).

En 2014 fundó el Centro de Entramiento Deportivo "Neuro-Fútbol". Es Director de la escuela ATFA (sede River Plate) e instructor de la Conmebol.

www.ingramcontent.com/pod-product-compliance
Ingram Content Group UK Ltd.
Pitfield, Milton Keynes, MK11 3LW, UK
UKHW021904190726
13853UKWH00002B/501